人力资源
实务全书

朱运德　编著

WUHAN UNIVERSITY PRESS
武汉大学出版社

图书在版编目(CIP)数据

人力资源实务全书/朱运德编著 . —武汉:武汉大学出版社,2023. 10
ISBN 978-7-307-23711-7

Ⅰ.人…　Ⅱ.朱…　Ⅲ.人力资源管理　Ⅳ.F243

中国国家版本馆 CIP 数据核字(2023)第 067641 号

责任编辑:林　莉　　　责任校对:汪欣怡　　　版式设计:马　佳

出版发行:**武汉大学出版社**　　(430072　武昌　珞珈山)
　　　　　(电子邮箱:cbs22@ whu.edu.cn 网址:www.wdp.com.cn)
印刷:武汉科源印刷设计有限公司
开本:787×1092　1/16　印张:15.5　字数:368 千字　插页:1
版次:2023 年 10 月第 1 版　　2023 年 10 月第 1 次印刷
ISBN 978-7-307-23711-7　　　定价:58.00 元

《人力资源实务全书》编委会名单

主　编　朱运德

副主编　曾能武　肖　文　余　奕
　　　　吕　丽　李雅青

编　委　朱运德　曾能武　肖　文　余　奕
　　　　吕　丽　李雅青　周雨青　涂沁琦
　　　　马园园　刘　杰　雷　丹　李　婕
　　　　赵　露　李　璐　兰　茜　樊梦梅
　　　　梁　健

目　　录

第一章　劳动关系的产生…………………………………………………… 1

　第一节　人力资源规划 ……………………………………………………… 1

　　一、人力资源规划组成内容 ……………………………………………… 1

　　二、人力资源规划的流程 ………………………………………………… 2

　　三、人力资源需求规划 …………………………………………………… 4

　　四、人力资源供给规划 …………………………………………………… 5

　　五、政策立法 ……………………………………………………………… 6

　　六、相关概念：劳务派遣、人力资源外包、劳务分包 ………………… 8

　　七、常见问题 ……………………………………………………………… 10

　　八、典型案例 ……………………………………………………………… 11

　第二节　招聘与配置 ……………………………………………………… 14

　　一、相关概念 ……………………………………………………………… 14

　　二、典型案例 ……………………………………………………………… 48

　第三节　员工入职 ………………………………………………………… 59

　　一、专题1：用工模式 …………………………………………………… 59

　　二、专题2：规章制度 …………………………………………………… 71

　　三、专题3：合同签订 …………………………………………………… 75

第二章　劳动关系的续存………………………………………………… 89

　第一节　培训与开发 ……………………………………………………… 89

　　一、相关概念 ……………………………………………………………… 89

　　二、常见问答 ……………………………………………………………… 91

　　三、实操总结 ……………………………………………………………… 98

　　四、典型案例 ……………………………………………………………… 105

　第二节　薪资管理 ………………………………………………………… 108

　　一、专题1：工资管理 …………………………………………………… 108

　　二、专题2：加班工资 …………………………………………………… 115

　　三、专题3：假期工资 …………………………………………………… 119

　　四、专题4：个人所得税 ………………………………………………… 122

　第三节　绩效管理 ………………………………………………………… 133

　　一、相关概念 ……………………………………………………………… 133

　　二、常见问答 ……………………………………………………… 133

　　三、实操总结 ……………………………………………………… 135

　　四、典型案例 ……………………………………………………… 136

　第四节　福利待遇 ………………………………………………… 136

　　一、专题1：工伤待遇 …………………………………………… 136

　　二、专题2：医疗、生育待遇 …………………………………… 147

　　三、专题3：福利津贴 …………………………………………… 158

　　四、专题4：其他待遇 …………………………………………… 166

第三章　劳动关系的终止——离职管理 ……………………………… 170

　　一、专题1：解除劳动关系 ……………………………………… 170

　　二、专题2：经济补偿金 ………………………………………… 176

　　三、专题3：离职待遇享受 ……………………………………… 180

参考文献 ……………………………………………………………… 187

附录 …………………………………………………………………… 188

　中华人民共和国劳动合同法 ……………………………………… 188

　中华人民共和国就业促进法 ……………………………………… 200

　中华人民共和国社会保险法 ……………………………………… 207

　失业保险条例 ……………………………………………………… 218

　国务院关于完善企业职工基本养老保险制度的决定 …………… 222

　国务院关于建立城镇职工基本医疗保险制度的决定 …………… 226

　工伤保险条例 ……………………………………………………… 229

　住房公积金管理条例 ……………………………………………… 239

第一章　劳动关系的产生

第一节　人力资源规划

人力资源规划是企业发展战略的重要组成部分，也是企业各项人力资源管理工作的依据，人力资源规划是公司发展规划的核心。盘活现有资源、有效配置资源、提升现有人员能力是提高人力资源产出效率的重要手段，人力资源规划不仅仅是用人计划，更应该从人员能力的角度进行规划，从业务对人员能力的要求的角度分析并不断优化配置、开展能力建设工作。

一、人力资源规划组成内容

人力资源规划内容包括职位规划、能力规划和用人计划三部分。

(一)职位规划

职位规划的依据是公司战略、业务分工和组织架构的需要，包括职位及人数的设置计划。

(二)能力规划

能力规划从经营与业务发展对人力资源能力的要求出发，通过现有人力资源能力与现实经营需要的匹配性分析和与发展要求的适应性分析，明确重点能力发展目标和人员培养路径。

(三)用人计划

用人计划制定的依据是完成现实经营目标的需要和业务发展的需要。

不断提高人均毛利是公司生存的必须，有计划地进行新技术研究及战略性产品开发、不断优化市场布局是公司发展的必须，统筹好经营和发展的需要制定有效的用人计划是公司可持续发展的基础。

用人计划包括三年滚动用人计划，一般分为现实经营需要和发展投入需要两部分。现实经营需要的用人计划应体现人均毛利逐年提升的要求，发展投入需要的用人计划作为战略投入的重要部分审批和管理。

二、人力资源规划的流程

由于各企业的具体情况不一样，因此人力资源规划的步骤也有差异。一般来说，有如图 1-1 所示的核心步骤是相同的。

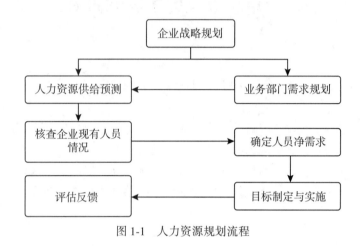

图 1-1 人力资源规划流程

(一)信息的收集、整理

企业制定人力资源规划，需要收集的信息包括以下三方面的内容，具体详见表 1-1。

表 1-1   企业制定人力资源规划需要收集的信息一览表

信息内容项目	具 体 内 容
企业信息	企业的经营战略和目标、企业的组织结构状况、企业发展状况、企业的人均毛利规划情况等
人力资源状况	企业各部门人力资源编制结构、岗位设置、能力要求等
外部情况	劳动力市场状况、国家相关的法律法规、地区的经济发展水平等

(二)人力资源需求规划

人力资源需求规划分为以下三方面的内容：
——现实人力资源情况分析。
——未来人力资源需求规划。
——未来人力资源流失预测。

(三)人力资源供给规划

人力资源供给规划分为企业内部供给和企业外部供给两个部分，即为满足企业发展的需要,从内部和外部两个维度对将来(或现在)某个时期内所能得到的员工数量和质量进行规划实施。

(四)确定人员净需求

根据人员需求预测和供给预测的结果,结合企业现有人力资源状况,通过对比分析得出企业人员的净需求数(详见表 1-2),从而决定是否实施员工招聘、培训、轮岗等计划,对新增需求的人员进行岗位规划、能力规划。

表 1-2　　　　　　　　　　**人员需求预测表**

部门	部门主要职责	人员类别								增员事由	人员性质	合计
		管理人员				技术人员			其他人员			
		高层	中层	基层	小计	高层	中层	基层	小计			
部门1										业务扩展	临时__人 实习生__人 兼职__人 正式__人	
										人员离职		
										技术发展		
										企业变更		
部门2										业务扩展	临时__人 实习生__人 兼职__人 正式__人	
										人员离职		
										技术发展		
										企业变更		
部门3										业务扩展	临时__人 实习生__人 兼职__人 正式__人	
										人员离职		
										技术发展		
										企业变更		

部门		负责人	
上年毛利润		本年预算毛利润	
上年人均毛利润		本年人均毛利润	
上年人数		本年计划人数	其中补员: 　增编人数: 　战略补贴人数:

续表

申请部门			岗位名称			
需求人数		申请时间			期望到岗时间	
岗位需求	□离职补充　　□调动补充　　□人员储备　　□岗位扩编　　□临时用工					
岗位要求	一、任职资格 1. 性别要求：□男　□女　□不限 2. 年龄要求： 3. 其他要求： 二、工作职责（按职责要求重要程度由强到弱填写） 1. 2. 3. 三、岗位考核（按考核要求重要程度由强到弱填写） 1. 2. 3.					

三、人力资源需求规划

(一)人力资源需求规划的步骤

人力资源需求预测是在企业目前人力资源状况评估的基础上，对未来一段时期内企业人力资源需求状况的预测，包括现实人力资源需求预测、未来人力资源需求预测和未来人力资源流失预测，具体步骤如图 1-2 所示。

(二)人力资源需求规划的方法

人力资源需求规划是人力资源规划的重点，企业应根据企业战略发展目标的要求对将来某个时期内企业所需员工的数量和质量进行规划，进而确定人员补充计划方案及如何实施培训方案。

人力资源需求规划通常结合战略目标、人均毛利进行整体规划，从经营与业务发展对人员能力的要求进行能力规划，依据完成现在经营目标的需要和业务发展需要的人员需求进行编制规划，依据公司战略规划、业务分工和组织架构的需求进行岗位规划。

企业可以采用"自下而上"和"自上而下"两种方式进行人力资源规划。

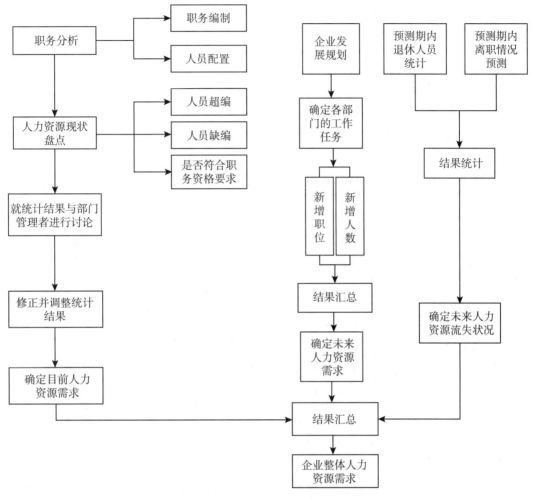

图 1-2 人力资源需求预测流程

"自下而上"是由直线部门的经理向自己的上级主管提出用人要求和建议，得到上级主管的同意后，经过逐级上报，最后由最高管理层进行人力资源的规划和决策。"自上而下"的预测方式就是由企业高层领导先拟定出企业总的用人目标和建议，然后由各级部门自行确定用人计划。

该方法带有很强的主观色彩，一般用于短期计划(中期亦可)的预测。

四、人力资源供给规划

(一)人力资源供给的步骤

(1)确定人力资源需求后，如需大量招聘时，由招聘负责人起草招聘工作计划，包括费用预算、招聘渠道、招聘方式、招聘时间安排、参与人员等。

（2）人力资源部统一负责公司人员招聘活动的组织与实施，相关部门根据招聘活动需求，配合人力资源部门参与招聘活动。

（3）人力资源部在招聘前负责组织用人部门根据岗位职责和岗位要求进行测评内容的设计。

（4）人力资源部在招聘前发布的招聘简章信息，由各部门负责人撰写工作职责、任职要求、岗位考核、岗位薪酬包等信息，凸显岗位的核心亮点，挖掘岗位优势。

（5）人力资源部在招聘的过程中，部门负责人应做到及时检查招聘信息的发布情况，对比市场上相同岗位优势，跟进招聘结果，并持续关注，及时更新对应岗位的需求变化与招聘情况。

（二）人力资源供给渠道分析

渠道分社招、校招、内部推荐三大类。

1. 社会招聘

需求部门向人力资源部提交内部招聘计划，人力资源部在公司内部信息平台发布，招聘对象为公司内部员工。

2. 校招

主要有两种形式，包括宣讲会和双选会。

（1）宣讲会侧重通过演说来宣传推广公司和岗位，辅助后续招聘实施。

（2）双选会侧重通过现场双向沟通来宣传推广并获取简历。

3. 内部推荐

由公司内部推荐人将候选人简历通过邮件发送给招聘负责人，然后进入后续招聘流程。

五、政策立法

自 1994 年《中华人民共和国劳动法》颁布以来，我国劳动法律制度建设取得了很大的成就，对保障劳动者的基本权利，维护稳定和谐的劳动关系，促进市场经济的发展起到了重要的作用。由于劳动法律制度所调整的范围涉及劳动关系的方方面面，因此，其内容也十分丰富(见图 1-3、图 1-4)，从理论上说，主要包括以下部分：

1. 劳动关系方面的法律制度

这是调整劳动关系最基础的法律制度，主要是指《中华人民共和国劳动法》和《中华人民共和国劳动合同法》。在市场经济条件下，劳动关系主要通过劳动者与用人单位订立劳动合同来建立。由于劳动者个人相对于企业而言总是处于弱势地位，在劳动合同中容易出现一些对劳动者不利的条款，这就需要通过集体合同来矫正，以提高企业的整体劳动条件和职工的工资福利待遇。集体合同一旦签订，对企业及劳动者都具有法律效力，个人与企业签订的劳动合同中劳动报酬和劳动条件等标准低于集体合同的，以集体合同为准。

2. 劳动基准方面的法律制度

主要是指国家制定的关于劳动者最基本劳动条件的法律法规，包括《最低工资规定》、《工资支付暂行规定》、《关于工资总额组成的规定》等。其目的是改善劳动条件，保障劳动者的基本生活，避免伤亡事故的发生。劳动基准属于强制性规范，用人单位必须遵守执行。

3. 劳动力市场方面的法律制度

主要是指调节劳动力市场、促进劳动就业的法律制度，包括《中华人民共和国就业促进法》等。就业是民生之本，促进就业是现代国家的基本责任。国家必须采取各种宏观调控手段，创造就业机会，实现劳动者充分就业。

一、法律	
《中华人民共和国劳动法》(1995年1月生效)	《劳动法》
《中华人民共和国劳动合同法》(2008年1月生效)	《劳动合同法》
《中华人民共和国劳动争议调解仲裁法》(2008年5月生效)	《调解仲裁法》
《中华人民共和国社会保险法》(2011年7月生效)	《社会保险法》
《中华人民共和国就业促进法》(2008年1月生效)	《就业促进法》
二、法规	
《中华人民共和国劳动合同法实施条例》(2008年9月生效)	《劳动合同法实施条例》
《工伤保险条例》(2004年1月生效)	《工伤保险条例》
《女职工劳动保护特别规定》(2012年4月生效)	《女职工保护规定》
《劳动保障监察条例》(2004年12月生效)	《劳监条例》
《关于工资总额组成的规定》(1990年1月生效)	《工资总额组成规定》
《全国年节及纪念日放假办法》(2013年11月生效)	《全国放假办法》
三、政策	
《最低工资规定》(2004年3月生效)	《最低工资规定》
《工资支付暂行规定》(1995年1月生效)	《工资支付规定》
四、司法解释	
《最高人民法院关于审理劳动争议案件适用法律问题的解释(一)》	《司法解释(一)》

图 1-3 框架层次图

5. 劳动权利保障与救济方面的法律制度

主要包括《劳动保障监察条例》和《中华人民共和国劳动争议调解仲裁法》。由于劳动关系具有身份属性，劳动者与用人单位之间形成了管理与被管理的关系，用人单位往往会忽视甚至侵犯劳动者的劳动权利。因此，劳动监察对劳动法律制度的实施和劳动者劳动权的实现起着至关重要的作用。在劳动关系存续中，劳动争议是难以避免的，关键是要建立起有效的解决劳动争议的制度，以此作为解决纠纷、保障当事人合法权益的最后屏障。目前，我国劳动争议处理包括调解、仲裁和诉讼三种方式。

《中华人民共和国社会保险法》	主席令第 35 号
《关于完善企业职工养老保险制度的决定》	国发〔2005〕38 号
《关于建立城镇职工基本医疗保险制度的决定》	国发〔1998〕44 号
《失业保险条例》	国务院令 258 号
《工伤保险条例》	国务院令 586 号
《住房公积金管理条例》	国务院令 262 号

图 1-4　社保公积金政策法规框架

六、相关概念：劳务派遣、人力资源外包、劳务分包

(一) 劳务派遣

1. 基本概念

【劳务派遣】指劳务派遣公司与实际用工单位通过签订劳务派遣协议，由劳务派遣单位(用人单位)与被派遣劳动者建立劳动关系、订立劳动合同，并由用工单位安排劳动者工作岗位和工作内容、对劳动者进行整个劳动过程的管理、指挥，双方共同承担雇主责任的用工形式。

2. 核心问题解决

管理成本问题：通过劳务派遣输入员工，由第三方公司提供专业化服务，提高管理能效。将人工成本转化为经营成本，有效提高企业的经营效益。

人员编制管理：在人员需求淡旺季企业无须过多地进行人员储备，帮助企业根据市场情况及时调整员工规模，增强企业面对风险时的应变能力和人员弹性。

劳动风险问题：帮助企业有效规避用人风险，减少劳资纠纷，节省企业的管理精力，集中精力做经营。

(二) 人力资源外包

1. 基本概念

【劳务外包】指发包人将其部分业务或工作内容交由承包人完成，发包人按照约定向承包人支付外包费用的一种合作模式。

(1)业务外包。业务外包，一般是指企业将一些非核心的、次要的或者辅助性的功能

或业务外包给外部专业服务机构具体实施，并支付外包费用，利用外部专业服务机构的专长(如专业技术)或优势(如用工成本)来提高企业的整体效率和竞争力的经营管理方式。

业务外包的方式和范围具有多样性，如非核心管理模块、生产工序、业务流程、技术研发、营销公关、后勤保障等，是除核心竞争力之外的业务外包。其核心本质是对事不对人，"事"指的是外包合同的标的——工作成果，发包方除了具有监督权和验收权之外，无权对外包方的人员安排和现场管理进行控制性干涉。

(2)岗位外包。岗位外包主要是指企业将某个岗位的所有人力资源工作完全外包给第三方人力资源服务机构，而企业自身只需要集中精力进行业务管理。通过岗位外包服务，企业将该岗位的招聘、培训、薪酬设计与核算发放、个税申报、社保公积金缴纳、绩效设计与奖惩执行等各类人事事务工作等完全外包给第三方人力资源服务机构，并且管理劳动关系、处理劳动纠纷以及承担劳动用工可能带来的工伤风险、经济补偿等也由人力资源企业承担。

2. 核心问题解决

人员编制问题：解决企业的人员编制问题，让企业的业务量不受人员编制限制。

运营成本问题：降低企业在人力、物力、财力及管理上的投入，最大限度地增加企业运营回报率。

用工风险问题：用工全风险由第三方机构负责管控，减少劳动争议带来的风险问题，减少企业损失。

(三)劳务分包

1. 基本概念

【劳务分包】在建设工程领域相对于专业分包而存在，它实际上属于建筑领域中的一种劳务承包方式。劳务分包指的是工程总承包商、施工总承包商或专业承包人将所承包的工程中的劳务部分发包给具有相应资质条件的劳务企业，即利用低价和大量的劳动力资源，补充总承包商非技术工人缺乏的不足。

2. 解决的核心问题

管理工作：减少建筑公司的工作量和人员管理工作，劳务分包公司承接建筑分包业务，对其一系列人事工作全权负责，所有人员的一切关系和利益都是由劳务公司和建筑工人直接联系，从而减少了企业的管理工作。

(四)劳务派遣、劳务分包、人力资源外包的本质分析

1. 劳务派遣

劳务派遣是指劳务派遣机构与接收单位(用工单位)签订劳务派遣协议，由劳务派遣机构招用劳动者并派遣到用工单位工作，劳动者和劳务派遣机构从中获得收入的经济活动。

被派遣劳动者受用工单位指挥监督，为用工单位提供劳动；用工单位因为劳动力使用，按照劳务派遣协议向劳务派遣机构支付费用，被派遣劳动者获得就业岗位及工资、福利和社会保险待遇，劳务派遣机构从派遣业务中获得经营收入。

2. 人力资源外包

人力资源外包强调的是人力资源管理工作尤其是事务性工作的委托办理，发包方对员工没有管理权，不用承担用工风险。人力资源外包中，外包事务管理对象的员工劳动关系在承包方，但在实操中，人力资源承包方往往以自己的名义对发包方员工的社保、公积金、薪资、个税进行代缴代发。

3. 劳务分包

劳务分包是分包的一种，在建设工程领域相对于专业分包而存在，它实际上属于建筑领域中的一种劳务承包方式。

劳务分包的目的和标的是劳务提供，而非具体工程项目。劳务分包指向的对象是工程中的劳务作业部分，"只包工不包料"。具体包括直接雇佣劳务、"包工头"施工队伍、有建制的劳务分包企业、零散劳务用工四种形式。

七、常见问题

(1)劳务派遣业务的开票模式和对应税率有哪些？

劳务派遣服务，是指劳务派遣公司为了满足用工单位对于各类灵活用工的需求，将员工派遣至用工单位，接受用工单位管理并为其工作的服务。

一般纳税人提供劳务派遣服务，可以按照《财政部　国家税务总局关于全面推开营业税改征增值税试点的通知》(财税〔2016〕36号)的有关规定，以取得的全部价款和价外费用为销售额，按照一般计税方法计算缴纳增值税；也可以选择差额纳税，以取得的全部价款和价外费用，扣除代用工单位支付给劳务派遣员工的工资、福利和为其办理社会保险及住房公积金后的余额为销售额，按照简易计税方法依5%的征收率计算缴纳增值税。

小规模纳税人提供劳务派遣服务，可以按照《财政部　国家税务总局关于全面推开营业税改征增值税试点的通知》(财税〔2016〕36号)的有关规定，以取得的全部价款和价外费用为销售额，按照简易计税方法依3%的征收率计算缴纳增值税；也可以选择差额纳税，以取得的全部价款和价外费用，扣除代用工单位支付给劳务派遣员工的工资、福利和为其办理社会保险及住房公积金后的余额为销售额，按照简易计税方法依5%的征收率计算缴纳增值税。选择差额纳税的纳税人，向用工单位收取用于支付给劳务派遣员工工资、福利和为其办理社会保险及住房公积金的费用，不得开具增值税专用发票，可以开具普通发票。

(2)人力资源外包业务的开票模式和对应税率有哪些？

人力资源外包是指企业为了降低人力成本、实现效益最大化，将人力资源事务中部分或全部工作委托人才服务专业机构管理。按照《财政部　国家税务总局关于全面推开营业税改征增值税试点的通知》(财税〔2016〕36号)的有关规定，人力资源外包隶属于经纪代理服务类。经纪代理服务，以取得的全部价款和价外费用，扣除向委托方收取并代为支付的政府性基金或者行政事业性收费后的余额为销售额，依6%的税率全额开具增值税发票。

(3)分包业务的开票模式和对应税率有哪些？

根据《财政部　国家税务总局关于全面推开营业税改征增值税试点的通知》(财税

〔2016〕36 号)的有关规定,劳务分包在不同分包模式下,可选择的税率均有不同。

适用3%(简易计税方法计税)的情形:其一,以清包工方式提供的建筑服务,是指施工方不采购建筑工程所需的材料或只采购辅助材料,并收取人工费、管理费或者其他费用的建筑服务。其二,以甲供工程提供的建筑服务,是指全部或部分设备、材料、动力由工程发包方自行采购的建筑工程。其三,为建筑工程老项目提供的建筑服务,建筑工程老项目是指:《建筑工程施工许可证》注明的合同开工日期在2016年4月30日前的建筑工程项目;未取得《建筑工程施工许可证》的,建筑工程承包合同注明的开工日期在2016年4月30日前的建筑工程项目。

适用6%的情形:一般纳税人在建筑行业,比如企业提供工程设计或勘察勘探服务又或工程造价鉴证服务等,都属于现代服务业的范围,适用于6%增值税率。

适用9%的情形:一般纳税人在建筑行业提供建筑服务但不符合简易计税的都适用9%的增值税税率。建筑服务,是指各类建筑物、构筑物及其附属设施的建造、修缮、装饰、线路、管道、设备、设施等的安装,以及其他工程作业的业务活动,包括工程服务、安装服务、修缮服务、装饰服务和其他建筑服务。

八、典型案例

(一)劳务外包案例

世界500强企业××银行拥有中国最大的客户群,是中国最大的商业银行,也是中国最大的国有独资商业银行。其基本任务是依据国家的法律和法规,通过国内外开展融资活动筹集社会资金,加强信贷资金管理,支持企业生产和技术改造,为我国经济建设服务。

1. 客户信息化背景

银行网点的引导服务既是服务客户的窗口,也是岗位联动、协同营销的枢纽。优秀的引导服务人员能够充分履行现场管理的职责,服务好客户的同时积极主动识别推荐客户和柜员以及客户经理形成联动,促进网点营销业绩的有效提升。

目前大部分银行的大堂引导员采取劳务派遣或由其他部分人员兼任引导分流工作的方式,管理相对不集中,不能调动员工的服务热情。同业已有部分银行采取外包的方式,即将大堂管理/营销服务(产品营销、引导分流、客户解答、机具设备使用)交由专业的外包服务供应商管理。

2. 客户的问题和需求

(1)客户信息化建设目标。

①负责银行营业大厅和VIP客户接待工作。②协助引导客户使用自助设备。③接受咨询并提供引领服务。④协助甲方进行产品营销、推荐、转介工作。⑤协助进行环境维护、宣传布展,维护服务设备、营销工具的正常运转。

(2)客户需求。

①服务类别:客服类。

②服务岗位:大堂引导员。

③人数:100人左右。

（3）服务需求。

①项目服务名称：××年省分行营业部大堂服务外包。

②主要服务内容：增加一线网点大堂服务人员，缓解当前营业网点人力资源配置紧张、客户难以得到及时引导及分流的问题。

③服务范围：网点大堂引导及分流。

④大堂岗位服务职责：及时、正确实施客户分流和引导；指导客户了解和使用各种自助机具、电话银行和网上银行，解答客户在使用上述机具过程中的问题；同时协助做好网点自助设备的使用管理及故障报修；提供交易前服务，指引客户正确选择和填写业务申请凭证，确保客户服务需求获得顺畅、高效的受理和解决；维护网点形象和大堂秩序，提高客户满意度。对潜力客户、普通客户给予高效服务；发现客户投诉时，及时报告网点负责人或其指定的网点负责人员（当网点负责人不在时）；其他辅助性服务工作。

3. 服务配置

（1）我司合作有专业的服装制作公司，为员工提供精美、优良的工服配备，包括西装、头花、丝巾、号牌等，银行人员可随时予以审查。

（2）我司合作有图文广告策划公司，为员工提供精致的员工手册和工作日志。

4. 服务招聘和培训

（1）招聘。

①确保招聘计划的实现。

②保障招聘宣传工作的有效性。

③创造友好信任的工作环境。

（2）明确工作目标。

在客户企业对人力供应有弹性需求及流失补员招聘的需求时，针对这一需求量身提出符合企业实际需求的综合招聘解决方案，并采取项目制运作模式。在明确上述项目目标后，及时开通绿色通道，为公司架构内的每个工作部门之间的协作和项目理解提供最高层面的指导。

（3）标准化流程。

多个成功的大型项目实施经验帮助我们建立了标准的工作流程，具体到每个 VIP 客户的招聘工作，我们也将事先对工作流程进行调整和补充。标准的工作方式是我们项目计划切实实现的基础性保障。

（4）明确分工协作。

我们将对工作内容进行划分，并将各项工作责任落实到人。明确的责任将保证每项工作的实施和监控；正确的工作内容划分，将保证各个工作部门在执行自身责任任务的同时完成整体项目中互相衔接的各个部分。

（5）沟通制度。

我们将明确项目的重点会议、例会以及日常沟通制度。在项目运作期间，正确的沟通将是工作任务正确传达、工作结果正确反馈的基本保障。日常的经常性沟通，一方面可以提高项目人员的默契度，提高项目运行效率，另外一方面，对相对固定的项目责任分工制度，灵活通畅的沟通将起到重要的补充作用。

（6）统计，反馈及调查。

我们会根据进程，对简历收集状况、宣传发布状况、场地状况以及其他相关因素进行定期或不定期的统计和调查。上述工作，将在项目进行过程中，及时反映我们的工作成效，为改进工作、提高效率、及时发现项目风险和潜在风险提供可靠的具有时效性的重要依据。

（二）劳务派遣案例

××培训是湖北某教育科技股份有限公司的全资商学教育培训机构，自2006年开始，曾先后与多所高校合作开展企业高级经营管理人才培训。经过十余年发展，现已形成以企事业组织的中高层管理人员商学教育培训为核心，以平台共享和资本服务为两翼的一站式服务。客户的问题和需求如下。

1. 人员管理难

售前顾问流动性大，日常事务性工作量大。

2. 劳资纠纷多

用工形式多样复杂、基数稽核纠纷、五险一金补缴、竞业限制纠纷。

3. 编制超编

公司准备上市期间，员工编制超编，实际又必须拥有的基础员工数量过于庞大，影响公司融资。

4. 薪社税筹划难

教育培训行业人员薪资较高，社保入税成本高，否则面临稽核行政处罚，风险大。

随着国家法律法规不断完善，特别是社保入税、金税四期施行，个人的法律维权意识越来越强，这四个问题急需解决，将企业HR从烦琐的事务性工作中解放出来，提高主业工作效率，同时协助企业妥善安置派遣员工，打造积极和谐的员工关系，减少劳动用工风险。

（三）劳务分包案例

××国企单位，无法解决工程非正式员工人员劳动编制问题，同时因为是劳动密集型用工，存在日常烦琐事务性工作及劳务劳资纠纷。因为作业人员存在点多面广的情况，同时涉电、涉高、交通安全风险较大，安全生产压力较大，迫切需要寻求第三方公司来协同管理。同时部分工程项目施工具有临时性、不确定性还有偶发性的因素，不适合长期雇佣一批人员进行日常管理，依赖于第三方参与临时抽调和组织人员进行项目施工，项目结束后这批人员由第三方单位再重新安排工作。

随着国家政策及法律法规的不断完善，工程业务管理的难度增加，临时性、突发性的工作场景更具有独特性，单位需要明确责任主体，规避法律风险，合理降低用工成本及管控安全风险，迫切需要第三方纳入整个业务体系。

这样做有两大好处。

1. 降低管理成本

劳务分包出去以后人员的管理，从招聘到社保到劳动合同到工人的福利待遇到劳动保险到人员的人事等一大块全部工作由第三方服务，单位按工程量、人头工作强度和效率根据事先和劳务分包公司约定好的合同的费用支付给劳务分包公司。

2. 规避劳务纠纷及安全风险

劳务劳资纠纷和安全生产管理都是由第三方劳务分包单位承担及管控，单位对工作过程和工程进度进行管控，对结果付费，劳资纠纷和务工工伤等交由第三方处理及负责。

第二节　招聘与配置

一、相关概念

(一)员工配置

任何组织必须具有员工配置系统。员工配置是组织根据经营目标和任务需要正确选择合理使用、技术指导、学习培训和考评的人员，使其更快地进入工作状态，用于完成各项任务，从而实现预定目标。员工配置是人力资源管理各项活动中最基础的工作，也是一项关键的组织职能。

(二)员工配置概述

1. 定义

员工配置是一个比较宽泛的概念，学者们针对员工配置所进行的定义如下：

萧鸣政(2005)认为，员工配置是指组织根据发展战略、人力资源规划，以及根据人力资源所具有的职位心理需求和能力等个人具体条件和情况，不断、经常性地通过一定的方式和手段，有目的、有计划、合理地对人员的职务进行调整变化，通过个人能力和岗位的最佳结合而使组织目标得以有效实现，同时又有助于人力资源职业发展和能力开发的组织的人力资源管理政策和技术。

Camh(2009)认为，员工配置是一个决定组织中人力资源需求的程序，并且确保足够合格的人员来满足这些需求。

赫伯特·G. 赫尼曼(2005)将员工配置定义为：为了创造组织效能的有利条件而从事的获取、运用和留任足够质量和数量劳动力队伍的过程。这个定义强调了员工配置水平和劳动力质量两方面对组织效能的贡献，以及一套相互配合的劳动力获取、雇佣和留任活动系统指导着人员的流入、保留和流出组织。本书就采用该定义。

(1)内涵。任何组织必须具有员工配置系统，赫伯特·G. 赫尼曼的人员配备定义包含三个方面的内容。

(2)获取。获取活动包括外部员工配置系统，它管辖的是组织新进入人员的最初入口。它包括规划人员数量和需要类型，确定以有效完成工作所需的任职资格或 KSAO (Knowledge, Skill, Ability and Other Characteristics，指知识、技能、能力和其他特征)为形式的工作要求，确定工作的相应报酬类型，发起外部招聘活动，使用选拔工具来衡量应聘者应有的 KSAO 水平，决定哪些应聘者最称职，应获得工作邀请，并且汇总申请者愿意接受的工作邀请。

（3）运用。运用活动指的是新雇佣员工在他们将要从事的实际工作岗位上的安置，有时这在雇佣期间还没有完全明晰，例如特殊的工作部门或工作地点。运用活动也包含了指导现在员工的流动，也就是通过处理晋升调动和新项目任务等问题的内部员工配置系统，来完成遍及组织的流动。内部员工配置系统在许多方面模仿了外部员工配置系统，例如晋升的规划和调动的职位空缺，确定工作要求和报酬，为晋升或调任职位招聘员工，评价员工的任职资格以及就新岗位提供工作邀请。

（4）留任。留任系统试图管理不可避免将要流出组织的员工流。有时这些流出在雇员方是非自愿的，比如裁员或业务部门并入其他组织。另一些流出是员工发起。

（5）自愿。比如，离开组织去从事另一个工作（一种潜在的、可避免的人员调整）或离开组织去跟随伴侣或合伙人到另一个地方（一种潜在、不可避免的人员调整）。因此，没有组织能够或应该完全规避人员流出，但是组织应该试图规避这样的人员调整：这样的调整对组织来说成本很高。另外，解雇和裁员也会造成人员调整。通过不同的留任战略和策略，组织能防止这些类型的人员调整，并且试图留任组织认为承担不起流失的那些员工。

2. 配置形式

人力资源战略是组织战略的重要组成部分，并为组织战略服务。恰当的人力资源战略是实现组织战略和促进组织发展的关键，而员工配置是人力资源管理的起点，员工配置战略的合理与否直接影响着人力资源战略的执行，所以，员工配置战略不可避免地影响组织经营战略的实现。因此，为了保证组织的持续发展，我们必须根据组织的实际和外部环境，选择合适的员工配置战略，并制定科学有效的员工配置策略，以此获取组织战略实现和组织发展所必需的人力资源。

（1）派遣。员工租赁作为招聘的替代方法，在西方国家比较多见，现在我国经济发达地区经常可以看到。企业将其部分员工解聘，同时租赁企业以同样的薪水雇佣他们，再将他们租赁给原来的企业。对于该企业来讲，采用租赁员工的方法，主要的好处便是可以根据工作量的需要，对这些员工"呼之即来挥之即去"，而不必再进行大量的人力资源管理活动。但是，潜在的问题是这些员工的报酬和福利均由租赁企业支付，员工对企业的忠诚度很低，人员流失率高。

（2）外包。外包也是组织解决工作量短期增加时常用的方法。组织将自己无法完成的部分或全部工作任务转包给其他企业或承包商，由其承担部分或全部工作任务并分享一定的利润。尤其是其他企业或承包商在某些产品或服务上具有专长时，这种方法更具有吸引力，这样的安排将使双方都能获益。

但是，采用转包的方法也有其潜在的问题。在一定程度上，在转包工作量的计算和利润分配过程中，企业在利润上可能造成一定损失，而且当其他企业或承包商提供的产品或服务出现偷工减料等质量问题时，将会损害企业的形象和声誉。

（3）雇临时工。采用雇佣临时工的方法可以节省劳动力成本，并可避免因招聘而引起的各种资源的消耗。我国农村有大量的剩余劳动力，他们外出打工，就成了人们通常所说的"农民工"。农民工往往是企业雇佣临时工的主要群体。企业雇佣临时工不仅经济、方便，而且对充分利用闲置的劳动力资源大有裨益。

雇临时工的方法也有一定的缺点。一般这种方法只适用于不需要很高技能、不需要长时间培训和具有明显季节性的熟练工作，而这些缺少技能和培训且抱有临时观点的临时工往往会在管理上存在很多麻烦。另外，为了缓解城市人口的就业压力，许多城市纷纷出台了限制雇佣农民工的政策，这就使企业在雇佣临时工时碰到了许多困难。

（4）小时工。解决工作量短期增加最常用的方法就是雇佣小时工。采取雇佣小时工的方法，一般来讲对组织和员工双方都有益，组织可以避免因招聘而引起的资源消耗或因新员工技术生疏而难以胜任，而小时工则可以通过短期工作得到额外的收益。

但是，采取该方法也有其潜在的问题。经常替换也会使内部员工产生不满情绪。

（三）员工配置的基础

1. 胜任能力模型

（1）胜任素质理论概述[①]。

胜任素质（Competency）是个体所具备的、能够以之达成或预测优秀工作绩效的内在基本特征和特点。它可以包括动机、特质、自我概念、态度、价值观、具体知识技能、认知方式和行为模式等要素。简单地说，胜任素质就是决定个体在既定职位上能够达成优秀工作成果的那些独特的内在特点。

胜任素质理论与应用，首先在 1973 年由美国哈佛大学教授戴维·麦克利兰（David C. McClelland）在《美国心理学家》杂志刊发了一篇题为"Testing for Competence Rather Than 'Intelligence'"（测量胜任力而非智力）的论文中提出。在该文中麦克利兰自创了一个英文单词——"Competency"（在中文里被翻译为"资质""胜任力""胜任特征""胜任能力""竞争力""素质"等，本书以"胜任素质"为指称），并从六个方面对测量胜任力进行了说明。胜任素质体系的创立是一个不断探索与构建的过程，包括关于"胜任素质"的界定，除了麦克里兰在《测量胜任力而非智力》中所定义的"能区分在特定的工作岗位上和组织环境中绩效水平的个人特征"这样的说明以外，也包括其他一些研究者的成果。美国学者理查德·博亚特兹（Richard Boyatzis）是第一个经过深入研究，将素质模型写成相关书籍的人。博亚特兹在《有效管理者：高绩效素质模型》中，通过将工作要求、组织环境、个人素质三个对应绩效的因素联系起来，扩展了素质模型设计的特征，也因此使素质被广泛理解为导致该绩效的一种潜在特质。美国学者莱尔·M. 斯潘塞博士（Lyle M. Spencer，Jr.，PHD.）和塞尼·M. 斯潘塞（Signe M. Spencer）在他们所著的《工作素质：高绩效模型》一书中指出，素质是在工作或情境中，产生高效率或高绩效所必需的人的潜在特征，同时只有当这种特征能够在现实中变成可衡量的成果时，才能称作"素质"。基于此，斯潘塞提出了素质的冰山模型（见图 1-5），即素质存在于五个领域：知识与技能、社会角色、自我形象、特质、动机。

---

① "十一五"上海重点图书　现代人力资源开发与管理系列教程：《员工招聘与甄选》，李旭旦，华东理工大学出版社 2009 年版。

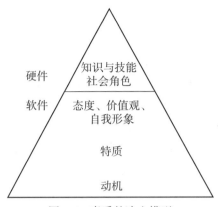

图 1-5 素质的冰山模型

①知识与技能。知识是指个人在某一特定领域拥有的事实型与经验型信息。

技能是指结构化地运用知识完成某项具体工作的能力，即对某一特定领域所需技术与知识的掌握情况。

②社会角色。指一个人留给大家的形象。

③自我形象。是一个人对自己的看法，即内在自己认同的本我。

④特质。指个性、身体特征对环境与各种信息所表现出来的持续而稳定的行为特征。

⑤动机。指在一个特定领域的自然而持续的想法和偏好(如成就、亲和、影响力)，它们将驱动、引导和决定一个人的外在行动。品质与动机可以预测个人在长期无人监督下的工作状态。

其中在"水平面上"的知识与技能相对容易观察与评价，而在"水平面下"的其他特征是看不到的，必须有具体的行动才能推测出来。

(2)胜任素质模型。

①胜任素质模型概念。

素质模型(Competeney Model)就是为了完成某项工作或达成某一绩效目标要求任职者具备的一系列不同素质要素的组合，其中包括不同的动机表现、个性与品质要求、自我形象与社会角色特征以及知识与技能等。从 20 世纪 90 年代开始，一些公司和专业研究机构开始着手将胜任素质体系引入各个具体的应用领域，应用到人力资源管理体系中，尤其是在招聘与甄选流程中发挥出根本性的作用。

在过去的很多招聘实践中，人们往往以为知道自己要寻找的是哪些类型的任职者而且也经常会根据自己对这类任职者特征的理解，去选择或设计一些甄选方法来识别应聘者。但是，他们所依据的经验式的标准以及由此所使用的甄选方法，往往是一厢情愿的，因为他们并没有找到职位对任职者的真正要求。而当利用已经建立起来的有效的胜任素质模型进行招聘与甄选时，在招聘中关注的，将是应聘者身上所具备的那些能够实现组织所要求的绩效结果的心理特征和行为模式，而避免关注那些无关紧要的因素；当有效利用胜任素质模型获得符合录用要求的应聘者时，这些合格的应聘者在工作中所创造的价值将是不可估量的。

胜任素质模型，就是对高绩效工作产出所需要的胜任素质的规范化的文字性描述和说明。在素质体系发展过程中，博亚特兹经过对大量原始资料的重新分析和研究，归纳出了一组用来寻找和辨别优秀经理人员的胜任素质，这种有效的胜任素质组合就是胜任素质模型的雏形。胜任素质模型的分类是建立胜任素质模型时必须关注的一个核心问题。目前较普遍的看法是将胜任素质模型分为以下五种类型。

A. 统一素质模型。即组织类胜任素质模型，是指在同一组织中所有员工和岗位所共用的一套胜任素质模型，它集中体现了组织文化和组织价值理念。这一类型的胜任素质模型的构建可以在组织中形成共同的语言，能够把员工融合到共同的胜任素质文化中去。

B. 岗位素质模型。即根据组织内具体岗位所开发的胜任素质模型。相对于统一素质模型的笼统性，此类模型具体到一个个的职位上，精确度高，对于那些有许多员工从事同一类岗位的大型机构来说，这种模型更具有适用性。

C. 职级素质模型。这一模型的建立需要分两步。首先要有一套基本的胜任素质组合，即对于组织内所有人都适用或都要具备的一套基本素质模板；其次在每一个渐进的职级上，对该职级的任职者在每一项胜任素质上是否具备和熟悉程度都有更高的预期和要求，同时，在每一个渐进的职级上，还会增加更多的胜任素质条目。

D. 通用素质模型。斯班瑟等人通过对近 300 个素质模型的研究，总结出了一个包括21 项胜任素质的胜任素质辞典，就是一种针对管理和专业岗位的通用型胜任素质模型，如图 1-6 所示。这种类型的模型为各种不同群体间的素质进行比较建立了一个参照系统，但是缺乏针对具体岗位的适用性。

E. 职族胜任素质模型。这一胜任素质模型类似微型的统一模型，它是在这个职位种群内所开发的一套胜任素质模型，尽管在这个职族内各个不同层级的职位对胜任素质的要求是不同的。因此，一定程度上，该胜任素质模型可以改善统一模型的笼统、不精确的问题，也可以避免岗位模型建立中费时、昂贵等缺陷。

②胜任素质模型建立步骤。

A. 明确企业战略目标。

找到企业实现战略目标核心关键因素，研究面临的挑战，构建符合企业文化及发展环境的胜任素质模型。

B. 确定目标岗位。

实现企业战略规划往往与组织中的一些核心关键岗位密切相关，所以在建立胜任能力模型时应该选择对企业实现战略目标的核心岗位作为目标岗位，然后分析目标岗位应该具备哪些胜任能力特征，从而构建出符合岗位特征的能力素质项。

C. 界定目标岗位标准。

通过对目标岗位的各项能力素质进行评估，区分员工在岗中的整体表现，而界定绩效

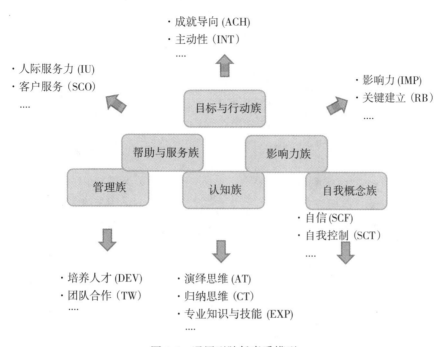

图 1-6　通用型胜任素质模型

优异标准,将界定好的绩效标准实施分解到具体考核项中,从而识别产生优秀绩效的任职者特征是什么样的。

D. 制定岗位胜任素质。

制定关键岗位目标时,我们要通过以往员工实际在工作中的一些行为、特征、思想、能力等来划分重点,发掘出优秀者身上应该具备的能力素质与一般员工身上具备素质的差异,识别关键点,结合核心岗位制定出该岗位能力素质项。

2. 工作分析

工作分析是人力资源管理的一项核心基础职能,它是一个应用系统方法收集分析、确定组织中职位的定位、目标、工作内容、职责权限、工作关系、业绩标准、人员要求等基本因素的过程。职位分析以组织中的职位以及任职者为研究对象,它收集、分析、形成的信息及数据是有效联系人力资源管理各职能模块的纽带,为人力资源管理体系的建设提供理性基础。

组织的招聘工作必须以工作分析为基础,因为确定招聘人选的条件要求首先是由该职位的关键工作职责决定的。按照招聘管理中的能岗匹配原则,只有素质技能符合该岗位要求的人,才是最合适的人选。不同的职位需要具有不同能力和素质特点的人来从事。通过职位分析,在明确职位的职责、权限、任职资格等因素的基础上,形成该职位的工作的基本规范和职责描述,从而为组织选拔人员提供基础,提升人事匹配度,提高甄选的效率。

表 1-3 概括了工作分析的基本目标导向及其侧重点。

表 1-3　　　　　　　　　　　　　　工作分析的目标导向及信息收集

工作分析的目标	强调的重点	所要收集的信息	信息收集的成果
组织优化	强调对工作职责、权限的明确界定；强调将工作置于流程与战略分解体系中来重新思考该职位的定位；强调职位边界的明晰化	工作目的与工作职责细分（或履行程序） 职责分配的合理性 工作流程 职位在流程中的角色 工作权限	组织结构的调整 职位设置的调整 职位目的的调整 职位职责的调整 职责履行程序的调整
招聘甄选	强调对工作所需教育程度、工作经验、知识、技能与能力的界定，并确定各项任职资格要求的具体等级或水平	工作目的与工作职责 职责的重要程度 任职资格	招聘要求 招聘甄选
培训开发	强调工作典型样本、工作难点的识别；强调对工作中常见错误的分析；强调任职资格中可培训部分的界定	工作职责 职责学习难度 工作难点 关键工作行为 任职资格	培训需求 培训的难点与重点
绩效考核	强调对工作职责以及责任细分的准确界定，并收集有关各项职责与任务的重要程度、过失损害的信息，为考核指标的提取以及权重的确定提供前提	工作目的与工作职责 职责的重要程度与执行难度 工作难点 绩效标准	绩效评价指标与标准
薪酬管理	强调与薪酬决策有关的工作特征的评价分析，包括职位在组织中的地位及对组织战略的贡献、工作所需的知识、技能与能力水平、工作职责和任务的复杂性与难度、工作环境条件、工作负荷与强度的大小	工作目的与工作职责 工作范围 职责复杂程度与执行难度 职位在组织中的位置 联系的对象、内容与频率 任职资格	与职位评价要素相关的信息 职位序列

（四）招聘

1. 招聘概述

招聘工作是一个复杂且系统并连续的流程化工作，组织将合适的人员引进组织的同时，外部的人才对组织也进行着选择和对比，也就是说招聘本身就是外部人员全方面了解组织的一个过程，一个好的招聘流程可以给我们的求职者留下一个好的印象。

招聘流程是指组织内部招聘准备阶段、实施阶段和评估阶段三个阶段。从狭义上来看，招聘流程就是指招聘的实施阶段，即招募、选择与录用。某人力资源公司招聘的一般流程如图 1-7 所示。

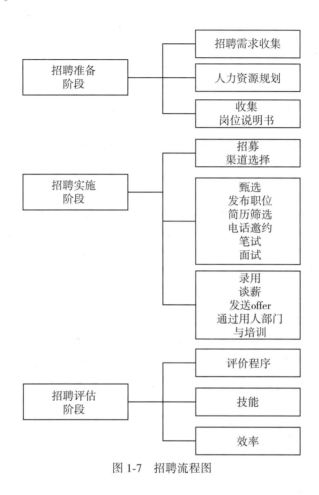

图 1-7 招聘流程图

2. 招聘管理

组织在招聘工作开始前,通常要经过制定招聘计划、选择招聘广告、招聘现场管理、甄选质量管理等环节。

(1)招聘计划管理。

招聘计划是进行招聘这项工作的基础,它在招聘工作中居于首要地位。要进行有效的招聘,吸引最优秀的人才,就必须得把招聘计划制定好。具体内容如下。

①明确人力资源需求。

任何工作的开展都必须以计划为基础,人员招聘也不例外。制定招聘计划的第一步是明确人力资源需求。这并不是说要由招聘人员来预测组织的人力资源需求,事实上,人力资源规划对人力资源需求已做出了大致的估计。尤其是人员需求短期规划,针对社会组织实际情况预测出了不同时期单位对人员的具体需求。而招聘活动就是为满足某一阶段组织具体的人员需求而进行的第一项工作。因此,明确了人力资源需求就可以了解这次招聘的具体目标是什么,即需要招收多少人,各自需要掌握哪些技能,空缺职位的性质和要求是什么等，以此作为招聘活动的依据。

以某人力资源公司制定人力资源需求计划举例说明：各部门根据滚动发展规划、年度经营管理指标、人均利润空间等关键指标，分析人力资源需求，于每年年初提交当年人力资源规划需求。提报人力资源规划需求应详细列明编制计划、招聘岗位、条件要求等基本信息。

②计划的制定及组织分工。

确定招聘需求后如需大量招聘时由招聘负责人起草招聘工作计划，包括费用预算、招聘渠道、招聘方式、招聘时间安排、参与人员等。人力资源部统一负责公司人员招聘活动的组织与实施，相关部门根据招聘活动需求，配合人力资源部门参与招聘活动。

（2）招聘广告管理。

一旦决定招聘后，就应该迅速发布招聘信息。发布招聘信息就是向可能应聘的人群传递公司将要招聘的信息。发布招聘信息是一项十分重要的工作，直接关系到招聘任务完成的质量。

①发布招聘信息遵循的原则。

选择渠道要广。发布招聘信息的面越广，接收到该信息的人越多，应聘的人也就越多，这样可能招聘到合适人选的概率也就越大。

发布广告要快。在条件许可的情况下，招聘信息应该尽早地向外界发布，这样有利于缩短招聘进度，而且可以让更多的人获取信息，使应聘人数增加。当然，也要考虑信息发布的适时问题，只有选择适当的时机发布招聘信息，才能引起更多的人注意。例如节假日和工作日发布效果就会有很大差异。

发布广告要有针对性。应聘人员根据差异不同选择的关键字也不同，因此要根据招聘岗位的特点发布招聘信息。

②招聘信息发布的类型。

招聘信息发布的类型又可称为招聘信息发布的渠道和方式，信息发布的渠道有报纸、杂志、电视、电台、网络、布告和新闻发布会等。

除以上主要发布方式外，还有随意传播的发布方式。这是有关部门或有关人员用口头的、非正式的方式发布招聘信息的方式。其主要优点是费用最低，可以进行双向交流，速度较快；主要缺点是覆盖面窄，一般在劳动力市场上明显供大于求、招聘层次不是很高时可以选用这种类型。

（3）招聘现场管理。

①专业面试。

由用人部门进行面试，考察应聘人员专业技能、经验能力与岗位的匹配度。

②综合面试。

由用人部门负责人、人力资源部负责人和总裁对应聘人员进行综合、全方位的评价和判断，确保应聘人员符合岗位要求并匹配公司文化和价值观。

（4）甄选质量管理。

①资格审核。

应聘人员按公司发布招聘信息中的要求通过邮件、网上注册、现场投递等方式将个人信息发送到公司招聘窗口，人力资源部依据招聘计划和职位说明书的相关内容，对应聘人员的材料进行分类和筛选，并通过初步的沟通判断应聘人员的基本素质和条件是否符合职位要求。

②网络测评和笔试。

根据职位具体细化要求，人力资源部安排符合初选条件的应聘人员参加专业技能及公司确定的其他内容的考试，客观评判应聘人专业知识水平，根据考试成绩确认面试人选。

(五)甄选

1. 甄选概述

人员甄选是招聘活动在人才招募之后的一个环节，指的是综合利用心理学、管理学和人才学等学科的理论、方法和技术，根据特定岗位的要求，对应聘者的综合素质进行系统的、客观的测量和评价，从而选择适合的应聘者的过程。其中包含了两个核心过程：测量与评价。测量是评价的基础，是依据事先设计好的规则对应聘者所具有的素质通过一些具体的方法给出一个可比较的结果；评价是测量的延续，是对测量结果进行深入的主观分析、评价并给出定性和定量的结论供录用时参考。

2. 甄选流程

(1)初步筛选。

①筛选求职申请表。

申请表的最大优点是结构完整且直截了当，它要求应聘者提供公司所需的全部信息，有助于为面试设计具体的或有针对性的问题，由招聘者设计工作申请表，主动权把握在公司手中，公司可以根据自己对待聘员工的要求设计一些有针对性的或者说非常具体的问题；给申请者一个机会，让他们决定自己是否符合所要求的条件，工作申请表结构完整，直截了当，清楚表明了公司对招聘员工的基本要求，这样有利于应聘者根据申请表对自我条件进行评估，决定自己是否符合申请表中所要求的条件，之后再进行填写申请表等活动。

制定的申请表要简单明了、直截了当、通情达理、易于填写，这样有利于求职者在填写时能够快速而顺利地完成信息的总结和输出。如果申请表难以填写，那你也许就得不到所需的信息，或申请人什么也不填写。

把最有用的信息放在最前面来收集，有利于节约申请表的初步筛选时间。如果需要某人的电话、邮箱之类的联系方式，那么这项问题放在最上面。如果需要应聘人员持有相关资格证书，那么设计应聘申请表时需要设计填写证书相关信息。

最后检查一遍。最后的检查非常必要，它会使你避免不必要的错误，同时使得申请表更加有用。

工作申请表中所包含的信息是公司希望得到的关键信息，它一般包括求职者的基本个人信息、教育培训信息、工作经历信息、与所申请岗位相关的背景信息、工作特殊要求信息及其他一些相关信息。具体如表1-4所示。

表1-4 工作申请表的内容

个人信息：
- 姓名、性别、通信地址、电话等；
- 身高、体重、健康状况、是否残疾等；
- 婚姻状况、家庭负担、子女情况等。

背景信息：
- 申请的岗位；
- 期望的工资；
- 什么时候或多久你能来上班？
- 你怎么知道这个岗位的？
- 你为什么愿意为我们工作？
- 在过去的十年内，你是否曾被宣判有罪？

教育培训：
- 你的教育机构的名称；
- 是否毕业？得到什么学位？专业证明/学历证明；
- 受过何种特殊培训或锻炼？何时？何地？有谁可以证明？

工作经历：
- 过去的雇主的姓名和联系方式，企业的类型、名称；
- 岗位和职责；
- 就职时间；
- 上级的姓名和职位；
- 我们是否可以和你现在的雇主联系？
- 工资等级（从开始到现在）；
- 离开现在工作单位的理由。

工作特殊要求：
- 技术上的技能和工作经历一览表；
- 我们应该知道的其他技能和能力（如：你能操作哪些设备）；
- 你是不是上什么时间的班都行？能不能加班？
- 你能出差吗？
- 你是否持有有效期内的驾驶执照？

其他：
- 申明所提供的信息是正确的，并且以医疗体检的结果作为应聘的条件。

②筛选个人简历。

A. 工作简历的优与劣。

劣：在以往工作中发现很多求职者喜欢简历造假，例如，编造以往的薪资、职位头衔、技能水平和工作业绩，虚构教育背景、隐瞒处分甚至是犯罪记录。企业对个人简历的内容和风格缺少控制，预选起来要花费相当的时间和精力；而且只注重个人简历的表面文字是很危险的。

优：尽管有些个人简历前后矛盾，言过其实，但还是可以提供一些与应聘者有关的额外信息，比如在个人简历中，申请人会强调他自己认为重要的部分，会无意间提到其他一些有用的信息，从中招聘者可以获取自己想要的信息，进行相应的筛选。

③电话筛选。

由于个人简历不如申请表那么严密，因此有必要打个电话去收集一些附加的信息。跟踪电话有四个目的。

A. 工作实际情况预先介绍。

你可以在电话里更详细地介绍该工作岗位和你公司的情况，这可以看出求职者是否对这个岗位仍有兴趣，但是在介绍时，不可说明你希望求职者具备什么特点和才能。

B. 补充空缺信息。

打电话可以附带着收集到关于求职者过去的职责和成绩的信息，而这些信息对公司而言是有用的。例如，求职者有一年的工作间断，这一年他究竟干了什么？是养育子女还是上学？还是有投资或者合伙开设公司等。

C. 审定资格。

你可以提一些经过选择的标准化试题，借此了解求职者的动机和其他一些重要的才能，以及与招聘岗位的匹配度等。

D. 回答问题。

你可以给应聘者一个提问的机会，可以提有关公司以及所提供的工作岗位方面的问题，这种做法可以得到特别有用的信息。这时，动机强烈的和有才能的应聘者总能提出许多好的问题。关于晋升机会、绩效考核、薪酬福利方面的问题越多，暴露动机就越多，会给初步判断提供一些判断依据。

（2）笔试。

①笔试定义及其优劣。

笔试是让求职者在试卷上笔答事先拟好的试题，然后由主考人根据求职者解答的正确程序予以评定成绩的一种测试方法。

通过笔试，通常可以测量求职者的基本知识、专业知识、管理知识、相关知识以及综合分析能力、文字表达能力等素质能力的差异。

笔试的长处：一次考试能提出十几道乃至上百道试题，试题的"取样"较多，对知识、技能和能力的考察信息和效率较高；可以大规模地进行评价，因此，花的时间少效率高，比较经济；受测试者的心理压力较小，容易发挥正常水平；成绩评定比较客观，而且可以保存受测者回答问题的真实材料供后期参考。

笔试法的局限性主要是不能直接与应聘者见面，不直观，不能全面考察求职者的工作态度、品行修养、组织管理能力、口头表达能力和操作技能等，而且不能排除作弊和偶然性。因此，需要采用其他测试方法进行补充。

②笔试实施过程中应注意的问题。

命题是笔试的首要问题，命题恰当与否，决定着考核的效度。无论以招聘管理人员和科技人员为目的的论述式笔试，还是以招收工人和职员为目的的测验式笔试，其命题必须既能考核求职者的文化程度，又能体现出空缺职位的工作特点和特殊要求。命题过难过易都不利于择优。有条件的企业应该建立自己的题库，这样在每一次考试时，抽出有关的试题进行组合，保证试题的科学性，但是入库的试题一定要经过科学的测定。另外，请专家出题也是一个不错的选择。在请有关专家出题时，一定要向他们详细地讲述这次招聘的目的，使专家们了解测试的目的，然后根据要求出题。

拟定标准答案，确定评阅计分准则是非常重要的。各个试题的分值应与其考核内容的重要性及考题难度成正比，若分值分配不合理，则总分数不能有效地表示受测者的真实水平。

阅卷及成绩复核，关键要客观、公正，不徇私情。为此应防止阅卷人看到答卷人的姓名，阅卷人应共同讨论打分的宽严尺度，并建立严格的成绩复核制度，以及处罚徇私舞弊者的纪律等。

③笔试操作过程。

A. 试卷的设计。

试卷的设计直接影响到知识考试的质量如何，因此每一个主试一定要对考试的试卷设计充分重视。在设计试卷时，我们要注意以下一些原则。

·自始至终符合目标。每一张试卷从头到尾都要符合目标，不要远离目标，这样才能得到应有的效果。

·各种知识考试类型可以结合起来使用。比如，在一张试卷上既可以有百科知识的内容，又可以有专业知识的内容，也可以有相关知识的内容。这样可以节省时间，在较短的时间内全面了解一个应试者各方面的水平。

·充分重视知识的实际运用能力。企业员工招聘中的知识考试，和学校中的知识考试有所不同。在招聘知识考试中，不要过分强调背诵记忆，而主要考虑知识的运用能力。因此在设计试卷时，要尽量多用案例以及讨论等形式。

B. 考试的安排。

·事先要确定好考试的教室。

·在每一张桌子上贴上准考证号码。

·每位应聘者一张桌子，间隔一个人以上空位。

C. 监考教师。

·根据教室的大小，应聘人员的多少，每个考场至少应配置两名教师进行监考。

·监考教师应当有相当的监考经验，遇到特殊情况，能够进行适当的处理。

·教师应该严格地执行考场纪律。如果有违反纪律者，应该严肃处理，这样才能使知识考试顺利进行，并体现公平原则。

D. 阅卷的要求。

·要有标准答案。

·要防止先松后紧或者先紧后松的情况。

·先试阅几张卷子，对应试者的水平有个初步的了解。

·如果有数位教师阅卷，可以由每位教师只阅其中的一题或者几题，这样掌握标准比较准确。

（3）面试。

①面试种类和风格。

A. 面试的种类。

·非结构化面试

没有规律，主试者可以向应聘者提出随机想起的问题。面试没有应遵循的特别形式，谈话可以向多个方向展开。作为主试者，可以在一定的工作规范指导下，向每位候选人提出不同的问题。根据候选人回答的问题再随机提问。

·结构化面试

结构化面试又称结构化面谈或标准化面试，它是指面试前就面试所涉及的内容、试题的评分标准、评分方法、分数使用等一系列问题进行系统的结构化设计的面试方式。面试过程中，主持人不能随意变动，必须根据事先拟定好的面试提纲逐项对被试者进行测试，被试者也必须针对问题进行回答，要素评判必须按分值结构合成。面试的结构严密，层次性强，评分模式固定，面试的程序、内容以及评分方式等标准化程度都比较高。

·压力面试

压力面试（stress interview）的目标是确定求职者将如何对工作上的压力做出反应。主试者提出一系列直接的问题，让被试者处于紧张境地，使之感到不舒服。主试者通常寻找被试者在回答问题时的破绽，在找到破绽后，主试者就集中对破绽提问，希望借此使被试者失去镇定。因此，如果一位业务能力比较好的经理人被问到两年内换了四份工作是因为什么原因，主试者也会告知频繁的工作变动反映了不负责任和不成熟的行为。如若求职者对工作转换给出合理的解释就可以进行下一个问题。如果求职者闪烁其词或愤怒埋怨其转换原因等，就可以看出其是在工作环境中承受压力比较弱的人群。

压力面试，一方面，是界定高度敏感和可能对温和的批评做出过度反应的求职者的良好方法；另一方面，使用压力面试的主试者应当确信厚脸皮和应付压力的能力是工作之需要，主试者还需具备控制面试的技能。

·情景面试

情景面试包含一系列工作关联场景问题，这些问题有预先确定的明确答案，主试者对所有被试者询问同样的问题，有些类似结构化面试。但在情景面试中，还可以问与工作有关的问题，即在工作分析的基础上制定的问题。问题的可接受的答案由一组主管人员确定，主管人员对求职者对所提工作关联问题的回答进行评定。

·行为面试

行为面试法是基于行为的连贯性原理发展起来的。面试者通过求职者对自己行为的描述来了解两方面的信息：一是求职者过去的工作经历，判断他选择本组织发展的原因，预测他未来在本组织中发展的行为模式；二是了解他对特定事件所采取的行为模式，并将其行为模式与空缺职位所期望的行为模式进行比较分析。面试过程中，面试者往往要求求职者对其某一行为的过程进行描述，如面试官会提问"你能否谈谈你过去的工作经历与离职的原因""请你谈谈你昨天向你们公司总经理辞职的经过"等。

·小组面试

小组面试（panel interview）指由一群主试者对候选人进行面试。普通的面试通常是由每位主试者重复地要求求职者谈论同样的主题。但是，小组面试允许每位主试者从不同侧面提出问题，要求求职者回答，类似记者在新闻发布会上的提问。因此，与系列式的一对一的面试相比，小组面试能获得更深入更有意义的回答。同时，这种面试会给被试者额外压力，因此，它可能会阻碍那些可以在一对一面试中获得的信息。

· 系列式面试

系列式面试(sequential interview)指企业在做出录用决定前，有几个人对求职者进行面试，每一位主试者从自己的角度观察求职者，提不同的问题，并形成对求职者的独立评价意见。在系列式面试中，每位主试者依据标准评价表对候选人进行评定，然后对每位主试者的评定结果进行综合比较分析，最后做出录用决策。

· 计算机辅助面试

计算机辅助面试是用计算机辅助的方法进行第一轮面试并筛掉一批不合格者，这样既节省了钱又减少了人员调整的工作量。有些公司正在因特网上使用计算机辅助面试法，来寻找刚大学毕业的合适的雇员，这样大大节省了人事经理用于初筛所费的时间。

B. 面试的风格。

· 目测式

具有这种风格的主试者假设他们能够根据应聘者的外表、握手和其他的粗略观察，预测他们的工作业绩。这种方法非常肤浅，而且极不可靠。

· 友好谈话式

谈论天气、运动、共同经历等事项，的确令人愉快。然而，除非对此加以控制，否则将无法达到面试目的。

· 探究式

有些主试者喜欢将应聘者置于压力之下，看他们如何做出反应，常见的结果是遭到应聘者的抵制。相应地，主试者对应聘者能力或业绩的了解却微乎其微。

· 整齐划一式

主试者按照标准向应聘者提出预先准备的问题。这种风格的面试既古板又不灵活，以至于不允许主试者探究潜在的双方感兴趣的话题。这种面试方法还限制应聘者表现其能力和个性的机会。

· 商务谈判式

这种面试就像具有商业目的的社交活动，双方交换有价值的信息。直到主试者明确理解需填补空缺职位的职责，并对从事工作所需人员类型有个大概了解后，面试才开始。

②面试准备。

A. 做好面试的物质准备工作。

· 合适的面试地点

这是保证面试有效性的一个重要因素。面试应安排在便于进行私下谈话的地方；面试的环境应有助于消除招聘者和应聘者之间因地位不同而存在的隔阂；公平公正的环境，不要出现居高临下的场景或者环境，面试的环境不应该过分庄严，也不要过分的随便。

· 位置排列

如果是多个招聘者对一个应聘者，可以采用一种观察会议形式；如果是一对一形式，应聘者与招聘者隔着桌子最好不要面对面相视而坐，二者可以斜坐着，视线成一定角度，这样可以缓和紧张；不宜把应聘者摆在屋子的中央部位，这会使人感觉不安全。

·噪音

面试时应该不受干扰，房间的电话应该暂时切断，主试者的移动通信工具也应该关掉，其他的干扰也应该降至最低。

另外，招聘场所外可设休息室，准备一些供应聘者浏览的企业宣传片或企业宣传册、杂志或播放轻松的音乐等。

检查面试中所需要的物品是否齐全，包括：记笔记用的纸和笔、介绍公司的小册子、应试者的求职申请表、工作说明书和人员招聘标准、准备测验时所需的物品等。

B. 主试者的准备工作。

主试者在面试之前，应准确了解工作包含什么，以及什么类型的求职者最适合工作，从而形成理想求职者的清晰框架。选择适合主试者的身份及工作环境的装束，主试者是求职者了解所申请公司的一个重要窗口，对主试者的印象决定了求职者对该公司的形象感知。选择适合自己身份及面试工作环境的装束不仅是对自己的尊重，更是对于面试者的尊重，是对于公司形象的一种正面维护和宣传。

如果可能，应该印制面试评价量表，对进行大量招聘的企业或者公司来说更应该如此。在设计评价量表时，要注意这些评价要素必须是可以通过面试技巧进行评价的。同时，为了使评价量表具有客观性，设计时应使评分具有一个确定的计分幅度及评价标准（见表1-5）。

表1-5 面试评价量表

姓名：		性别：		年龄：		编号：	
应聘职位：				所属部门：			
评价要素：	评价等级				
	1 差	2 较差	3 一般	4 较好	5 好
个人修养					
求职动机					
语言表达能力					
应变能力					
社交能力					
自我认识能力					
性格内外向					
健康状况					
进取心					
相关专业知识					

续表

总体评价					
评价：	□建议录用		☑有条件录用		建议不录用
用人部门意见：		人事部意见：			总经理意见：
签字：		签字：			签字：

C. 主试者容易产生的偏见。

·面试偏见

因相似而引起的偏见。应试者与主试者有相似的或不相似之处时，会影响主试者对应试者的技能和能力的评价。

初次印象产生的偏见。根据在面试最初几分钟里收集到的而且与工作无关的个人信息去对应试者做出全面评价。

以偏概全。主试者经常因一个人的某一特长影响对其整体的感觉，这就是以偏概全引起的偏见。

招聘压力带来的偏见。如果你是招聘和筛选的负责人，现在有 5 个正在进行的项目中的某些岗位需招聘人才，而这些岗位昨天就该补缺了，在这种情况下进行面试时，一些应聘者即使不是真的可以接收，你也可能让他们通过。

印象上的明显反差。对于一个应试者的评价，受到了对其他应试者评价的影响。

·偏见带来的问题和克服办法

偏见带来的问题及克服办法，可参见表 1-6。

表 1-6 　　　　　　　　　　　　　　**面试偏见产生的问题及克服办法**

偏见	问题	克服办法
因相似而引起的	·对与自己相似的应聘者忽略他的缺点，而对与自己不同的应聘者夸大他的缺点 ·指导方针严格禁止使用与工作无关的筛选标准	·要认识到如果比较自己与应试者有何相似或不相似，就会影响你的判断 ·不要把重要的时间花在讨论与工作无关的问题上
因初次印象而引起的	·对应试者的初次印象(发型、口音、衣着)会导致对工作相关方面判断上的偏见 ·大多数招聘人员认识不到他们受这种偏见的影响有多深	·应认识到在面试的最初 2 分钟内，对应试者形成的印象会对面试结果产生明显影响 ·在面试的最初 5 分钟里设法去准确发现你喜欢或不喜欢这个应试者什么，让你认识到你对应试者产生了什么感觉，而不要使它影响你对与工作相关的方面做出判断

偏见	问题	克服办法
因以偏概全而引起的	·大部分岗位要求 8～14 种独立的能力，在某一个方面的能力优秀，一般不能代表	·单独逐一评价每一个工作岗位才能，注意不要让对某一个才能的评价影响到对其他才能的评价
因招聘压力而引起的	·降低择人标准会导致你公司浪费大量金钱 ·指导方针要求每一个求职面试人，对每一个应试者来说，招聘要求是相同的	·使招聘部门减少因急于招人而造成的浪费 ·运用现有的招聘政策，以保证能招聘到高质量的人才
因印象上的明显反差而引起的	·对应试者相互比较会使你们的期望忽高忽低，结果常常聘用了一个在其他时候不会被聘用的人	·对你评估的每个才能建立招聘原则 ·努力把每个应试者与标准相比较，而不是与其他应试者相比较

③面试提问技巧。

要想从应聘者那里收集与工作有关的数据，主试者所提的问题应该尽量使应聘者自由发挥，要注意以下几个问题。

A. 提些普通的、开放式的但不暗示特定答案的问题。

"能否告诉我，在原来的职位上你是如何获得晋升的?"提出这样的问题，你将会从应聘者那里了解到他认为什么是重要的，这比你问对方"你对自己的工作喜欢吗?"这样的问法更有效果。另一个有用的提开放式问题的技巧是顺着答案提出问题，如"当时发生了什么事?"或者"接下来你做了什么?"

B. 提短问题。

你在一个问题中使用的字越多，越有可能影响答案。如果应聘者说："我认为我工作过的团队都是优秀的"，你可能会问"是什么因素使你工作过的团队优秀"；更好的提问应是"怎样理解?"或"为何如此?"

由于问题不要求评价或者不暗含特定答案，应聘者更倾向于以正常情形回答。

C. 仔细倾听对方的回答，然后决定下一个问题。

因为好的主试者大约要把 80% 的时间用于倾听。一些没有经验的主试者急于提出下一个问题，以致他们漏听了应聘者的回答。应聚精会神地倾听每句回答，应聘者的回答往往决定了下一个问题，而且可因此从应聘者那里得到更多的信息。

D. 探究应聘者的专门技能范围。

问应聘者有关他们专业技能的基础的和基本的问题。主试者应避免在应聘人面前表现出自己等同于或高于对方的相关知识水平(即使主试者具有这种水平)。最好的回答是自由发挥的回答和正常情况下的回答。

E. 鼓励价值判断。

问应聘者如何看待准时、从事工作、对一项任务的个人责任或与原先同事的关系等问题，这些都是有助于提供洞察个人价值观的信息。评价应聘者时，这些信息比面试人的假设更有价值。

F. 探究"选择点"。

"选择点"是指要求应聘者回答为什么选择这样的行为，而不是那样的行为的原因。倾听对方为什么做这个选择，这么做有助于洞察应聘者个人原因和价值。

G. 有效使用沉默。

当面试期间出现沉默时，有些面试人会感觉不舒服，觉得有必要讲话。其实沉默给主试者提供时间思考(经常考虑应聘者正在做什么)，等待沉默结束，同时用期待的目光看着应聘者的主试者，能够比那些不这样做的主试者了解更多的信息。因为它能让应聘者感觉应提供更多的信息，结果确实提供了比期望更多的相关信息。

H. 做出反应性评论。

针对应聘者的不同情况做出反应性评论是一项有益的技巧。它表现出你正在倾听，并愿意鼓励他或她详尽回答。这样做要自然，以显示关心或兴趣。

④面谈追问的技巧。

当应聘者回答问题不完全、不正确时，主试者还要进行追问。下面介绍一下如何分析对方答复的不完全程度及其原因所在，并采取什么样的追问方式。

A. 探询式追问及其条件。

探询式追问的问法有"为什么""怎么办""请再往下说""真是这样吗""你为什么这样想"或一些口语化的表情、手势。

沉默也是探寻式追问的方式之一，但时间掌握很重要。据研究，如果鼓励对方再多谈下去，最有效的方法是在对方的谈话中断时，保持 30 秒的沉默，这样对方会很自然地往下说。

有时对方在回答问题时，只绕着谈话主题兜圈子，提供的资料也没有价值；有时对方答非所问。此时，先要分析一下原因，是由于误解了问题，不了解问题，没听懂问题，还是不想回答。然后再用探询式追问，要求对方做进一步的说明。

B. 反射式追问及其条件。

反射式追问就是把对方所说的话再重复一遍，以此来考验对方的反应及其真实意图。

当对方回答问题不完全或值得怀疑时，就要用反射式追问，鼓励应聘者对其不完整的答复加以说明或引申，以确认对方的全面而真实的想法。

⑤与工作有关的问题示例。

研究和实践表明，在面试中最好采用行为性的问题，即具体了解应聘者过去是怎么做的。并运用 STAR 法(Situation：什么情景；Task：什么任务；Action：采取了什么行动；Result：得到了什么结果)进行追问，以判断和保证应聘者回答的真实性。

理解应试者如何看待现有的(或过去的)职位的问题：

A. 请告诉我在你过去工作经历中，做过最高的职位是？

B. 过去工作中你觉得最满意的一项工作是什么？

C. 请告诉我在你过去工作中最成功的一次销售是什么？取得的业绩是多少？取得业绩的关键点是什么？

D. 哪些事你觉得做得最好？为什么？

E. 哪些工作职责对你来说是最困难的？为什么？

F. 你在工作中碰到过哪些问题？哪个问题使你感到受挫？为什么？

G. 请告诉我在你过去工作中做得最成功最突出的一次贡献是什么？

H. 你在过去岗位上如何获得晋升？

I. 为了更加负责起见，你在以前的工作中做了哪些事前准备工作？

J. 你离开原有工作的原因是什么？

K. 你认为过去的工作进步在多大程度上与你的能力一致？

探究应聘者与他人关系的问题：

A. 能否谈谈你的上司？

B. 你认为你的上司的最突出的长处是什么？为什么？最大的弱点是什么？为什么？

C. 你的上司在哪些方面支持你的业绩？

D. 你在哪些事情上受到过表扬或批评？

E. 你如何评价你的同事？

F. 你和同事的分歧是什么？

G. 你如何描述你与其他部门员工之间的关系？

H. 你喜欢和哪种类型的人在一起工作？你觉得难相处的是哪些类型的人？

I. 你认为对人进行管理的本质是什么？

J. 你工作的委员会是哪种类型？你做了哪些贡献？

了解抱负的问题：

A. 工作中什么对你最重要？你希望避免什么？

B. 请谈谈在过往工作中与职位晋升擦肩而过的一个事例。

C. 每个人在选择职业的时候都会有一些关键考虑因素，那么请你告诉我，你在职业选择中最看重的 5 个因素是什么？请你按照重要性回答。

D. 为了实现职业目标，你做了哪些事情？

E. 你希望的薪水是多少？

鼓励自我评价的问题：

A. 作为员工，你认为自己最大的长处是什么？

B. 在过往工作中你的不足是什么？需要得到哪方面提升？

C. 激发你的动力是什么？

D. 你为什么选择了这份特定领域的工作？

了解应聘者如何应用技能、经验和知识从事空缺职位的问题：

A. 哪些因素吸引你申请这个职位？

B. 哪些因素使你相信自己符合这个职位的资格要求？

C. 这个岗位的哪些因素对你来说是新的？

D. 为了做到完全精通，你认为还要接受哪些培训？

⑥常用面试问话提纲。

常用面试问话的提纲，可参见表 1-7。

表 1-7　　　　　　　　　　　　　　　　　常用面试问话的提纲

面试项目	评价要点	提问要点
仪表风度	体格外貌、穿着举止、礼节风度、精神状态	要通过面试人员的判断来完成
工作动机与愿望	对现在工作的更换与求职原因，对未来的追求与抱负，本公司所提供的岗位或工作条件能否满足其工作要求和期望	·请谈谈你现在的工作情况，包括待遇、工作性质、工作满意程度 ·你为何希望来本公司工作 ·你在工作中追求什么？个人有什么打算 ·你想怎样实现你的期望与抱负
工作经验	从事招聘职位的工作经验丰富程度，职位的升迁状况和变化情况，从其所诉工作经历中判断其工作责任心、组织领导能力、创新意识	·你大学毕业后的第一个职业是什么 ·在这家企业里你担任什么职务 ·你在这家企业里做出了哪些你认为值得骄傲的成就 ·你在主管部门中遇到过什么困难？你是怎样处理和应对的
经营意识	判断应聘者是否具备商品概念、效率观念、竞争意识以及是否具备基本的商品知识	·通过经营小案例来判断其是否有这方面的观念和意识
专业知识	应聘者是否具有应聘岗位所需要的专业知识和专业技能	·你大学学的是什么专业或接受过哪些特殊培训 ·你在大学对哪些课程最感兴趣？哪些课程学得最好 ·询问专业术语和有关专业领域的问题 ·询问一些专业领域的案例，要求其进行分析判断
精力、活力、兴趣、爱好	应聘者是否精力充沛，充满活力，其兴趣和爱好是否符合应聘岗位的要求	·你喜欢什么运动？你会跳舞吗 ·你怎样消磨闲暇时间 ·你经常参加体育锻炼吗
思维力、分析力、语言表达力	对主考所提问题是否能够通过分析判断抓住事物本质，并且说明透彻、分析全面、条理清晰，是否能顺畅地将自己的思想、观点、意见用语言表达出来	·你认为成功和失败有什么区别 ·你认为富和贫、美和丑有什么区别 ·如果让你筹建一个部门，你将从何入手 ·提一些小案例，要求其分析、判断
反应力与应变力	头脑的机敏程度，对突发事件的应急处理能力，对主考提出的问题能否迅速、准确地理解，并尽快做出相应的回答	·询问一些小案例或提出某些问题要求其回答
工作态度、诚实性、纪律性	工作态度如何，谈吐是否实在、诚实，是否热爱工作、奋发向上	·你目前所在部门管得严吗？在工作中看到别人违反制度和规定，你怎么办 ·你经常向领导提合理化建议吗 ·除本职工作外，你还在其他单位兼职吗 ·你处理各类问题时经常向领导汇报吗 ·你在领导和被领导之间喜欢哪种关系

续表

面试项目	评价要点	提问要点
自知力 自控力	应聘者是否能够通过经常性的自我检查，发现自己的优缺点，同时在遇到批评、遭受挫折以及工作有压力时，能否克制、容忍、理智地对待	·你认为自己的长处在哪里 ·你觉得你个性上最大的优点在哪里 ·领导和同事批评你时，你如何对待 ·你准备如何改正自己的缺点
其他		·你为何要来本公司 ·你适合哪些工作 ·你为何离开原单位 ·你的交往倾向 ·你认为会对公司做出贡献吗 ·你认为你有何缺点？如有，请举例 ·别人批评你时，你一般会如何应对 ·你喜欢和哪些人交往(同学、同事、邻居)

⑦倾听与记录。

面试中最重要的就是学会主动倾听。面试中你会提出各种各样的问题，抓住提问的时机，获得你想要的信息，这是一种技能。当然，更为重要的方面是在提出了问题之后注意认真倾听对方的回答。从对方回答的问题当中寻找突破口，倾听不仅仅带有一般听的含义，还包括积极主动倾听的技术与技能。

主动倾听(LISTEN)技能可以综述为以下几点：

·L——使人觉得你对对方的话感兴趣(Look Interested)；
·I——以征求意见的态度倾听(Inquire)；
·S——有目的的倾听(Stay on Target)；
·T——检验理解程度(Test Understanding)；
·E——对获得的信息分析评估(Evaluate the Message)；
·N——保持平和自然的心态(Neutralize Your Feelings)。

表1-8是主动倾听技巧的举例。

表1-8　　　　　　　　　　　　　主动倾听技巧举例

语言技能	非语言技能
提出问题 ·力求明确 ·了解进一步的信息 ·深入探讨 ·使用开放式问题提问(何人、何时、何地、何事、为何、如何等)	使人觉得你对对方的话有兴趣 ·目光接触，但不要一直盯着对方 ·面对应聘者 ·身体适当前倾 ·面带友好的表情 ·情绪平和放松，不要显得焦虑不安

续表

语言技能	非语言技能
有所反应 ·使用辅助性和鼓励性的语言和词汇 ·对已经说过的事情带有归结性，并对下一步的事情带有提示性 ·引导对方根据上下文提出观点	做记录 ·记下重点词语 ·利用笔记提出后面的问题
一般技术	做一些辅助性的动作 ·点头 ·微笑
观察应聘人 ·他们有什么感觉 ·他们对自己所说的有没有把握	注意什么还没有说到 ·注意倾听字里行间的意思 ·注意说话人的语气
保持不卑不亢 ·不要让你的情绪影响你的倾听 ·鼓励应聘者继续说下去	有效倾听的障碍
检验你的理解力 ·确保你的理解是正确的 ·搞清方言的含义	语言方面的障碍 ·打断别人的谈话 ·吹毛求疵或在具体细节问题上纠缠不休 ·在谈话的过程中与第三者谈话 ·提封闭式问题影响问题的全面说明 ·问其他方面的问题 ·改变谈话主题
对信息进行估价 ·抓住重点 ·对应聘者的话进行推敲	非语言方面的障碍 ·谈话过程中盯着对方的眼睛，打哈欠 ·谈话过程中做小动作，烦躁不安或不停地交换坐姿 ·谈话过程中给钟表调时 ·谈话过程中整理文件和笔记本 ·谈话过程中心不在焉，眼睛看别的方向 ·谈话过程中注意力不集中
综合分析 ·对谈话要进行归纳 ·检验理解程度 ·允许应聘者提问或解释	不好的倾听习惯 ·对不感兴趣的事情装作感兴趣 ·全神贯注于某一个具体方面 ·带着情绪和个人感情谈话 ·说话过程中受别的干扰 ·对于某一主题缺乏认识或难以理解而改变谈话主题 ·有选择地听别人的谈话——只想听相同的观点

⑧面试观察和判断要点提示。

A. 体态语言。

研究发现，人的身体语言最能真实地显示人的内心意愿。人的身体语言是无声语言，负载着大量的信息，是人们书面语言和口头语言的重要补充。通过对体态语言的细心观察，可以从中获得大量有益的信息：隐瞒和捏造都可以把假的信息当成真的信息说出来，误导面试官。不相信某事，就皱起眉头；不知所措时，就用一个手指摩擦鼻子；耸耸肩膀表示无所谓等。体态语言是观察应聘者的一个重要窗口，作为招聘者应该注意认真分析人的体态语言。

B. 习惯动作。

人的表情和肢体是很难说谎的。因为人的肢体动作、面部表情和语言表达都是有紧密联系的。假如一个人在肢体动作上面作假就会有一些肢体动作的细节或者是面部表情和一些微妙的神态无法产生一致。比如说一个人心情紧张，但是嘴上却说：我不紧张，如果手颤抖或者身体颤抖、语速过急等表现出来，谎言则不攻自破。一个人在说谎的时候眼睛、面部表情、肢体语言等都会透露出这些信息。

⑨结束面试。

结束面试之前对你已经从应聘者那里得到的信息最后做一个归纳，确保你的理解是正确的，没有漏掉关键的信息。向应聘人说明下一步的招聘工作将怎么做，并告诉他们什么时候可以听到这些面试的结果。

如果在提出相当数量的经过认真准备的具体问题之后你确实认为此人不适合工作，你可以随时决定终止面试。记住要感谢应聘人员前来接受面试，感谢他们对这项工作和你们公司的兴趣。让不合格的应聘者也带着良好的印象满意而去。如果没有进一步的问题，应告诉应聘者一个综合性的信息，让他们知道什么时候可以得到面试的结果，并再次对他们的到来表示感谢。

求职者离开后，你应当检查面试记录，填写结构化面试表格，并趁面试在头脑中尚清晰时回顾面试的场面。记住，轻易判断和强调负面信息是两个普遍的面试错误。在求职者离开后仔细回顾面试可帮助你将这两个问题的负面影响减至最小。

（4）背景调查①。

全面审查应聘者的所有资料，有助于挑选出合格的候选人。背景调查通常包括个人工商信息、犯罪记录、信用状况、工作经历、学历和从业许可等。背景调查所需的资料大部分是公开的记录，可以提供给任何人。

背景调查可以提供极好的信息来帮助做出正确的录用决策，但是必须正当地使用这些信息，对企业最有利的是得到关于如何合法地使用背景调查的合法建议。现在我国公民的权利意识越来越强，企业切不可因调查而侵犯了他们的隐私权。

①背景调查的类型。

背景调查有以下三种类型。

·向证明人核实。与熟悉应聘者工作历史的人交谈，并询问一些过往与工作中相关的

---

① 王丽娟：《员工招聘与配置》，复旦大学出版社2012年版。

信息问题，那些信息能帮助你衡量应聘者是否适合工作。

　　·核实凭证。核实学位、证书、执照之类的东西；如果有可能，还要对是否有前科、信用历史等方面进行调查。

　　·核实是否需要培训。雇佣应聘人员前了解他们的优点和缺点将有助于你确定是否需要培训，这样可以节省时间和精力从而能提高生产率。最好的做法是去问问过去管理他们的人。

　　调查的内容可以分为两类：一是通用项目，如毕业学位的真实性、任职资格证书的有效性；二是与职位说明书要求相关的工作经验、技能和业绩，不必面面俱到。不可能调查核实简历或申请表上的所有内容。

　　背景调查可以达到两个目的：一方面，核实申请表或个人简历上的以及面试时得到的信息；另一方面，搜集到应聘者可能不愿意告诉你的其他信息(见表1-9)。

表1-9　　　　　　　　　　　　　　　建议核实的背景条目

典型的	较棘手的
·文凭、普通同等教育的文凭或其他学位 ·执照、证明或其他证书 ·永久聘用或聘用时间 ·所任职务 ·基本职责 ·主管的姓名与职务 ·离职后的补偿	·离职的原因 ·是否有资格再次被录用 ·工作表现的描述(与其他工作人员相比) ·可靠或尽责的程度 ·举个例子说明其出色的表现 ·强项及其发展要求 ·阅读部分简历或申请表请证明人证实其准确性 ·为雇佣他我会保留哪些条件

　　②信息的核实。

　　A. 为了保证核实工作的连贯性和准确性，最好列出一份调查目标题。

　　建表时将重要信息一一列出，使你不至于遗漏重点或误入与工作无关的领域，而且还可以保证每一位申请者都能经历同样的程序(见表1-10)。

表1-10　　　　　　　　　　　　　　　背景调查表样本

应聘者姓名		
教育状况核实		
受教育机构：	联系人：	核实日期：
入校时间：　　　　毕业(是/否)	获得何种学位：	
技术院校：	联系人：	核实日期：
入校时间：　　　　毕业(是/否)	获得何种学位：	
犯罪记录调查		

续表

记录类型： 调查时间：		调查结果： 联系人：	
工作情况核实			
工作单位：		联系人：　　调查时间：	
工作时间：		最后担任的职务：	
主管姓名：		担任的其他职务：	
基本职责：			
工作表现：		与现在从事该工作的人员比较：	
出勤率：		工作态度：	
带人表现出色的例子：			
离职补偿：		离职原因：	
有无被提升的资格：		有无被重新雇佣的资格：	
雇佣的保留意见：			
注：			

　　·应聘者有责任提供证明。告诉应聘者只有提供一位愿意与你交谈的业务上的证明人，方有可能完成背调流程。而且，如果应聘者求职不迫切或怀疑证明人不会对其评价太高，通常会因此而不愿意配合做背调、不愿意给出证明人相关信息。

　　·利用你已掌握的信息。如果对应聘者在申请表、简历上，或面试中提供的信息，你有怀疑的，你需要向证明人求证，证明人在回答这种问题时会感到放心，你可以考虑一下应聘者填写的内容，问问证明人是否同意。如果有可能，请他说得详细些，看看他是极为赞成还是不冷不热。

　　·听听证明人没说的事。犹豫或故意含糊其词可能会告诉你很多东西。求证不要太直率，这样会对你有利。例如，如果你说那位应聘者作为新雇员需要接受培训，那么你言外之意就是该应聘者已经得到了这份工作，证明人可能就更愿意提供有关此人需要的培训材料。亲自与证明人联系，证明人更愿意跟当经理的你交谈，而不愿与你的助手谈，而且你还可以当场问一系列的问题。

　　③背景调查的时机。

　　背景调查最好安排在面试结束后与上岗前的间隙，此时，大部分不合格人选已经被淘汰，对淘汰人员自然没有实行调查的意义。剩下的佼佼者数量已经很少，进行背景调查的工作量相对小一些，并且根据几次面试的结果，你对他们介绍的资料已经熟悉，此时调查，在调查项目设计时更有针对性。根据调查结果，决定是否安排上岗，以免在上岗后再调查出问题，令公司和人力资源部进退两难。

　　对应聘者进行背景调查的最佳时间是在最后一次面试之后和做出录用决策之前。挑选这个时间有如下理由：最后一次面试之后，应聘合格数减少，只剩下最合适的应聘者，有利于将费用降至最低；如果你面试以行为表现为基础，那么你能核实应聘者向你描述的情况；未被录用的应聘者将不会知道他们为什么被淘汰，是因为向证明人调查？还是因为面试造成的？这有助于保护证明人。

将背景调查中得到的资料与应聘者的申请表和评估报告放在一起，应保证这些档案安全，只有那些"有必要知道的人"（如人力资源部经理和招聘负责人）才能看到它。

④背景调查可以委托中介机构进行。

选择一家具有良好声誉的咨询公司，提出需要调查的项目和时限要求即可。如果工作量较小，也可以由人力资源部操作，学历可以通过学信网查询。资格证书可以通过相关资格证书权威网站查询真伪等。

⑤体检。

体格检查通常是选拔过程后紧接着的一个步骤。在某些情况下，检查在雇员开始工作后进行。进行雇佣前体格检查有几个主要原因。

A. 体检可以用来确定求职者是否符合职位的身体要求。

B. 工作安排时应当予以考虑体格局限因素。

C. 通过体检还可建立求职者健康记录和基线，以服务于未来保险或雇员赔偿要求的目的。

D. 通过确定健康状况，体检还可以降低缺勤率和事故，发现雇员可能不知道的传染病。

体检这一环节的执行相对比较简单，一般企业会指定一个有信誉的或长期来往的医疗机构，要求应聘者在一定时期内进行体检。在很大的企业组织中，体检通常在招聘者的医疗部门中进行。体检的费用由招聘者支付，体检的结果也会交给招聘者。

体检也是录用时不可忽视的一个环节。不同的职位对健康的要求有所不同，一些对健康状况有特殊要求的职位在招聘时尤其要对应聘者进行严格的体检，否则有可能给企业带来许多的麻烦。

（5）录用。

①录用概述。

员工录用是指对经过招聘甄选阶段的应聘者，做出最终录用决定，沟通薪酬福利待遇并通过正规的方式发送录用通知书告知办理入职手续的流程及入职报到准备的相关材料，完成正式录用的过程。

A. 员工录用程序。

员工录用是招聘的目的和成果。在招聘考核中选拔出来的合格人员，只有办理一定手续，才能成为组织员工。录用手续的办理是确定员工身份的依据。

尽管员工录用程序在不同的组织中有很大的差异，但录用工作一般包括制定录用制度、做出决策、确定并公布录用名单、办理录用手续、通知应聘者、签订劳动合同，新员工安置与试用、新员工转正等主要环节。

人员录用的一般程序如图1-8所示。

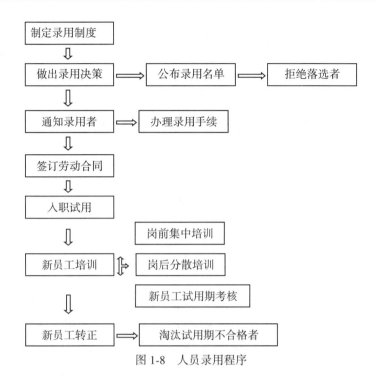

图 1-8　人员录用程序

②录用决策。

录用决策，是指通过科学的精确测算，对岗位和所招聘的人选相互之间进行权衡，实现人适其岗、岗得其人的合理匹配的过程。人员录用决策做得成功与否，对招聘有着极其重要的影响，如果决策失误，则可能使整个招聘过程功亏一篑，不仅使组织蒙受重大的经济损失，还会因此延误组织的发展。录用决策的有效性取决于录用标准是否合理、决策流程是否规范、决策方法是否科学。

人员录用标准，一是以岗位为标准，按照岗位要求选择最合适人选；二是以人员为标准，将人员安置到最合适的岗位上，实现人尽其才，才尽其用。两种标准都可以实现局部最优化，但通常这两种标准结合起来使用，可以互为补充，以便提高组织的整体资源配置效率。

A. 录用决策流程。

招聘甄选工作结束后，就进入录用决策阶段。一般而言，这个决策也常是最难做出的，特别是决定一个对组织发展相当关键的职位的应聘者时，组织常常会在几个脱颖而出的应聘者中难以取舍。

在此给出一个录用决策流程，如图 1-9 所示。

在录用决策阶段，往往脱颖而出的几个应聘者使组织难以取舍，此时最好是回到工作分析阶段，重温工作分析，看看该职位究竟需要怎样的人，从应聘者中挑选出两三个人。但工作分析不应该成为唯一的标准，灵活性是成功录用决策的关键。

完全符合职位标准的人要么不存在，要么在这个职位上不可能待得太长。一般来说，最好选择一个能够完成工作任务的 80% 的应聘者，这样的员工会在岗位上待更长的时间，

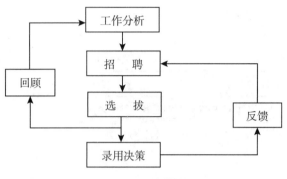

图 1-9　录用决策流程

而且有更好的工作动机和更大的工作动力。

　　B. 录用决策注意事项。

　　·明确决策主体

　　决策主体是最后决定录用的人或机构，一般的原则是谁用人，谁拥有决定权，即"谁用人谁决策"。对于一般基层人员，由用人部门主管或人力资源部主管单独决定即可；而对于管理人员，尤其是关键岗位，可由用人部门提出，报用人部门负责人或总经理董事长批准。

　　·尽量减少做出录用决策的人员

　　在决定录用人选时，必须坚持少而精的原则，选择那些直接负责考查应聘者工作表现的人，以及那些会与应聘者共事的人进行决策。如果参与的人太多，会增加录用决策的困难，造成争论不休或浪费时间和精力的局面。

　　·录用标准要恰到好处

　　录用标准不可太高，也不可太低，要恰到好处。标准设定得过高，会导致"地板效应"的出现，即能够通过录用的人寥寥无几，使组织在招聘方面的投入得不偿失，也就失去了招聘的意义；如果太低，则会出现"天花板效应"，即通过录用的人员很多，从而增大了组织在招聘方面的成本支出。

　　·尽快做出决定

　　目前，人才竞争是十分激烈的，优秀的应聘者更是非常抢手，因此，必须在确保决策质量的前提下，尽快做出录用决策，否则，就很有可能使即将到手的人才从指缝中溜走。做出录用决定之后，要对新员工进行一些简单的接待，这对减少或消除新员工的陌生感发挥着重要作用。新员工刚到组织时的所见所闻以及对工作环境的实际感觉，会巩固或动摇新员工关于选择该组织的决定是否正确的信心。在接待阶段，组织应让员工感到"宾至如归"，同时使他们产生被认同感与被重视感。

　　·留有备选人员

　　招聘实践中，经过层层甄选、面试，常会发现一些条件不错且适合组织需要的人才，但是由于岗位编制、组织阶段发展计划等因素限制而无法现时录用，却可能在将来某个时期需要这方面的人才，此时，建立人才信息储备就显得很有必要。作为招聘部门，应将这类人才的信息纳入组织的人才信息库，包括个人资料、面试小组意见、评价等，不定期地与之保持联系，一旦将来出现岗位空缺或组织发展需要即可招人，这既提高了招聘速度也降低了招聘成本。

一般而言，组织的人才储备通常分为内储和外储两种。内储就是暂时把预留人才储存在组织内部，这会带来一些成本问题，比如发放薪水、如何安置，尤其是关键部门的关键岗位的人才。通常大多数组织还是不愿意在没有项目的情况下大量储备人员的，只有经济实力雄厚的大公司才会选择这样做，以便在上项目的时候可以及时补充人员。外储包括与外面的人才市场、猎头公司以及在职人员等多方面的联系，关键是要清楚组织需要的人才在哪里、能否迅速到位，当然内储和外储这两种方式同时使用效果最好。

③录用实施。

通知应聘者是录用工作的一个重要部分。通知无非有两种，一种是录用通知，一种是辞谢通知。

A. 录用通知。

在通知被录用者时，最重要的原则是及时，有许多机会都是由于在决定录用后没有及时通知应聘者而失去了。因此录用决策一旦做出，就应该立即通知被录用者。

在录用通知书中，应该说清楚报到的起止时间、报到的地点、报到的程序等内容，在附录中详细讲述如何抵达报到的地点和其他应该说明的信息。当然还不要忘记欢迎新员工加入组织。

在录用通知书中，要让被录用的人员了解他们的到来对于组织发展的重要意义。应该说这是组织吸引人才的一种手段，表明组织对人才的尊重。另外还要注意，对被录用的人员要一视同仁，以相同的方式通知被录用者，一般以信函的方式为佳。

图 1-10 为录用通知书的一个范例。

<table>
<tr><td align="center">××公司
录用通知书</td></tr>
</table>

尊敬的_____先生/女士：

您应聘本公司____职位一事，经复核审议，决定录用您为本公司员工，欢迎您加盟本公司。请您于____年___月___日___时之前携带下列证件、资料到本公司人力资源部报到。

(1)录用通知书。

(2)居民身份证原件。

(3)毕业证书、学位证书原件，其他与工作相关的资质证明。

(4)体检表(区、市级以上医院体检证明)。

报到后，本公司会组织专门的职前介绍和短期培训，以便您在本公司的工作期间感到愉快。如果您有什么疑惑或困难，请与人力资源部联系。电话：027-×××××××。

若您不能就职，请于___年___月___日前告知本公司。

此致！

××公司人力资源部(公章)

年 月 日

图 1-10 录用通知书范例

B. 辞谢通知。

一些组织以工作太忙为由，对于未被录用的应聘者不予回应。其实，就组织品牌而言，这是一个不小的伤害。真正以人为本的组织，不会粗暴地对待任何一位哪怕是与组织要求相差甚远的求职者。向落选者发出辞谢通知，感谢其对组织的关注，是招聘流程中一个不可缺少的环节。辞谢通知书的范例如图 1-11 所示。

××公司
辞谢通知书

尊敬的＿＿＿＿＿先生/女士：

非常感谢您对我们公司＿＿＿＿职位感兴趣。您对我们企业的支持，我们不胜感激。您在应聘该职位时的良好表现，给我们留下了深刻的印象。但是由于我们名额有限，这次只能割爱。我们已经将您的有关资料备案，并会保留半年，如果有了新的空缺，我们会优先考虑您。

感谢您能够理解我们的决定。祝您早日找到理想的职业。

对您热诚应聘我们的企业，再次表示感谢！

此致！

人力资源部：
年　　月　　日

图 1-11　辞谢通知书范例

C. 拒聘。

无论组织如何努力吸引人才，都可能会发生接到录用通知的人不能来组织报到的情况。对于那些组织看重的优秀应聘者，这种情况是组织不期望发生的事情。

这时，组织的人力资源部甚至最高层主管应该主动去电话询问，并表示积极的争取态度。如果应聘者提出需要更多的报酬，就应该与其进一步谈判。因此，在打电话之前，对于组织在这方面还能有什么妥协，最好有所准备。如果在招聘活动中，组织被许多应聘者拒聘，从中也可获得一些有用的信息。

D. 办理入职手续。

a. 员工入职的条件。

当一名应聘者经过层层选拔被录用之后，正式进入该单位工作，这就是任职程序。一般来说，一个人在经过选拔评价各项胜任力都符合职位和组织的要求之后，是否能够正式进入该组织工作，还需要具有以下几方面的条件。

·从原雇主处辞职。一名员工要想接受一家新组织的雇佣，通常来讲，必须要从原雇主处辞职，与原雇主解除劳动合同。

·将人事档案转移到组织指定的档案管理机构。有的组织有自己的档案管理部门，有的组织的人才档案管理是委托专业机构来进行的。无论采取哪种形式，新雇佣员工的人事档案都应该转入组织统一的档案管理机构。

·体检合格。大多数雇主都会要求新雇佣的员工进行身体检查，确保身体条件符合所从事工作的要求。

b. 协商薪酬。

在做出初步录用决策后，组织要与应聘者讨论薪酬的有关问题。

当应聘者对要加盟的组织行业的薪酬情况不了解或不熟悉地域方面的差异时，应聘者可能会提出高于或低于组织上下限的20%，若低于组织下限的20%，薪酬谈判会皆大欢喜。但组织还是应给应聘者强烈的信息，暗示只要其真正展现出工作实力和热情，在薪酬方面会有较大的上升空间；若应聘者的薪酬要求不是由于行业或地域方面的原因，则很可能是其在工作或者其他方面受到过挫折，此时谈判者不要当即答应，而应尽可能多地收集信息，了解其真实原因，以免出现用人风险。

若应聘者的薪酬要求高于20%，一方面可能是对地域、行业、组织的薪酬情况不够了解，另一方面可能是对自己的能力有过高的估计，再有就是一些具有欧美文化背景的应聘者，其个性往往较为张扬，对此组织应仔细筹划、提供相关资料，并给予其一定时间去进行了解和思考。如果没有价值观、工作动机等方面的差异，组织的努力也很可能会达成皆大欢喜的结果。

当应聘者提出的薪酬要求略高于组织薪酬预算时，可以做如下一些尝试：

·描绘愿景目标。越是优秀的人才，越是看重工作乃至事业的意义。组织所处行业的前景如何？组织的愿景是什么？组织的目标将会怎样？这些因素对于成就动机强烈的人员，其吸引力是不可低估的。

·展示发展机会。详细展示组织的工作价值、学习机会、提升机会、团队氛围、挑战性、未来发展、品牌效应等，与应聘者的现有环境进行比较，引导其看到个人发展的增值。

·明确未来增长。详细介绍组织的经营情况、组织薪酬调整的频率或幅度、组织的各项福利等，引导其看到未来薪酬的增长空间。

·突击反向。此法需要分辨应聘者的具体情况慎重使用。暗示应聘者如果薪酬要求过高，也许会使得组织重新权衡。

·引经据典说服。举例说明组织薪酬在现有市场的竞争力，说明有哪些人到组织后个人得到了发展，组织薪酬在目前市场上所处的水平、下一步的趋势，并明确提出组织薪酬并非组织所提供的价值的全部。

·善于转换方式。表明组织看重的是员工的真正实力——应聘者在证明自己的实力之前，组织承担着一定的风险。探明应聘者的心理底线，如果工资要求无法满足，看是否可以采用"固定+浮动"的方式灵活发放，这样也可以为组织降低用人风险。

·建立情感基础。坦诚表达对应聘者的欣赏与肯定，真诚的欣赏与需要比技巧更能打动应聘者。

·保留"还价"余地。到了这一步，就要让应聘者亮出底牌，询问其能接受的薪酬水平。在这一环节要取得应聘者明确的答复，是否这样的薪酬标准他就一定能接受。在得到肯定答复后，应当表示会尽力争取组织的破格（在不超过预算的前提下）。这样既可以有效地阻止应聘者的再次讨价还价，还可以使组织仍旧保留还价的主动权。

c. 入职手续办理流程。

某公司入职流程如图1-12所示。

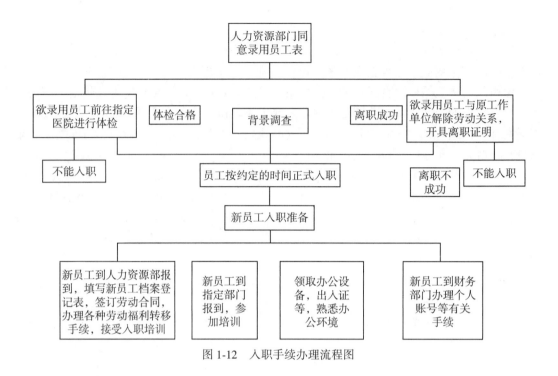

图 1-12　入职手续办理流程图

d. 签订劳动合同。

劳动合同签订是企业和应聘者双方协商一致而选择的合理合法的一种约定方式。签订劳动合同一般流程是录用报到以后或报到之时起一个月内签订。

签订劳动合同的流程：

双方约定合同具体条款。在签订合同时协商一致。

正式签订劳动合同，双方都需要签字盖章。

合同一式两份。双方每人保留一份。

e. 试用期管理。

组织的试用期管理的目的是确保所招聘录用的员工可以满足组织的需要，并在发现招聘的员工不符合岗位要求时能依法与其解除劳动合同。《中华人民共和国劳动合同法》明确了试用期限、试用次数、试用期工资和试用期解除劳动合同等规定。同时为了防止有些用人单位滥用试用期，《中华人民共和国劳动合同法》规定：劳动合同期限 3 个月以上不满 1 年的，试用期不得超过 1 个月；劳动合同期限 1 年以上不满 3 年的，试用期不得超过 2 个月；3 年以上固定期限和无固定期限的劳动合同，试用期不得超过 6 个月。同一用人单位与同一劳动者只能约定一次试用期。以完成一定工作任务为期限的劳动合同或者劳动合同期限不满 3 个月的，不得约定试用期。试用期包含在劳动合同期限内。

用人单位违反劳动合同法规定与劳动者约定试用期的，由劳动行政部门责令改正，违法约定的试用期已经履行的，由用人单位以劳动者月工资为标准，按已经履行的试用期的期限向劳动者支付赔偿金。劳动合同仅约定试用期或者劳动合同期限与试用期相同的，试用期不成立，该期限为劳动合同期限。

试用期管理中，人力资源部门要让员工明确试用期的具体工作内容和考核要求，安置其至相应的工作岗位，安排其部门直接领导分配其具体工作，进行日常管理，并在过程中进行工作记录，以便为试用期考核提供依据。

要注意的是，组织在员工试用期内的工资不得低于本组织相同岗位最低档工资或者劳动合同约定工资的 80%，并且工资不得低于组织所在地的最低工资标准。

f. 正式录用。

员工的正式录用即"转正"，是指试用期满且考核合格的员工正式成为组织员工的过程。员工能否被正式录用，关键在于人力资源部门和用人部门对其试用期工作考核的结果。一般正式录用包括以下几个步骤：

试用期员工填写转正申请表，提出转正申请；

人力资源部对员工试用期的考核结果进行汇总和审核；

比照考核要求，根据考核要求确定试用期人员工作合格与否；

合格者办理转正手续，正式录用并明确员工待遇，建立员工档案。

（6）招聘评估。

①成本评估。

招聘成本是发生在员工招聘工作中所花费的各项成本的总和，由在招募和录取职工的过程中所发生的招募成本、甄选成本、录用成本、安置成本、适应性培训成本、离职成本与重置成本等构成。

②录用人员评估。

录用人员评估就是指根据组织招聘计划和招聘岗位的工作分析，对所录用人员的质量、数量和结构进行评价的过程。招聘工作结束后，对录用人员进行评估是一项十分重要的工作，只在招聘人员数量足且质量较好时，才说明招聘工作的效率高。在大型招聘活动中人评得分重。在长期计划中，组织可以根据接收求职者的转换率来判断招聘的质量。

录用人员的数量可以通过以下几个数据来反映：

录用比＝录用人数/应聘人数×100%

招聘完成比＝录用人数/计划招聘人数×100%

应聘比＝应聘人数/计划招聘人数×100%

如果录用比例小，相对来说，录用者的素质和质量就越高；反之，则有可能录用者的整体水平较低。

如果招聘完成比等于或者大于 100% 则说明在数量上全面或者超额完成招聘计划。

如果应聘比比较大，说明岗位发布招聘信息的效果比较好，同时说明录用人员的素质比较好。

除了运用录用比和应聘比这两个数据来反映录用人员的质量，另外还可以根据招聘的要求或者工资分析的要求对录用人员录用质量进行测量。

二、典型案例

(一)招聘与外包

1. 招聘外包概述

(1)定义。

根据《企业外包模式》一书中的定义，企业外包模式定义为：依据服务协议，将某项服务的持续管理责任转嫁给第三者执行。

企业外包模式其实已经发展了近百年，只是没有专业用词来描述这一模式。

大型企业多数采用了外部企业来提供某些服务，如人事代理、人才派遣、物流运输、计算机信息、资产管理、营销及公关等。

从国内外研究成果看，企业选择外包的主要原因如下：使企业战略和资源聚焦于核心业务领域、降低和控制外包部门职能的运营成本、获得企业内部无法取得的资源(如专业知识或管理流程等)、分摊管理风险、处理管理困难的业务等。

1999年，在邓白氏国际信息咨询公司(Dun & Bradstreet)协办的企业外包全球高峰会议(Outsourcing World Summit)中，发现全球最快速扩张的企业外包领域为：①人力资源外包。②媒体公关管理。③电脑信息。④客户服务。⑤市场营销。

人力资源服务外包，是指企业和机构根据自身发展的需要，将某一项或几项乃至全部人力资源管理工作或职能通过外包的形式交由其他专业的企业和机构进行管理。

人力资源外包服务提供商通过契约的方式与企业建立服务协议，根据企业的需要提供人事管理方面的相关服务，并根据服务的内容和质量收取服务费。

人力资源外包是外包管理领域中最突出的领域，通过对人力资源外包服务业态观察，我们可以看到，人力资源各个职能领域均已经在不断地外包。如上海市对外服务有限公司提供的人事外包管理服务、前程无忧(51job)的网络招聘服务 CDP 公司提供的薪资计算及管理服务等。

(2)发展历程。

中国人力资源外包业务是随着改革开放的发展而逐渐形成的。在中国，最早提供人力资源外包的机构有两类：一类是外企服务行业机构，另一类是原人事局下属人才市场，故传统人事外包服务的名称还可以称为"对外服务"和"人才中介"。随着社会经济环境的变化以及法律、政策的完善，人力资源外包的内容也不断延伸，服务商的主体也不断多元化。人力资源外包的一个特点是由第三方专业的外包机构进行管理。

1979年，北京外企服务集团有限公司成立，是中国人力资源服务行业具有开创意义的第一家企业；1984年5月，原劳动人事部成立了全国人才交流咨询服务中心。自此，各地人才交流机构如雨后春笋般不断涌现。2001年9月，人才交流机构的出现，在满足用人单位人才需求及人才个体流动的需求方面作出了积极贡献。1994年10月，由国家人事部和上海市政府共同组建的国家级区域性人才市场——中国上海市人才市场正式挂牌成立。2000年前后，人才交流机构的数量规模有了快速的增长，2000年全国共有人才交流机构3749家，从业人员1.8万人，出现了政府主管部门与市中介机构初步分离的多元化现象：行业性和专业性人才交流机构的纷纷成立，也使人才市场向多元化方向发展。

1982年，上海外企服务部在上海市外经贸委成立，是专业地向驻沪外企代表机构提供"招、派、管、教"的人才服务机构，这一服务在国内外资企业人才紧缺的情况下起到了积极的支持性作用，大大提升了上海引进外资的速度。1984年8月，上海外企服务部正式更名为上海市对外服务有限公司。至2007年，上海市对外服务有限公司管理的员工总数已经达到30万。

（3）产生的背景。

人力资源外包属于专业服务业的一部分，是由专业服务商向企业提供人力资源管理职能领域的外包服务。人力资源外包服务的产生主要是源于专业化分工给社会和企业带来的利益，源于面对国际化竞争和企业内部管理提升的需要。

A. 宏观背景——全球化竞争。

全球化发展使企业面临巨大的竞争压力。过去20年，人力资源外包已经成为企业达成组织目标的重要管理工具之一。外包的本质是将"重复的、非核心业务流程"通过长期合同的方式交由外部服务商管理，利用服务商的管理经验、技术、流程体系，以降低成本和获取更好的管理服务。

B. 微观背景——专业化、规模效应。

随着企业面临着越来越激烈的市场竞争，企业投入非核心领域的资源日益减少，运作成本和人员管理的压力日益增大。同时，由于企业更多地关注如何获取、保留和激励核心员工，以促进企业的投入产出，促进企业整体收益的提升。企业通过将非核心的人力资源业务或职能外包出去，在达到同样或更优质的人力资源管理水平的同时，削减人力资源职能成本，提高企业人力资源使用效率和灵活性。正因为专业化、规模化的人力资源外包服务降低了企业的管理成本，使之被越来越多的企业所接受。

2. 招聘外包的决策与分析

（1）招聘外包的优势。

与企业内部使用人力资源管理相比，人事外包可以帮助企业降低管理成本、提升管理水平、获取专业管理体系和信息系统平台、整合管理流程、规避人力资源管理风险，从而提升企业人力资源管理水平。

A. 降低企业管理成本。

根据对不同客户进行的调研，降低成本是企业决定人力资源外包的最主要因素。企业通过人力资源外包，降低人力资源管理成本，包括三个方面：一是通过标准化的流程提升效率而降低成本；二是通过利用外包服务商的软硬件服务来减少企业内部软硬件支出而降低成本；三是分享服务商规模效应产生的服务成本。

B. 提升人力资源管理水平。

提升人力资源管理水平是企业选择外包的另一个重要因素。人力资源外包服务商拥有行业最科学和高效率的服务标准流程和质量管理体系，这种体系更有利于企业建立标准化的人力资源管理体系，从而提升人力资源管理水平。它主要表现在三个方面：一是利用外包服务商的专业化管理体系和工具；二是利用外包服务商的专业顾问；三是将专业人力资源管理体系整合进公司人力资源管理流程，从而建立高效和科学的人力资源管理体系。

C. 获取专业管理体系和信息系统平台。

由于企业内部资源有限，企业在非核心职能的投入越来越少，企业的人力资源管理水平受到资金、人才、管理系统等多方面的限制。为了建立人力资源管理的专业体系和系统平台，企业选择由外包服务提供商提供人力资源管理服务。通过外包，企业和员工就可以在不需要巨额资源投入的情况下，获得专业的人力资源管理体系覆盖到招聘、培训绩效和薪资管理、劳动合同管理、员工关系管理等各个领域，这些专业管理体系包括：流程管理、制度管理、报表管理、成本管理等方面。领先的外包服务商基于上述的管理体系，投入巨资开发信息系统平台，与客户共享人力资源管理信息，不仅为企业提供人力资源管理各领域的信息收集、信息查询和数据分析服务；同时基于行业企业的管理经验，分享行业人力资源管理经验和案例。企业通过获取专业管理体系和信息系统平台，大大提升了企业人力资源管理的能力和水平。

D. 简化和整合流程。

人力资源外包服务商提供的专业化和标准化服务，使企业内部管理流程进一步简化，企业仅需在使用人力资源外包服务商的基础上，采用"无缝链接"的流程，即可与服务商进行流程对接、信息交换，甚至得到服务商的自助服务，通过企业内部与服务商的管理流程的整合，大大简化了人力资源管理的整体流程。

（2）人力资源外包的分类。

人力资源的外包可以从多个角度进行分类，现阶段人力资源外包分类的方式主要有三类：按人力资源流程范围分类；按人力资源管理的职能分类；按雇员劳动关系分类。

①按人力资源流程范围分类。

A. 部分人力资源流程的外包。

部分人力资源流程外包，是一种企业将人力资源管理的部分流程外包的形式，如企业可以将招聘、人事行政事务管理、薪酬管理、福利管理等特定流程进行外包。大型企业为防止大量的业务流程的系统风险，一般会选择将人力资源流程部分外包的形式。

B. 全面人力资源流程外包。

全面人力资源流程外包，涉及六大模块的人力资源管理职能，包括人员招聘、人事行政事务管理、薪酬管理和福利管理、绩效管理等各个领域，服务内容更广泛，如表1-11所示。

表1-11　　　　　　　　　　　　　　**人力资源流程外包对比表**

	部分人力资源流程外包	全面人力资源流程外包
外包的范围	范围较窄，主要涉及局部流程的外包，如招聘外包、人事管理外包、员工培训外包等	范围广，涉及人力资源的所有流程，如员工派遣服务（国际上标准的员工派遣），包括招聘、培训、绩效、薪酬管理的各个领域
外包工作的复杂度	外包的工作复杂度较低，流程仅涉及局部流程的管理（但在高端客户需求方面，具有更专业化的要求）	外包的工作复杂度高，不仅提供局部流程管理，还提供局部流程管理的整体协调，进一步提升人力资源外包的服务价值

续表

	部分人力资源流程外包	全面人力资源流程外包
对供应商的要求	对供应商仅限于部分领域	对供应商的要求高，要求供应商不仅在专业领域具有能力，更要求在整体上支持整个客户企业的人力资源管理
适用管理对象（即员工）	适用于中高级人员外包管理	适用于中初级大中型规模的员工管理

②按人力资源管理职能分类。

A. 招聘管理的外包。

招聘管理的外包，是指企业将招聘过程中的部分流程或全部流程外包给服务商进行管理，由服务商提供专业服务而保证招聘职能目标的实现。招聘管理外包的主要形式包括招聘网络服务、人才中介、高级人才搜寻服务(猎头)等。主要由外包服务商提供一定的招聘管理工具(如网络)，或通过自有渠道帮助企业搜索并测评以找到合格候选人等。

B. 人事行政事务的外包(又称为人事代理)。

人事行政事务外包，主要是指由外包服务商帮助企业执行人事行政事务管理职能，主要包括人事管理、档案管理和简单的薪资福利管理等。

C. 薪酬及福利管理的外包。

薪酬及福利管理外包，是指为客户提供薪酬计算、社保管理、员工福利保障、工资管理、税务代理等服务。

D. 绩效管理的外包。

绩效管理外包，是指服务商帮助企业建立绩效管理体系，并协助执行绩效评估流程，计算绩效管理数据，提供绩效评估报告和组织绩效沟通等服务。

E. 劳动法律咨询服务。

劳动法律咨询服务，是指服务供应商提供人力资源管理方面的法律咨询服务，包括劳动社会保障、法律政策等咨询，并协助客户解决劳动人事争议纠纷等。

F. HR 管理咨询服务。

HR 管理咨询服务，是指服务供应商通过对企业人力资源管理现状进行调研，诊断、分析、帮助企业改进人力资源管理体系、职能或制度的咨询活动。主要包括人力资源战略咨询、组织架构设计、人力资源管理制度设计咨询等。

G. 其他外包。

随着人力资源管理水平的提高和服务商服务范围的拓展，现在市场上还出现了其他人力资源外包形态，如针对行业化的人力资源外包服务、IT 行业人力资源外包服务、零售行业人力资源外包服务。

③按雇员劳动关系分类。

A. 人才派遣。

在人事外包服务中，人才派遣是由企业将雇员劳动合同关系和人力资源职能管理服务一起外包给供应商的方式，由服务供应商与个人签订劳动合同。

人才派遣中有三方关系：一是企业与服务供应商之间的劳动派遣协议关系；二是服务供应商与劳动者个人之间的劳动合同关系和员工服务关系；三是企业与员工之间的工作安排与管理关系。

B. 人事代理。

企业将内部的人力资源服务部分或全部流程转移给外包供应商提供。

从 20 世纪 90 年代中期开始，中国人事代理业务主要包括人事代理、档案管理和简单的薪资福利管理等。随着服务提供商服务能力的提升和企业外包意识的不断提高，人事代理的业务范围和内容不断深化，人事代理还可以包括人员招聘和员工培训等，甚至包括人力资源管理咨询和 ASP（Application Service Provider）服务。

人事代理业务与人才派遣业务的后续管理服务内容一致，但与人才派遣业务仍然存在着本质的不同。最重要的区别是员工劳动合同关系的归属不同。在人事代理模式中，由企业与员工建立劳动合同关系，而把人力资源管理的职能事务委托服务提供商管理和服务。人才派遣则由供应商与员工签订劳动合同，人力资源管理职能也均由供应商承担。在服务对象上，人才派遣的主要服务对象是中小型公司、外商代表机构，而人事代理的客户主要是大型公司。

④按合作模式分类。

企业在选择人力资源服务商的过程中，通常在服务合作模式中会考虑更多的因素，如企业对外包合作的深度、外包流程覆盖范围、合作中使用的资源（人力、有形资产、技术）等。表 1-12 提供了一种更为全面的人力资源外包分类法。

从表 1-12 可以看出根据人力资源外包的四个维度可以进行多种分类模式。多层次和多维度的外包模式说明人力资源外包可以不断深化和更具灵活性。当企业选择的人力资源外包服务内容越广、外包的流程覆盖内容越多，则外包关系就越深入。

表 1-12　　　　　　　　　　　　　　**人力资源外包关系模式**

外包深度	外包广度
■承诺：企业和供应商关系紧密，互相依赖以获得成功（战略合作伙伴关系） ■合作：企业和供应商需要适度对话，以应对变化的业务需求 ■合同：企业和供应商联系不多，企业对供应商有明确的服务质量要求	■综合解决方案：供应商负责企业人力资源管理职能的全部流程 ■混合：供应商只提供部分流程外包服务 　特定细分市场供应商：供应商只提供精确定义的一种流程外包
外包资源（人力、有形资产、技术）	外包流程
■企业的资源：资产和资源由企业拥有 ■混合：资产和资源由双方共同提供 ■供应商的资源：资产和资源由供应商提供	■企业的流程：供应商采用企业的工作流程 　合作：企业和供应商联合建立工作流程 ■供应商的流程：外包采用供应商的流程

3. 招聘外包的实施与步骤

在人力资源外包流程中，人事代理流程是传统人力资源外包流程中的最基础的三个基本流程之一。所以我们从员工入职、员工离职和薪酬管理这三个环节进行概要介绍。

（1）员工入职操作流程。

员工入职流程是指企业客户在经过人员面试合格，正式录用员工后，委托服务商提供办理员工入职手续的服务流程。反映了人事外包服务提供商按照相关政策规定，协助企业客户和客户新录用的员工，完成必要的录用手续和转入员工的社会保险、公积金的过程。

该流程主要包括如下几方面的功能：

■员工录用通知，表示企业客户已经同意录用员工，这是员工入职流程的起点；一旦企业需要录用员工，必须提供书面通知给员工，这是员工与企业建立劳动合同关系，外包服务商接受委托的合法手续。

■在服务商获得企业的录用通知后，服务商将向企业提供《人事代理员工基本信息表》，通过基本信息表，外包服务商获得员工的个人准确信息，为外包服务商后续联系和管理工作做好准备。入职员工的基本信息，包括姓名、户口、学历、地址等。

■基于规模化和专业化的运作，将外包服务商《人事代理员工基本信息表》中的信息录入到外包服务商的信息系统中，通过信息系统将不同的任务分配到不同的服务岗位，以完成后续工作。

■由客户服务专员根据《人事代理员工基本信息表》中的员工联系方式与员工沟通，核实员工的个人情况，并通知员工提供个人办理录用及社会保险的相关资料（一般服务商会提供一个标准的资料准备清单和书面通知单）；入职需递交的材料，包括劳动手册、退工单、户籍档案受理凭证复印件、个人基本情况表、报名照等。

■员工根据材料准备清单，在规定时间内将个人资料提供给服务商，服务商在材料收取后会提供《材料收取清单》，并将材料收取情况录入系统。

■外包服务商的用退工、社会保险办理部门，将根据国家和地方省市的相关劳动用工和社会保险管理的法律、法规和制度的规定，办理用工手续和社会保险开户手续。

■为了保证服务的质量，根据客户要求，服务商必须每月提供月度《人事代理手续办理和社保办理情况汇总表》，由客户对汇总表审核，可以发现双方在工作中的差错，以有效控制外包服务的整体质量。

■在实际服务中，很难避免因员工提供材料有误或不足导致服务延期的情况，这时，服务商应根据系统中的记录，对未及时提供材料或材料有误的员工进行沟通，要求其在限定时间内补齐相关材料。

（2）员工离职操作流程。

员工离职流程反映的是人事外包服务提供商按照相关政策规定协助企业和将要离职的员工，必需的退工手续和转出员工社会保险、公积金的过程。

该流程主要包括如下几方面的功能：

■员工提出离职，或企业提出不续签通知或解除劳动合同，由企业提供《离职通知书》给外包服务商以办理社会保险停缴有关手续。

■服务供应商记录员工离职信息，并按规定计算员工社保和公积金应缴纳金额及其他离职相关费用，交由客户审核确认。

■员工在离职后，服务商通知员工办理离职手续，领取退工手册。

■服务商在规定时间内为员工办理社保转出和公积金封存手续。

■服务供应商月底人事社保汇总交由客户审核确认，完成员工离职程序。

■对于未及时办理离职手续的员工，服务商将根据月度汇总表反映的情况，与员工沟通，要求员工及时办理离职手续。

（3）薪酬管理服务流程。

薪酬管理流程是根据企业的委托，由外包服务商在企业提供数据的基础上，计算员工工资项目，计算社会保险和个人所得税，并根据双方确定的工资计算结果，由服务商代发工资和代缴个人所得税的服务流程。

薪酬管理流程包括薪酬数据的确认、工资计算、薪酬报告的生成和工资发放等几个基本环节。具体的流程功能说明如下：

■客户企业在委托服务商管理薪酬服务时，必须向服务商提供书面的企业薪资政策，薪资政策是企业内部关于各岗位员工薪资发放的具体政策性规定，规定的内容包括薪资构成、薪资项目、每个薪资项目的具体含义和标准等。

■服务商根据客户企业提供的薪资政策，整理成一个可以标准化、规范化的薪酬计算模型，模型包括所有计算项目认定、计算标准、项目数据采集规范、合理性规范及计算公式等。

■服务商根据薪酬计算模型，在服务商薪酬服务信息系统中对客户企业的薪酬管理服务系统进行初始化，即薪酬计算模型在系统中进行设定，实现系统未来的自动计算和报表生成。

■服务商将薪酬计算模型和初始化后的系统与客户进行共同审核和试运营以确保计算模型和初始化系统的准确性，切实满足客户的计算需求，并符合相关的法律法规的规定。

■每月，客户将薪酬计算原始数据以规范的电子文档或书面文档的形式提供给服务商，由服务商录入薪酬计算系统，薪酬计算系统将进行自动计算，生成计算结果。

■服务商薪酬专员将专门对薪酬计算的数据结果进行复核校对，复核校对的方式一般为：对小规模企业采用抽样校对法（即采用人工计算与系统计算数据结果校对，发现是否有差错）；对于大中型规模企业，一般在首次外包的前3个月采用逐条校对，以确保系统的准确性；3个月后，采用按2%~5%的数据进行抽样校对；校对一旦发现差错，必须进行全面校对。代资人校对无误后，系统将自动生成按客户要求定义的薪酬报表或报告，对于客户的特殊要求，可以生成一次性的特殊报表或报告。

■服务商将客户定义的薪酬报告交由客户确认，若客户提出异议，则重新确认工资；变更信息后再次进行工资计算，直至客户确认无误。

■服务商就客户确认结果生成账单，客户付款后由服务商生成银行文件交由银行进行工资发放，服务商同时打印员工工资单。

■员工收到工资，并领取工资单。

（二）特殊员工的招聘

1. 应届毕业生的招聘

（1）优势。

企业能够在校园中快速找到数量很多且具有较高素质的申请者；招聘录用手续也相对比较简便；而且，年轻的毕业生充满活力，富有工作热情，可塑性强，对自己的第一份工作具有较强的敬业精神，招聘成本也比较低。

（2）劣势。

许多毕业生，尤其是优秀毕业生在校园招聘中常常有多手准备：刚刚进入劳动力市场的毕业生对工作和职位容易产生一种不现实的期望，招聘来的毕业生缺乏了解具体问题的经验，需要大量的培训与企业文化的融合；相对于其他的招聘形式来说，成本比较高，花费的时间也较长，因此必须提前相当长的时间进行准备工作。

（3）招聘应届毕业生的步骤。

这几年，随着就业压力的增大，应届毕业生的分配越来越困难，这对于招聘应届毕业生的单位是个好消息。但是，重点大学的热门专业的毕业生，如计算机、通讯、经济等专业的毕业生还是供不应求，特别是招到优秀的毕业生还是较为困难的。

应届生的招聘与社会招聘有很大的区别，它的招聘周期较长，从校园招聘到入职上岗一般需要 3~6 个月的时间。

A. 参加招聘会。

应届生的招聘计划一般在 11—12 月确定，最晚应在来年的 1 月上旬确定。如果招聘的是热门专业的学生，在 12 月底或 1 月底之前要与各校的毕业分配办公室取得联系，让其协助发布招聘信息，并了解当年的毕业分配政策。各校的毕业生分配洽谈会一般会在 1—2 月或 2—3 月举行，人事部门可以组织有选择地参加几次，参加洽谈会的准备工作一定要细致，这关系着招聘工作的成败。

如果希望招聘优秀的毕业生，事先要制定出合适的待遇标准。如果标准难以确定，可多了解一些相关的市场行情，如果待遇定得过低，很难招到优秀的人才。

展位的布置关系到公司的形象。招聘会上单位很多，有些可能就是公司的竞争对手，如果在形象上逊于对方，优秀的人才就可能跑到对手那里。优秀的形象会让应聘者产生好感，使应聘者产生想要进一步了解公司的愿望。

招聘人员的态度和招聘技能也很重要。一方面，招聘者要能给应聘者以信任感；另一方面，招聘者要能在很短的时间内判断出应聘者是否初步适合公司需要。在不适合的人面前浪费很多时间，可能会错过其他的优秀人才。

B. 面试。

面试是招聘的一个重要环节，应届生的面试与社会招聘有所不同。应届生由于没有工作经历，主要依靠学校专业课的学习成绩和社会实践活动来评价。

要注意的是，由于不同学校的学习成绩没有可比性，我们可以通过成绩在班级排名来衡量他的真实水平。篡改成绩的现象时有发生，所以毕业生提供的成绩单一般应为原件，如果是复印件或有疑问，可以用电话向学校查询。如果在接收后，发现该生的成绩单有篡改，公司可以以此为由将学生退回学校。

另外，个别学生提供的社会实践活动材料可能是虚构的或者有不真实的成分，由于面试者不可能一一核实，所以这种现象现在越来越普遍。实际上，面试者采用"步步紧逼"提问法就可判断出信息是否真实。如一个学生在应聘材料中称自己的社会实践中曾经独立开发过一个应用软件，面试者可以问他是如何进行概要设计和详细设计的，在设计中遇到了哪些问题，并且是如何解决的。面试者根据应聘者的回答针对某个细节继续提问，如果应聘者回答得支支吾吾，基本可以判断他不诚实，实际上他可能只是该应用软件的一个辅助开发人员。

比起社会应聘来讲，应届生大多是非常诚实的，越优秀的毕业生往往越诚实。

（4）校园招聘需要解决的两个问题。

在校园招聘时，我们需要解决两个问题：第一，学校的选择；第二，工作申请人学校的选择。

选择学校时要根据招聘预算和所需要的员工类型进行选择。选择学校时，需要考虑以下因素：

- ·符合本公司要求的专业的毕业生人数；
- ·该校以前毕业生在本公司的业绩和服务年限；
- ·该校毕业生过去录用数量与实际报到数量的比率；
- ·学生的质量；
- ·学校的地理位置。

在这里特别提醒的是，重点学校并不总是最理想的招聘来源！

（5）应聘者的吸引。

选派合适的招聘人员：一方面，招聘人员必须在一个比较短的时间内与大量的毕业生进行面谈，而这些毕业生在资历方面差不多，对其进行鉴别存在相当大的难度；另一方面，招聘人员又是企业的宣传人员，在招聘过程中，他们向应聘者提供企业有关信息，也要为企业创造声誉。

与校园建立良好的关系：除了与大学的学生工作部门和人事部门建立良好关系之外，与教师或教授的关系对企业也变得越来越有意义。在学校建立专业奖学金基金会也是一些企业常用的手段。

邀请优秀的应聘者到企业进行现场访问：邀请信应该热情而友好，但要富有商业味道；应该让求职者在时间方面有一定的选择权；应该准备好访问活动的时间表，在活动开始之前交到被邀请者手里；访问应该事先仔细安排，避免中途被打扰；在访问结束的时候，应该告诉被邀请者，什么时候能够得到是否录用的决定。

（6）校园招聘记录表举例（见表1-13、表1-14）。

表1-13　　　　　　　　　　　　　　**校园招聘记录表**

姓名： 学校：		时间： 地点：	
将取得的学位及日期：	专业：		班级名次：
已取得的学位及日期：	专业：		班级名次：
申请职位：1.　　　　　　2.　　　　　3.			
工作地点：1.　　　　　　2.　　　　　3.			

考 察 因 素	评分
仪表言谈——外表、态度、言谈举止、语调、音色	1　2　3　4　5
机智——反应灵敏、表达充分	1　2　3　4　5
独立性——独立思考能力、情感成熟、影响他人	1　2　3　4　5
激励方向——兴趣与职位符合、进取心、激励可能性	1　2　3　4　5
教育——所学习的课程和工作的配合程度	1　2　3　4　5
工作经验——以前工作经验对职位的影响	1　2　3　4　5
家庭背景——家庭环境对工作的积极意义	1　2　3　4　5
面谈考官评语： 总体评价：	1　2　3　4　5
日期：　　　　　　考官签字：	职称：

表 1-14　　　　　　　　　　**结构化面试——校园招聘**

申请人编号：　　　姓名：　　　性别：　　　日期：

学校名称：　　　专业：　　　学位：

1. 排名：□前5%　□前10%　□前20%　□前30%　□其他

2. 态度—激励—目标：　□不理想　□一般　□良好　□优秀
评语(是否向上、合作、活跃、目标导向)

3. 沟通技巧：　□不理想　□一般　□良好　□优秀
评语(是否诚恳、机智、人格魅力、说服力、印象深刻)

4. 智力：　□不理想　□一般　□良好　□优秀
评语(是否有洞察力、创造力、想象力、推理能力)

5. 执行能力：　□不理想　□一般　□良好　□优秀
评语(是否从容不迫、有条不紊、表现突出)

6. 决策能力：　□不理想　□一般　□良好　□优秀
评语(是否思想成熟、独立思考、符合逻辑、常识丰富、果断)

7. 领导能力：　□不理想　□一般　□良好　□优秀
评语(是否自信、负责任、讲求效果、能够把握分寸)

8. 总评：

9. 是否应该入选：

10. 推荐职位：①　　　　　　②　　　　　　③

2. 高级管理人员的招聘

社会中苦苦寻求工作机会的人员往往是并不具备很强的能力和丰富的经验的人，而具有较好的能力和经验背景的人员通常也都具有一份稳定的工作，即使他们对目前的工作并不十分满意，也多数不会天天去关注招聘广告。所以，高级管理人员、高级经营人员和高级技术人员的招聘就有赖于猎头公司的帮助。

（1）猎头公司的价值和缺陷。

猎头公司在搜寻高层管理人员和专门技术人员方面具有很大的利用价值：他们同许多已经被雇佣并且没有太大积极性变换工作的高级人才都保持着联系；他们能够对企业的名称保守秘密，一直到职位候选人搜寻过程到最后阶段为止；他们还可以替企业的高层管理人员节约时间，因为他们承担着初期性广告工作及可能对数百人进行预先筛选；而且，猎头公司可以帮助企业一开始就接触到高素质的应聘者。但是，猎头公司更感兴趣的可能是说服你雇佣某个候选人，而不是去寻找一个真正适合职位要求的，因为它是一个营利机构。另外，猎头公司的收费往往是很昂贵的，这就大大增加了招聘成本。

（2）选择猎头公司时坚持的原则。

·确信你所找的这家机构能够自始至终完成整个招聘过程。

·了解该机构中直接负责你企业业务的人。

·了解该机构的收费情况。

·选择的猎头公司应该十分可靠。

·对招聘进程进行监督。

对于公司需要的高级管理和专业技术人才，可以选择一些资质和信誉较好的猎头公司，猎头公司往往收费会稍高一些，一般为聘用人员年薪的30%或者聘用人员3个月基本工资，但他们的招聘针对性强、有保障，每个职位都会提供四五个候选人，不仅会提供候选人的详细简历，而且可以协助企业对候选人进行素质测评和背景调查等。

3. 劳务派遣与灵活用工

企业管理者更加关注业务的快速增长，注重利润，对人力资源部门的重视度不够。企业的人力资源部门作为职能部门，基于人力资源的六大模块进行工作的开展，企业对它们的考核、激励也更多是按照职能部门来考核，因此招聘工作的推动力和激励性是不够的。而对于人力资源服务外包公司来说，招聘是核心服务能力，是决定服务费应收的关键，是公司非常重要的业务单元，因此人力资源服务外包公司对招聘部门设有严格的绩效目标，激励的力度也更大。下面从以下几个方面具体说明企业招聘与人力资源服务外包公司招聘的区别。

（1）资源端口。

对于企业来说，人才简历库比较单一，对于人力资源服务公司而言，其招聘平台拥有千万级以上的简历资源库。在对求职者的跟进方面，企业一般根据求职者的简历了解候选人，然而简历是可以被包装的。企业在求职者的画像上会存在一定的误差。而人力资源服务外包公司通常可以通过大数据分析，来跟踪求职者的求职轨迹，如根据求职者浏览的岗位类型、意向、偏好来对候选人标注标签，不断完善求职者画像，对求职者的能力有更加真实、准确的判断。

（2）触达方式。

企业主要是通过发布职位、职位列表、首页广告等方式来进行岗位的宣传，岗位宣传内容更多的是以文字的方式来呈现，呈现方式较为单一，触达的方式较为被动，很难满足现有"90后"求职者多样化的需求。而对于人力资源服务外包公司来说，更多的是利用移动互联网渠道，如微信点对点的推送，基于app进行定向邀约，并通过视频、图文、H5页面等多种方式进行邀约，推荐渠道更加丰富。通过移动互联网能触达的方式定位更加精准，更能满足新生代求职者的诉求。

（3）组织架构。

企业的人力资源组织架构，一般是按照人力资源六大模块或三支柱模式来进行设置，对于招聘端口，一般由招聘总监/经理带领招聘专员进行招聘，组织架构比较单一。

对于人力资源服务外包公司而言，运用的则是项目制执行方式。人力资源服务外包公司会设置专门的招聘部门进行独立运作，而在招聘部门下面，会细分为数据运作部、电销中心、项目执行部等。前端通过数据运作来获取最新的数据资源，如通过人才寻访、微博、微信、app运营、短信等方式传播岗位需求，对于特殊性岗位，会通过专门的渠道进行招聘，即通过线上、线下结合的方式来获取资源。当获取跟岗位相关的资源之后，会由电销中心来进行电话沟通。求职者对岗位产生兴趣后，由电销中心的工作人员添加求职者的微信，后期对他们进行长期、持续的影响。最后，通过招聘执行部进行现场的宣讲、答疑，让求职者对企业及岗位产生兴趣。人力资源服务外包公司对求职者会进行持续的跟进，让候选人能够顺利快速地进入发包单位。但缺点比较明显，员工素质可能不高。

第三节　员 工 入 职

一、专题1：用工模式

（一）相关概念

1. 劳动关系与劳务关系

【劳动关系】指用人单位与劳动者之间，依照劳动法的规定，签订劳动合同，使劳动者成为用人单位的成员，接受用人单位的管理，从事用人单位指定的工作，并获取劳动报酬和劳动保护所产生的法律关系。

【劳务关系】指劳动者与用工者根据口头或书面约定，由劳动者向用工者提供一次性的或者是特定的劳动服务，用工者依约向劳动者支付劳务报酬的一种有偿服务的法律关系。

2. 全日制用工与非全日制用工

【全日制用工】指劳动者每日工作时间不超过8小时，平均每周工作时间不超过44小时的工时制度。①

【非全日制用工】指以小时计酬为主，劳动者在同一用人单位一般平均每日工作时间不超过 4 小时，每周工作时间累计不超过 24 小时的用工形式。②

3. 实习用工与退休返聘

【实习用工】指在校大学生通过参加实习单位的实际工作进行实践学习，实习单位与其订立实习协议以明确双方权利义务的用工模式。

【退休返聘】指用人单位中的受雇佣者已经到达或超过法定退休年龄，从用人单位退休，再通过与原用人单位或者其他用人单位订立合同契约继续作为人力资源存续的行为或状态。

(二) 常见问题

1. 劳动关系和劳务关系的区别有哪些？

(1) 签订的合同不同：劳动关系须用人单位自用工之日起 30 日内与劳动者签署书面劳动合同；而劳务关系签署的是劳务合同，该合同可以是书面形式，也可以是口头形式。

(2) 适用法律不同：劳动关系适用《劳动法》《劳动合同法》等法律法规，且必须遵守最低工资要求等地方性规定；而劳务关系属于民事关系，适用《民法典》等法律法规，遵守意思自治原则。

(3) 待遇不同：劳动关系中劳动者享受诸多劳动者待遇及劳动保护，如社会保险、奖金、津贴、工时、最低工资标准、年休假等；劳务关系费用由双方当事人约定，无最低工资标准的约束，也无强制缴纳社会保险的法律要求。

(4) 涉诉程序不同：基于劳动关系产生的争议属于劳动争议，适用仲裁前置要求，若发生劳动纠纷需先提起劳动仲裁，经过仲裁程序后才可向法院提起诉讼；基于劳务关系产生的争议属于劳务纠纷，可直接向有管辖权的法院提起诉讼(见表 1-15)。

表 1-15　　　　　　　　　　　　　　**劳动关系与劳务关系的区别**

	劳动关系	劳务关系
合同类型	《劳动合同》	《劳务合同》
适用法律	《劳动法》《劳动合同法》	《民法典》
福利待遇	社会保险、最低工资标准、年休假、加班费等	双方约定，无法律强制要求
涉诉程序	仲裁前置	无须仲裁，可直接起诉

---

① 《劳动法》第三十六条规定："国家实行劳动者每日工作时间不超过 8 小时、平均每周工作时间不超过 44 小时的工时制度。"

② 《中华人民共和国劳动合同法》第六十八条规定："非全日制用工，是指以小时计酬为主，劳动者在同一用人单位一般平均每日工作时间不超过 4 小时，每周工作时间累计不超过 24 小时的用工形式。"

2. 全日制用工和非全日制用工的区别有哪些?

(1)工作时间:根据我国《劳动法》第三十六条规定,劳动者每日工作时间不超过 8 小时,平均每周工作时间不超过 44 小时;而《劳动合同法》第六十八条明确了非全日制用工的劳动者在同一用人单位一般平均每日工作时间不超过 4 小时,每周工作时间累计不超过 24 小时。

(2)订立合同形式:全日制用工为我国最主要的用工形式,须用人单位自用工之日起 30 日内与劳动者签署书面劳动合同,否则用人单位自员工入职第 2 个月起至 1 年内承担支付二倍工资的法律责任;而非全日制用工的情形下,劳动者和用人单位可以书面或口头约定劳动合同,无强制订立书面劳动合同的要求,劳动者可以与一个企业或多个企业订立非全日制用工合同。

(3)试用期:在全日制用工的情况下,用人单位可以根据劳动合同期限与劳动者约定 6 个月以内的试用期(已完成一定工作任务为期限的劳动合同或合同期限不满 3 个月的除外);① 而非全日制用工双方当事人不得约定试用期。

(4)经济补偿:全日制用工中,用人单位依据《劳动合同法》第四十六条②所列情形与劳动者解除劳动合同的,应当向劳动者支付经济补偿;而在非全日制用工中,非全日制用工双方当事人任何一方都可以随时通知对方终止用工,用人单位不向劳动者支付经济补偿。因此,非全日制用工在解除劳动关系方面具备更多灵活性。

(5)社会保险:全日制用工中,用工单位须为劳动者缴纳养老保险、医疗保险、失业保险、工伤保险、生育保险五项社会保险;而在非全日制用工中,法律仅强制用人单位承担工伤保险缴纳义务。

(6)劳动报酬结算:全日制用工一般以月薪作为计酬方式,由用人单位按月向劳动者支付;而非全日制用工劳动报酬支付周期最长不得超过 15 日(见表 1-16)。

表 1-16　　　　　　　　　　　　　　　　全日制用工与非全日制用工区别

	全日制用工	非全日制用工
工作时间	每日不超过 8 小时 平均每周不超过 44 小时	平均每日不超过 4 小时 每周累计不超过 24 小时

---

① 《中华人民共和国劳动合同法》第十九条:劳动合同期限 3 个月以上不满 1 年的,试用期不得超过 1 个月;劳动合同期限 1 年以上不满 3 年的,试用期不得超过 2 个月;3 年以上固定期限和无固定期限的劳动合同,试用期不得超过 6 个月。

② 《中华人民共和国劳动合同法》第四十六条:有下列情形之一的,用人单位应当向劳动者支付经济补偿:(1)劳动者依照本法第三十八条规定解除劳动合同的;(2)用人单位依照本法第三十六条规定向劳动者提出解除劳动合同并与劳动者协商一致解除劳动合同的;(3)用人单位依照本法第四十条规定解除劳动合同的;(4)用人单位依照本法第四十一条第一款规定解除劳动合同的;(5)除用人单位维持或者提高劳动合同约定条件续订劳动合同,劳动者不同意续订的情形外,依照本法第四十四条第一项规定终止固定期限劳动合同的;(6)依照本法第四十四条第四项、第五项规定终止劳动合同的;(7)法律、行政法规规定的其他情形。

续表

	全日制用工	非全日制用工
合同订立形式	书面形式	书面/口头形式
试用期	可以约定	不得约定
经济补偿	依相关法律规定适用	无
社会保险	养老保险、医疗保险、工伤保险、失业保险、生育保险	工伤保险
劳动报酬结算	按月支付	不得超过 15 日

3. 实习协议下的用工特点有哪些？

实习协议的用工关系下，在校学生是在课余期间进行勤工助学，未与用人单位建立较为长期稳定的全日制劳动关系，签署的实习协议本质上是一种平等主体之间的民事合同关系。因此，实习协议中实习生与用人单位的关系是劳务关系，而非劳动关系。签订的实习协议应属实习劳务合同，而非劳动合同。实习协议存在与劳务合同相同的特征，其受《民法典》调整，若因实习协议产生纠纷，协议主体承担的是民事责任。

但需注意，以就业为目的的实习中，在校学生已完成了全部学习任务，有明确的求职就业愿望，实习期内接受单位的劳动管理，单位也会支付相应的报酬。该种情形符合劳动关系的本质特征，即便未签订劳动合同，双方也成立事实劳动关系。

4. 退休返聘用工关系认定的情形有哪些？

在我国，退休返聘人员大致可分为以下两种情形：

第一，按照国家规定已办理退休手续后又返聘至原单位或被其他单位聘用的人员。针对该种情形，用人单位与其招用的已经依法享受养老保险待遇或领取退休金的人员发生用工争议，向人民法院提起诉讼的，人民法院应当按劳务关系处理。已达到退休年龄并办理退休手续的人员返聘至原单位或应聘至其他单位从事有薪劳动的人员，已不属于劳动关系的适格主体，无法成立劳动关系，而应属劳务用工关系。

第二，已达到法定退休年龄但尚未享受基本养老保险待遇或领取退休金的人员。此种情形人员的用工关系产生争议的原因在于，《劳动合同法》第四十四条第二项规定"劳动者开始依法享受基本养老保险待遇的，劳动合同终止"，而《劳动合同法实施条例》第二十一条规定："劳动者达到法定退休年龄的，劳动合同终止。"因此在实践中，已达到法定退休年龄却未享受基本养老保险待遇的人员发生用工争议应按何种关系处理，司法实务上存在不同规则。有的以劳动者是否享受养老保险待遇或者领取退休金为标准来判定，但上海高院、浙江高院、广东高院、深圳中院等法院的相关判例中均对达到法定退休年龄的情形按劳务关系予以处理，故全国并未形成统一的裁判观点。

为规避用工风险，维护用工关系的和谐及劳动秩序的稳定，企业在实际操作中，如继续使用或再次聘用"退休人员"，应注意以下几点：

（1）在劳动者达到法定退休年龄或开始依法享受基本养老保险待遇时，应及时办理劳动合同终止手续，确认双方关系属性的状态。

（2）应核实清楚退休人员退休身份的真实性、可靠性。对该人员的身份信息及领取养老金情况进行核实、核对，以明确其所处的退休状态。

（3）应在达成合意的基础上，依法签订劳务协议或退休返聘协议，并明确约定双方的权利义务关系。

5. 用工模式混同的法律后果有哪些？

实务中，容易混同的用工模式主要为劳动用工和劳务用工。部分用人单位为了规避自身的法定义务，以与劳动者订立劳务合同的方式逃避劳动关系中作为用人单位的责任。但司法实践中，劳务关系与劳动关系的认定并非仅按照签订合同的类型认定，而是审查实质用工关系以认定用工模式。主要认定因素有以下几种：第一，用人单位和劳动者是否符合法律、法规规定的主体资格；第二，用人单位依法制定的各项劳动规章制度是否适用于劳动者，劳动者是否受用人单位的劳动管理、从事用人单位安排的有报酬的劳动；第三，劳动者提供的劳动是不是用人单位业务的组成部分。① 若劳动者和用人单位的实际用工符合上述情形，则存在被认定为劳动关系的风险。此时，若用人单位未与劳动者签订书面合同，需依据劳动合同法相关规定向劳动者支付二倍工资；若产生劳动争议，符合相关条件的，用人单位还存在支付经济补偿金或赔偿金等风险。

全日制与非全日制用工的情况下，对用人单位而言，非全日制劳动关系虽然可以降低用人成本，但如果管理不当，容易被认定为全日制劳动关系。一旦发生劳动纠纷，被认定为全日制用工后劳动者往往会主张更多的赔偿请求，例如未签订书面劳动合同的二倍工资赔偿、经济补偿金、补缴社会保险等。

6. 非全日制用工模式社保如何缴纳？

可参考《关于非全日制用工若干问题的意见》中第三条规定中"关于非全日制用工的社会保险"部分：

（1）从事非全日制工作的劳动者应当参加基本养老保险，原则上参照个体工商户的参保办法执行。对于已参加过基本养老保险和建立个人账户的人员，前后缴费年限合并计算，跨统筹地区转移的，应办理基本养老保险关系和个人账户的转移、接续手续。符合退休条件时，按国家规定计发基本养老金。

（2）从事非全日制工作的劳动者可以以个人身份参加基本医疗保险，并按照待遇水平与缴费水平相挂钩的原则，享受相应的基本医疗保险待遇。参加基本医疗保险的具体办法由各地劳动保障部门研究制定。

（3）用人单位应当按照国家有关规定为建立劳动关系的非全日制劳动者缴纳工伤保险费。从事非全日制工作的劳动者发生工伤，依法享受工伤保险待遇；被鉴定为伤残5-10级的，经劳动者与用人单位协商一致，可以一次性结算伤残待遇及有关费用。

参考《关于非全日制用工若干问题的意见》中第五条规定——关于非全日制用工的管理与服务：各级社会保险经办机构要为非全日制劳动者参保缴费提供便利条件，开设专门窗口，可以采取按月、季或半年缴费的办法，及时为非全日制劳动者办理社会保险关系及

---

① 来源于：《中华人民共和国人力资源及社会保障部关于确立劳动关系有关事项的通知》（劳社部发〔2005〕12号）第一项内容。

个人账户的接续和转移手续；按规定发放社会保险缴费对账单，及时支付各项社会保险待遇，维护他们的社会保障权益。

根据《社会保险法》第十条第二款规定，无雇工的个体工商户、未在用人单位参加基本养老保险的非全日制从业人员以及其他灵活就业人员可以参加基本养老保险，由个人缴纳基本养老保险费。

第二十三条第二款规定，无雇工的个体工商户、未在用人单位参加职工基本医疗保险的非全日制从业人员以及其他灵活就业人员可以参加职工基本医疗保险，由个人按照国家规定缴纳基本医疗保险费。

第五十八条第二款规定，自愿参加社会保险的无雇工的个体工商户、未在用人单位参加社会保险的非全日制从业人员以及其他灵活就业人员，应当向社会保险经办机构申请办理社会保险登记。

根据《关于实施〈工伤保险条例〉若干问题的意见》第一条规定，职工在两个或两个以上用人单位同时就业的，各用人单位应当分别为职工缴纳工伤保险费。职工发生工伤，由职工受到伤害时其工作的单位依法承担工伤保险责任。

7. 实习用工模式社保如何缴纳？

根据劳动部关于印发《关于贯彻执行〈中华人民共和国劳动法〉若干问题的意见》的通知的第十二条规定，在校生利用业余时间勤工助学，不视为就业，未建立劳动关系，可以不签订劳动合同。实习生与第三方(学校)存在"归属关系"，双方应该签订劳务合同或实习协议，不属于劳动合同范畴，故实习生无须购买社保。

8. 退休返聘用工模式社保如何缴纳？

根据《劳动合同法》第四十四条规定，有下列情形之一的，劳动合同终止：劳动者开始依法享受基本养老保险待遇的。

也就是说公司与退休人员签订的返聘合同，不属于劳动合同，属于劳务合同。社保缴纳属于劳动合同需要强制缴纳范围。

根据《社会保险法》第二十七条规定："参加职工基本医疗保险的个人，达到法定退休年龄时累计缴费达到国家规定年限的，退休后不再缴纳基本医疗保险费，按照国家规定享受基本医疗保险待遇；未达到国家规定年限的，可以缴费至国家规定年限。"

根据2010年9月《最高人民法院关于审理劳动争议案件适用法律若干问题的解释(一)》第三十二条，用人单位与其招用的已经依法享受养老保险待遇或领取退休金的人员发生用工争议而提起诉讼的，人民法院应当按劳务关系处理。因此已经达到法定退休年龄并依法领取养老保险待遇或退休金的劳动者目前无法参加工伤保险。

(三) 实操总结

实践中，用人单位为明确与劳动者双方的劳动权利义务内容，维护双方的各自权益，进而降低用人单位的用工风险，应依法与劳动者及时订立书面劳动合同，加强内部劳动合同管理，减少或避免因未及时签订书面劳动合同所造成的用工风险。若用人单位与劳动者建立劳务关系，需尊重双方意思自治，避免工作上的隶属关系和依附性，在管理时更侧重于工作成果，而非明确的下达工作指令并要求其服从单位规章制度管理。

为了避免全日制用工模式和非全日制用工模式的混同，在日常管理中，用人单位对于非全日制用工时要注意遵循如下几点：日平均工作时间不超过4小时、每周累计工作时间不超过24小时；工资结算周期不超过15日；签订书面非全日制劳动合同；不得约定试用期等。

(四)典型案例

☞ **案例1①：**

【案情简介】

2015年9月14日，原告某科技公司(甲方)与被告曾某(乙方)签订《劳务雇佣合同书》，被告自协议签订之日遂入职原告处担任基地经理一职，按原告要求从事相应工作，原告也向其发放工作牌，按照公司管理制度对被告进行考勤、考核并按月发放工资。2016年9月一年期满后，双方又续签一份合同。2016年12月18日，被告曾某因在工作中受伤，此后双方就该事宜协商不成，曾某遂未再至原告某科技公司处上班。2017年，曾某向盱眙县劳动人事争议仲裁委员会申请确认与某科技公司的劳动关系，后原告某科技公司向江苏省盱眙县人民法院提起诉讼。

另：被告曾某系盱眙县某电灌站职工，属事业单位在编人员。但因电灌站属于财政定额补助的事业单位，其收入无法正常发放职工工资，一年只能发放10000元左右不等的生活费，曾某等多名职工外出自谋职业维持生存，仅在农忙灌溉季节回电灌站从事相应工作。

【处理结果】

确认原告某科技公司与被告曾某之间存在劳动关系。

【争议焦点】

确认原告某科技公司与被告曾某之间是否存在劳动关系？

【裁判观点】

本案中，原告某科技公司向被告曾某发放工作牌，与曾某签订合同约定权利义务，要求曾某遵守其单位制定的各项规章制度，并以此对其考核、考勤并发放工作报酬，曾某依约提供劳动并领取报酬，双方之间权利义务关系符合劳动法律关系的内涵。对于曾某的抗辩事由，经法院核实，曾某虽与盱眙县某电灌站间存在人事关系，但由于单位经费等多方面原因，双方并未保持正常的劳动关系履行状态，盱眙县某电灌站发放的生活费亦不足以维持曾某的正常生活，曾某在此情况下至某科技公司处就职以维持生计，是行使其基本及天然的权利，于法并无不妥，某科技公司所诉事由无依据，不予支持。另，某科技公司、曾某所形成的事实法律关系的性质并不以双方约定而改变。

二审法院认为，合同性质的认定不能仅凭合同名称而定，应当根据合同内容所涉法律关系，即合同双方当事人所设立权利义务内容确定合同的性质。就本案而言，虽然上诉人某科技公司与被上诉人曾某所签订的合同名称为《劳务雇佣合同书》，但该合同内容却反映，某科技公司制定的各项规章制度适用于曾某，曾某受某科技公司的劳动管理，从事某

---

① 摘自《最高人民法院公报》2019年第12期(总第278期)，第42-44页。

科技公司安排的有报酬的劳动，且曾某提供的劳动是其业务的组成部分，故该合同约定的权利义务内容并不符合劳务合同的法律特征，而与劳动关系法律特征相符，因此应当认定本案合同性质为劳动合同。

☞ **案例 2**①：

【案情简介】

楚某于 2020 年 11 月 7 日到某某纺织公司就职，从事挡车工工种，2021 年 4 月 22 日晚上，楚某上深夜班，于深夜 12 时许被机器轧断左手臂，致左肘关节以下被截肢，事故发生。楚某受伤后，楚某与某某纺织公司为就支付工伤保险待遇发生纠纷，楚某向石首市劳动人事争议仲裁委员会申请仲裁，该仲裁委员会于 2021 年 10 月 20 日下达石劳人仲不字（2021）8 号不予受理通知书。后楚某诉至法院，请求依法确认楚某与某某纺织公司之间存在事实劳动关系。

【处理结果】

楚某要求确认与某某纺织公司构成事实劳动关系之主张不予支持。

【争议焦点】

楚某与被上诉人某某纺织公司之间是否构成劳动关系？

【裁判观点】

一审法院认为，依据《国务院关于工人退休、退职的暂行办法》（国发〔1978〕104 号）文件规定，全民所有制企业事业单位、机关群众团体、工人退休年龄为男年满 60 周岁，女年满 50 周岁，连续工龄满 10 年的，应该退休。楚某出生于 1966 年 4 月 4 日，到某某纺织公司上班时已满 54 周岁，已达到法定退休年龄。依据《中华人民共和国劳动合同法实施条例》第二十一条"劳动者达到法定退休年龄的，劳动合同终止"的规定及《劳动和社会保障部关于确立劳动关系有关事项的通知》（劳社部发〔2005〕12 号）第一条"用人单位和劳动者符合法律、法规规定的主体资格"之规定，楚某已达法定退休年龄，不具备劳动关系主体资格；《最高人民法院关于审理劳动争议案件适用法律问题的解释（一）》（2020 年修正）第三十二条"用人单位与其招用的已经依法享受养老保险待遇或者领取退休金的人员发生用工争议而提起诉讼的，人民法院应当按劳务关系处理"之规定，是对特殊用工主体的规定，并不能反推出"用人单位与其招用的虽达到法定退休年龄，但未依法享受养老保险待遇或者领取退休金的人员发生用工争议而提起诉讼的，人民法院应当按劳动关系处理"的结论。综上所述，楚某要求确认与某某纺织公司构成事实劳动关系之主张，一审不予支持。

二审法院认为，楚某到某某纺织公司工作时已满 54 周岁，达到工人法定退休年龄，不具备劳动关系主体资格。对于达到退休年龄后，初次被用人单位招用的，属于劳务关系。且根据《最高人民法院关于审理劳动争议案件适用法律问题的解释（一）》（2020 年修正）第三十二条规定，本案中楚某自 2014 年在新疆某单位缴纳了社会养老保险，累计缴费年限不满 15 年，楚某未享受养老保险待遇或者领取退休金非因用人单位原因，故本案中

---

① 参见楚某与湖北某某纺织公司确认劳动关系纠纷案（2022）鄂 10 民终 229 号民事判决书。

楚某要求确认与某某纺织公司构成事实劳动关系之主张，一审不予支持并无不当。关于楚某上诉称某某纺织公司有为其缴纳社会保险的法定义务，因其双方之间不具有劳动关系，某某纺织公司不具有此法定义务，故此上诉理由不能成立。

☞ **案例3：**

【案例简介】

[当事人]

上诉人(原审原告)：魏某。

被上诉人(原审被告)：宜昌某旅游发展集团有限公司。

[审理经过]

上诉人魏某因与被上诉人宜昌三峡某旅游公司劳动争议纠纷一案，不服湖北省宜昌市夷陵区人民法院(2021)鄂0506民初2559号民事判决，向本院提起上诉。本院于2022年1月17日立案后，依法组成合议庭进行了审理。上诉人魏某及其委托诉讼代理人，被上诉人宜昌三峡某旅游公司的委托诉讼代理人到庭参加诉讼。本案现已审理终结。

[二审上诉人诉称]

魏某上诉请求：撤销一审判决，改判支持魏某一审的全部诉讼请求。事实和理由：一审法院判决认定事实不清。一是魏某在一审诉讼期间举出的"工资明细表"，充分证明了魏某在宜昌三峡某旅游公司从2008年4月至2021年8月连续工作时间达13年加4个月的事实劳动关系。二是魏某举出的"参保人员缴费信息表"充分证明了宜昌三峡某旅游公司仅给魏某于2015年5月至2019年6月缴了4年加1个月的失业保险及工伤保险，其余9年加3个月宜昌三峡某旅游公司未给魏某缴纳任何社会保险费的事实。一审法院判决书对魏某在宜昌三峡某旅游公司连续工作的时间，宜昌三峡某旅游公司给魏某缴纳社会保险费的情况及魏某举证的证明力度只字未提。三是宜昌三峡某旅游公司在一审期间举出的证据《非全日制用工劳动合同书》《申请书》《承诺书》均不是魏某及亲属所签字，在一审质证程序中，魏某向法庭均做了详细的没有签字、捺印的说明，一审法院反而在判决书中全部采纳，判决纵然采纳了宜昌三峡某旅游公司虚构的证据中合同总期限仅4年加7个月，可魏某在宜昌三峡某旅游公司连续工作达13年加4个月，魏某还有9年加3个月连续工作亦未有任何书面劳动合同，又怎样解释？四是魏某在宜昌三峡某旅游公司连续工作13年加4个月期间，其工作时间均需执行宜昌三峡某旅游公司的早七点、晚五点工作制度，上下班进出单位宜昌三峡某旅游公司均实行由门卫记录、捺印、录像作为魏某等每日在岗时间的主要依据。魏某在岗除担任炊事员外还兼任公司院内等多处卫生保洁工作任务。食堂最多餐饮者多达四十几人，十三年如一日，魏某任劳任怨地工作，这么重要的证据，依法本应由宜昌三峡某旅游公司向法院举出，一审法院在庭审时仅问及此事，并没有依法令宜昌三峡某旅游公司举出此类证据。所以，导致本案判决认定事实不清。另宜昌三峡某旅游公司于2016年10月交给魏某一张《社会保障卡》，魏某根本不知道此卡的缴费情况。魏某因于2021年3月患重病，在夷陵医院住院出院结算时，才知道此卡医疗保险为空白，自费50000余元住院费出院后，请求宜昌三峡某旅游公司解决无果，才引起本案仲裁、诉讼程序。在诉讼期间的8月下旬，宜昌三峡某旅游公司打电话通知魏某不再去上班，魏某在宜昌三峡某旅游公司连续工作 13 年余，被宜昌三峡某旅游公司一个电话就辞退了。在当今的法治社会，针对魏某是否公平，敬请二审法院依法评判。综上事实充分说明，一审法院判决认定事实不清，魏某不服，特提起上诉，请求二审法院依据《中华人民共和国劳动合同法》第十条、第十四条及《中华人民共和国社会保险法》第十条第一款、第二十三条第一款、第三十三条、第四十四条、第五十三条规定，判决支持魏某在一审的全部诉讼请求。

[二审被上诉人辩称]

宜昌三峡某旅游公司辩称：魏某的上诉请求及事实理由不符合事实及法律规定，一审认定事实正确，适用法律正确，建议法庭在查明事实的情况下，依法判决驳回魏某的上诉。理由如下：(1)结合双方合同来看，魏某向宜昌三峡某旅游公司提交申请书及承诺书后，双方签订了《非全日制用工劳动合同书》，双方形成的是以小时计酬的非全日制用工。据《中华人民共和国劳动合同法》第七十一条及《中华人民共和国社会保险法》第十条第二款，第六十条第二款之规定，魏某的上诉请求没有事实及法律依据。(2)结合宜昌三峡某旅游公司向魏某发放的工资流水来看，也是按照每小时工作制发放的。因此，双方建立的并非稳定的劳动合同关系，而是以小时计酬的非全日制用工的合同。同时，魏某要求宜昌三峡某旅游公司缴纳相应的社保也不属于人民法院的受案范围。根据相关司法解释规定，缴纳社保需有前置程序，即魏某应该向社保经办机构先行申办，申办不成功的才具有可诉性。综上所述，魏某的上诉请求缺乏事实及法律依据，理应判决驳回。

[原告诉称]

魏某向一审法院起诉请求：（1）判决魏某与宜昌三峡某旅游公司存在事实劳动关系，并令宜昌三峡某旅游公司从 2008 年 3 月 20 日至魏某退休之日与魏某补充签订无固定期限的劳动合同。（2）宜昌三峡某旅游公司给魏某补充缴纳从 2008 年 3 月 20 日至今的社会保险费。

[一审法院查明]

一审法院认定事实，2008 年 4 月 1 日，原告魏某向被告宜昌三峡某旅游公司出具《申请书》一份，申请书上载明"我是公司景区周边村民，为方便农闲务工，现申请到公司做非全日制工作，并作出如下承诺：(1)我自愿服从公司的工作安排，在景区从事非全日制工作。(2)在景区工作期间，我不要求公司给我购买养老保险和医疗保险。(3)在工作期间，若因自己原因造成的人身伤害，责任由我自负。"同日还出具《承诺书》一份，主要内容与前述《申请书》内容一致，魏某的丈夫王某也在承诺书上签名并按了手印。宜昌三峡某旅游公司收到上述《申请书》和《承诺书》后，与作为乙方的魏某签订了一份《非全日制用工劳动合同书》，合同约定，自 2008 年 4 月 1 日起至 2008 年 6 月 30 日止，乙方在甲方从事炊事员岗位工作，甲方按工作时间支付乙方工资报酬，支付标准不低于当地政府规定的最低小时工资标准，具体工资按每小时 8 元支付，每半月结一次(经双方协商，也可按日或月结算)，乙方每天工作不超过 4 小时，每周累计工作时间不超过 24 小时。双方可随时通知对方终止合同，互不承担违约金或支付补偿金。此外，合同还对劳动保护和劳动条件等做了详细约定。自此合同签订之日起至 2021 年 8 月 31 日止，魏某一直在宜昌三峡某旅游公司所属的金狮洞风景区从事炊事员岗位工作，每年均签有一份或几份《非全日制用工劳动合同书》(2019 年 11 月 30 日之后未再签订合同)，除了小时工资支付标准有变化之外，炊事员岗位和其他约定均与双方首次签订的合同内容一致。魏某接到宜昌三峡某旅游公司终止合同的通知后，自 2021 年 9 月 1 日起再未到宜昌三峡某旅游公司处上班。

一审法院另查明，2021 年 8 月 3 日，魏某向宜昌市夷陵区劳动人事争议仲裁委员会提出仲裁申请，要求"(1)依法裁决申请人与被申请人从 2008 年 3 月 20 日至申请人退休之日补充签订无固定期限的劳动合同。(2)补充缴纳从 2008 年 3 月 20 日至今的社会保险费。"仲裁委审查后，以仲裁请求不属于劳动(人事)争议处理范围为由，于当日作出《不予受理通知书》。2021 年 8 月 12 日，魏某提起诉讼。

[一审法院认为]

一审法院认为，被告宜昌三峡某旅游公司在原告魏某出具《申请书》和《承诺书》后，才与之签订《非全日制用工劳动合同书》，表明双方在前述合同签订前均经过了深思熟虑的考虑，合同内容充分体现了双方当事人的真实意思，不违反法律、行政法规的强制性规定，合法有效。从合同内容来看，双方之间形成的是以小时计酬的非全日制用工。根据《中华人民共和国劳动合同法》第七十一条"非全日制用工双方当事人任何一方都可以随时通知对方终止合同，终止用工，用人单位不向劳动者支付经济补偿"之规定，双方当事人均享有随时终止合同的权利，魏某要求宜昌三峡某旅游公司与之补签从 2008 年 3 月 20 日至其退休之日期间无固定期限的劳动合同的诉讼请求缺乏法律依据，不予支持。根据《中华人民共和国社会保险法》第十条第二款"无雇工的个体工商户、未在用人单位参加基本养老保险的非全日制从业人员以及其他灵活就业人员可以参加基本养老保险，由个人缴纳基本养老保险费"和第六十条第二款"无雇工的个体工商户、未在用人单位参加基本养老保险的非全日制从业人员以及其他灵活就业人员可以直接向社会保险费征收机构缴纳社会保险费"之规定，魏某作为非全日制从业人员，社会保险费的承担主体是其本人，应由其本人直接向社会保险费征收机构缴纳社会保险费，宜昌三峡某旅游公司不负有为其补缴社会保险费的法定义务。因此，魏某要求宜昌三峡某旅游公司为其补充缴纳从 2008 年 3 月 20 日至今的社会保险费的诉讼请求缺乏法律依据，不予支持。一审法院根据《中华人民共和国劳动合同法》第六十八条、第七十一条，《中华人民共和国社会保险法》第十条第二款、第六十条第二款以及《中华人民共和国民事诉讼法》第一百四十二条之规定，判决：驳回原告魏某的全部诉讼请求。案件受理费 10 元(减半收取)，由原告魏某负担。

本院二审中，当事人未提交新证据。

[本院查明]

二审经审理查明，原审查明的事实属实，本院予以确认。

[本院认为]

本院认为，一、关于本案案由的确定。经审查，一审中魏某提出的诉讼请求并非单一的确认劳动关系事项，故，本案案由应为劳动争议纠纷，一审确定为确认劳动关系纠纷不当，本院依法予以纠正。

二、本案争议焦点为魏某与宜昌三峡某旅游公司之间的用工形式是标准工时制用工还是非全日制用工，双方是否应当补签无固定期限劳动合同。一审中，宜昌三峡某旅游公司提交证据证明双方建立是以小时计酬的非全日制用工形式，魏某主张其工作期间需执行宜昌三峡某旅游公司的早七点、晚五点工作制度，但未提供充足的证据予以证实。故根据现有证据，魏某与宜昌三峡某旅游公司之间关系建立以小时计酬的非全日制用工，魏某主张其与宜昌三峡某旅游公司建立劳动时间为标准工时制的劳动关系没有事实依据，本院不予支持。根据《中华人民共和国劳动合同法》第六十九条规定，"非全日制用工双方当事人可以订立口头协议。从事非全日制用工的劳动者可以与一个或者一个以上用人单位订立劳动合同；但是，后订立的劳动合同不得影响先订立的劳动合同的履行。"即非全日制用工，用人单位和劳动者可以订立口头协议。因此，即使魏某对宜昌三峡某旅游公司一审提供的《非全日制用工劳动合同书》的真实性不予认可，但基于其向宜昌三峡某旅游公司出具的《申请书》《承诺书》亦可认定双方就用工形式为非全日制用工已达成合意。故由于劳动合同法关于订立无固定期限劳动合同的相关规定并不适用非全日制用工的劳动关系，魏某主张宜昌三峡某旅游公司应当与其补签无固定期限劳动合同的诉讼请求没有法律依据，本院依法不予支持。另外，魏某2019年11月6日已达法定退休年龄，至于其是否享受养老保险待遇与其是否缴纳养老保险费用并达到缴费年限存在直接关系，因此，双方建立的非全日制用工关系至魏某达到法定退休年龄时亦自行终止，其后，魏某虽继续为宜昌三峡某旅游公司提供劳动，但双方之间已由劳动关系转化成了劳务关系。综上，本院依法确认魏某与宜昌三峡某旅游公司自2008年4月1日起至2019年11月6日止存在非全日制用工的劳动关系。

三、关于魏某主张宜昌三峡某旅游公司为魏某补充缴纳从2008年3月20日至今的社会保险费问题。《中华人民共和国社会保险法》第十条第二款规定，"无雇工的个体工商户、未在用人单位参加基本养老保险的非全日制从业人员以及其他灵活就业人员可以参加基本养老保险，由个人缴纳基本养老保险费。"第六十条第二款规定，"无雇工的个体工商户、未在用人单位参加社会保险的非全日制从业人员以及其他灵活就业人员，可以直接向社会保险费征收机构缴纳社会保险费。"根据上述法律规定，一审法院对魏某的该项诉讼请求不予支持并无不当，本院依法予以维持。另外，根据查明的事实，宜昌三峡某旅游公司在双方建立非全日制用工关系期间为魏某办理并缴纳了失业保险和工伤保险。故，即使宜昌三峡某旅游公司存在未足额缴纳社会保险费的问题，根据社会保险法的相关规定，补缴社保费用的争议也不属于人民法院民事案件的审理范围。

综上，一审认定事实清楚，但判决结果不当。依照《中华人民共和国劳动合同法》第七条、第六十八条、第六十九条第一款、第七十一条，《中华人民共和国劳动合同法实施条例》第二十一条，《中华人民共和国社会保险法》第十条第二款、第六十条第二款，《中华人民共和国民事诉讼法》第一百七十七条第一款第二项规定，判决如下：

一、撤销湖北省宜昌市夷陵区人民法院(2021)鄂0506民初2559号民事判决；

二、确认魏某与宜昌三峡某旅游公司自2008年4月1日起至2019年11月6日止存在非全日制用工的劳动关系；

三、驳回魏某的其他诉讼请求。

本案一审案件受理费5元，二审案件受理费10元，均由魏某负担。

本判决为终审判决。

二、专题 2：规章制度

(一) 相关概念

1. 规章制度

【规章制度】用人单位的规章制度有广义和狭义之分，广义的规章制度泛指一切与单位管理有关的规范性文件，包括单位的章程、股东会和董事会议事规则、合同管理规定、财务管理规定等；狭义的规章制度是指在劳动关系管理中用人单位制定的直接涉及劳动者切身利益的相关规则制度，比如薪酬制度、考勤制度、休假制度等。

2. 工会和职工代表大会

【工会】工会，或称劳工工会、工人联合会，是职工自愿结合的工人阶级群众组织。在我国，工会具有自身独立的组织体系，在宪法和法律规定的范围内，依据《中国工会章程》独立自主地开展工作。企业工会代表着企业职工的权益，依法维护职工的合法权益。

【职工代表大会】职工代表大会是职工群众当家作主，参加企业经营决策，管理、监督干部，行使民主权利的权力机构。工会依照法律规定通过职工代表大会或者其他形式，组织职工参与本单位的民主决策、民主管理和民主监督。

(二) 常见问答

1. 如何保障规章制度的合法性、合理性及有效性？

（1）合法性。

企业规章制度合法需同时满足以下三个条件。

①制定主体合法。

《中华人民共和国劳动合同法》第四条第一款规定："用人单位应当依法建立和完善劳动规章制度，保障劳动者享有劳动权利、履行劳动义务。"可见制定规章制度的主体为用人单位。实践中可能存在委托相关职能部门制定的情况，为避免存在主体效力瑕疵，建议规章制度发布时应以企业名义发布。

②制定内容合法。

《中华人民共和国劳动合同法》第八十条规定："用人单位直接涉及劳动者切身利益的规章制度违反法律、法规规定的，由劳动行政部门责令改正，给予警告；给劳动者造成损害的，应当承担赔偿责任。"可见企业规章制度内容不得违反国家法律、法规。如企业在制定规章制度中涉及劳动条件、劳动待遇等内容的应符合劳动法律、法规中有关强制性规定，只有在内容合法的前提下才能产生预期的约束力。

③制定程序合法。

《中华人民共和国劳动合同法》第四条第二款规定："用人单位在制定、修改或者决定有关劳动报酬、工作时间、休息休假、劳动安全卫生、保险福利、职工培训、劳动纪律以及劳动定额管理等直接涉及劳动者切身利益的规章制度或者重大事项时，应当经职工代表大会或者全体职工讨论，提出方案和意见，与工会或者职工代表平等协商确定。"转化成实践中的操作方法有：组织员工代表或全体员工进行集中协商讨论；通过发送公司会议邮件向员工征求意见；组织表决会并由员工代表签字确认等。无论采取以上哪种方式，用人单位都需要注意留存相关证据材料，如征求意见稿材料、职工代表会议协商记录、开会照片或视频、表决通过证明材料等，以规避后期涉诉风险。

（2）合理性。

规章制度内容合法是前提，在此前提下，用人单位还须考虑规章制度内容的合理性，包括对劳动者行为的约束是否符合常人接受的合理界限、对劳动者的处罚力度与其所犯错误的严重程度是否成正比。

用人单位对劳动者的约束一般应限定在工作时间、工作场所以及与工作有关内容范围内，如要求员工在工作之外均需着规范着装和言论则属于约束内容的不合理，又如下级言语顶撞上级属于重大违纪应予开除则属于处罚程度的不合理。法律虽没有明确的界限区分规章制度内容的合理性，但按照法律的公平原则以及公序良俗原则，用人单位在草拟规章制度时应从企业生产经营和日常管理规范所需出发，兼顾公平、合理以及效率原则。

（3）有效性。

仅具有合法性的规章制度并不具备法律效力。用人单位制定的规章制度在满足合法性、合理性的前提下，还需要向劳动者公示，让劳动者知悉其具体内容和要求才可生效。因劳动者的流动性较大，故公示规章制度是用人单位一项需要重复进行的行为。

在实务操作中，具体可行的公示方法有：

①在劳动合同中予以明确约定。

②定期组织相关培训并保留培训签到表。

③发放员工手册并保留签收记录。

④必要时定期组织规章制度考试并保留试卷。

⑤新员工进行入职培训并进行考核。

同时应避免如下公示方法：

①在公司公告栏处进行张贴。

②在公司内部网站进行公布。

③电子邮件告知。

上述三种方式存在后期举证困难的情形，故不建议采用。

2. 用人单位制定的规章制度和劳动合同相冲突时该如何认定效力？

因劳动合同是用人单位和劳动者双方协商的意思表示，而规章制度更偏向于保障用人单位的自主经营权，因此规定劳动合同的优先效力更有利于平衡劳资双方的权利义务关系。但人民法院并不能直接依职权主动优先适用劳动合同的相关内容，而应在劳动者请求适用劳动合同的相关内容的情形下才予以适用。若规章制度对劳动者更为有利的，劳动者一般也不会拒绝适用规章制度的相关内容。

3. 用人单位能否依据规章制度对员工处以罚款？

罚款是对公民经济权益的剥夺，属于行政处罚的种类，可以设定行政处罚的只有法律、法规和行政规章，用人单位内部的规章制度无权对员工处以罚款，用人单位亦无实施经济处罚权的主体资格。

在实践操作过程中，用人单位在处理劳动者违纪行为时，应当尽量避免使用罚款的手段，若要对劳动者采取经济处罚措施的，建议以警告、扣减全勤奖、绩效奖金等方式处理更为适宜。

4. 用人单位能否以员工出现重大违规行为为由解除劳动合同？

根据《劳动合同法》第三十九条的规定，劳动者严重违反用人单位的规章制度的，用人单位可以解除劳动合同。可见，用人单位是可以根据这条内容与员工解除劳动合同的，但也并不代表用人单位可以随意解除。首先，劳动者违规程度必须达到严重的程度。法律并未明确界定"严重"的情形，法院在行使一定的自由裁量权时，一般会从后果是否严重、是否多次违反、是否造成重大损失、是否影响生产工作秩序等几个方面考虑。其次，在解除程序上要合法。根据《劳动合同法》第四十三条的规定，用人单位单方解除劳动合同，应当事先将理由通知工会。因此在实践中，用人单位以劳动者出现重大违规行为解除劳动合同，在确保所适用的规章制度合法、有效的前提下，首先需要将违反规章制度的事实用证据的形式固定下来，然后在作出解除决定前将解除理由通知工会，最后再将解除决定告知劳动者。

5. 企业如何组建工会？

企业基层工会组建流程大致分为以下七个步骤（见图1-13）：

（1）向上一级工会提出建会申请：企业提出工会筹备组的组成人员，报上一级工会批准；由职工选出自己的代表，向上一级工会提出建会申请；由上一级工会组织与职工和企业代表共同协商，成立工会筹备小组，由筹备小组提出建会申请。

（2）成立建会筹备组：上一级工会对《建立工会请示报告》批复后，应立即成立建会筹备组，负责建会筹备期间的工作，在选举出工会委员会之前暂时代为行使职责。

（3）发展会员：动员企业职工填写《中国工会会员申请表》，经审批后成为工会会员。

（4）建立工会小组或部门分会。

（5）根据发展会员人数成立工会小组，民主选举工会小组长。

（6）召开会员（或会员代表）大会：筹备组召开基层会员（或会员代表）大会，按照民主程序选举产生首届工会委员会、经费审查委员会和女职工委员会。

（7）履行报批手续：大会结束后，应将大会召开情况和选举产生的基层工会主席、副主席以及经费审查委员会和女职工委员会主任、副主任名单向上一级工会报告；工会组建完成后，应向企业全体工会会员和全体职工正式公布单位工会的成立，并披露工会任职信息和各大委员会的分工等重要信息。

6. 工会的作用有哪些？

工会代表企业职工的权益，在企业中的工作职能具体有：（1）参加企业相关制度的讨论。（2）对企业经营管理及重大决策享有知情权和监督权。（3）协商订立集体合同。（4）监督劳动合同的签订和履行。（5）就相关问题展开调查，包括监督劳动合同的履行以及相关劳动保护的落实等一般调查和因工伤亡事故调查。（6）对企业解除劳动合同享有知情权和监督权，包括企业单方解除劳动合同或经济性裁员等。（7）代表职工行使诉权。

在以往司法判例中，工会在企业中常见的两大作用为：（1）企业制定规章制度需经工会协商通过。（2）企业单方解除劳动合同需通知工会。现在越来越多的判例显示，如果企业规章制度的制定和修改没有经过民主程序将导致制度因制定程序违法而被认定为无效，进而导致用人单位基于企业内部制度对员工做出的管理行为无效。同时企业在单方解除劳动合同前应事先通知工会，否则会涉及解除程序违法。实务中，如果企业事先未通知工会，但在起诉前及时通知工会的，视为补正了程序上的要求。

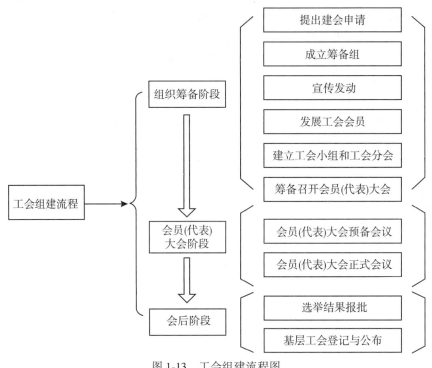

图 1-13　工会组建流程图

(三) 典型案例

☞ **案例 1**①：

【案情简介】

原告张某于 2007 年 11 月 5 日进入被告某公司工作，于 2007 年 12 月 26 日与某公司签订劳动合同，期限自 2007 年 12 月 26 日起至 2010 年 12 月 6 日止，约定张某从事设备维护工程师工作，月工资为 2542 元。2009 年 4 月 13 日上午 10 点左右，张某乘坐牌照为苏 E×××××的车辆前往某公司宿舍区。2009 年 4 月 20 日，某公司向张某发出离职通知单，以张某乘坐非法营运车辆为由与张某解除劳动合同。

被告某公司于 2008 年 9 月 8 日召开职工代表大会，通过"不允许乘坐黑车，违者以开除论处"的决议。经双方确认，2009 年 4 月 13 日原告张某休息。张某离职前 12 个月月平

---

① 摘自《最高人民法院公报》2014 年第 7 期（总第 213 期）。

均工资为 2600 元。张某于 2009 年 6 月就本案诉讼请求申诉至苏州工业园区劳动争议仲裁委员会。该仲裁委员会于 2009 年 7 月 27 日裁决驳回张某的全部仲裁请求。后原告张某因与被告某公司发生支付赔偿金纠纷，向江苏省苏州工业园区人民法院提起诉讼。

【处理结果】

被告某公司应于本判决生效之日起 10 日内支付原告张某赔偿金 7800 元。

【争议焦点】

某公司依据"严禁乘坐非法营运车辆，违者予以开除处分"的单位规章制度解除与被上诉人张某的劳动合同是否合法？

【裁判观点】

一审认为，用人单位的规章制度是用人单位制定的组织劳动过程和进行劳动管理的规则和制度，也称为企业内部劳动规则。规章制度既要符合法律、法规的规定，也要合理。被告某公司有权通过制定规章制度进行正常生产经营活动的管理，但劳动者在劳动过程以及劳动管理范畴以外的行为，用人单位适宜进行倡导性规定，对遵守规定的员工可给予奖励，但不宜进行禁止性规定，更不能对违反此规定的员工进行惩罚。某公司以乘坐非法营运车辆存在潜在工伤危险为由，规定员工不允许乘坐黑车，违者开除，该规定已超出企业内部劳动规则范畴，且乘坐非法营运车辆行为应由行政机关依据法律或法规进行管理，用人单位无权对该行为进行处理。该公司以原告张某乘坐非法营运车辆为由解除劳动合同违反劳动合同法的规定，损害了劳动者的合法权益，依法应当向张某支付赔偿金，张某要求某公司支付赔偿金 7800 元，未超过法律规定的赔偿金范围，法院予以支持。

二审认为，用人单位规章制度是指用人单位依法制定的、仅在本企业内部实施的、关于如何组织劳动过程和进行劳动管理的规则和制度，是用人单位和劳动者在劳动过程中的行为准则，也称为企业内部劳动规则。其内容主要包括了劳动合同管理、工资管理、社会保险、福利待遇、工时休假、职工奖惩以及其他劳动管理等。规章制度作为用人单位加强内部劳动管理，稳定、协调劳动关系，保证正常劳动生产秩序的一种管理工具，在日常的劳动秩序中确实发挥着重要作用。但是，规章制度既要符合法律、法规的规定，也要合情合理，不能无限放大乃至超越劳动过程和劳动管理的范畴。本案中，被上诉人张某乘坐黑车行为发生之日正值其休息之日，劳动者有权利支配自己的行为，公司不能以生产经营期间的规章制度来约束员工休息期间的行为。单位职工乘坐何种交通工具上班是职工的私人事务，用人单位无权作出强制规定，如果劳动者确有违法之处，也应由国家行政机关等有权进行处罚。因此，被上诉人某公司因张某乘坐非法营运车辆而作出解除劳动合同系违法解除，损害了劳动者的合法权益，应当按劳动合同法之规定，向张某支付赔偿金。

三、专题 3：合同签订

(一) 相关概念

【劳动合同】指劳动者与用人单位确立劳动关系，明确双方权利和义务的协议。劳动合同关系一方是用人单位，另一方是劳动者，双方遵循平等自愿、协商一致原则就双方劳动权利义务关系达成的一致意见。

【试用期】指包括在劳动合同期限内，用人单位与劳动者相互考察的期限。试用期是用人单位和劳动者双方协商补充约定的内容，并非法律强制要求的必备条款。

【竞业限制①】指为避免用人单位的商业秘密被侵犯，用人单位与员工约定在劳动关系存续期间或者劳动关系结束后的一定时期内，不得到生产同类产品或者经营同类业务且具有竞争关系的其他用人单位兼职或任职，也不得自己生产与原单位有竞争关系的同类产品或经营同类业务。

【社保增员】指因职工入职、聘用、调动等原因，与单位产生劳动关系时，到社会保险经办机构办理参保手续，即开始缴纳社保费用。

【社保转移-转入】是指跨统筹区域流动就业的参保人员，再次就业后，就社会保险关系进行转移的过程。社保转移由参保人申请，转出地与转入地两地社保部门进行对接转移。转入地相关部门及转入地企业办理的手续即为社保关系转入。在进行跨地区全国统一联网后，有望实现无须社保转移，在退休时实现统筹一事办理。

【公积金增员】指因职工入职、聘用、调动等原因，与单位产生劳动关系时，到公积金中心办理参保手续，即开始缴纳公积金费用。

(二) 常见问答

1. 劳动合同的类型有哪些？

按照劳动合同的期限分类，可以将劳动合同分为三种类型：固定期限劳动合同、无固定期限劳动合同和以完成一定工作任务为期限的劳动合同。这三种类型的劳动合同主要规定在《劳动合同法》第十三条、第十四条、第十五条内容中。

固定期限劳动合同是指用人单位与劳动者约定合同终止时间的劳动合同，具体合同期限通常是由双方约定；

无固定期限劳动合同指用人单位与劳动者约定无确定终止时间的劳动合同。除双方约定的情形外，还有三种经劳动者提出，用人单位就应当签订无固定期限劳动合同的情形：(1)劳动者在用人单位连续工作满10年。(2)用人单位初次实行劳动合同制度或者国有企业改制重新订立劳动合同时，劳动者在该用人单位连续工作满10年且距法定退休年龄不足10年的。(3)连续订立2次固定期限劳动合同，且劳动者没有《劳动合同法》第三十九条和第四十条第一项、第二项规定的情形，续订劳动合同的。

以完成一定工作任务为期限的劳动合同，是指用人单位与劳动者约定以某项工作的完成为合同期限的劳动合同。

---

① 《劳动合同法》第二十四条规定："竞业限制的人员限于用人单位的高级管理人员、高级技术人员和其他负有保密义务的人员。竞业限制的范围、地域、期限由用人单位与劳动者约定，竞业限制的约定不得违反法律、法规的规定。在解除或者终止劳动合同后，前款规定的人员到与本单位生产或者经营同类产品、从事同类业务的有竞争关系的其他用人单位，或者自己开业生产或者经营同类产品、从事同类业务的竞业限制期限，不得超过2年。"

2. 劳动合同的必备条款有哪些？

劳动合同内容按照其强制强度可以分为法定条款和约定条款，又称为必备条款和补充条款。

按照《劳动合同法》第十七条的规定，劳动合同的必备条款有：(1)用人单位的名称、住所和法定代表人或者主要负责人。(2)劳动者的姓名、住址和居民身份证或者其他有效身份证件号码。(3)劳动合同期限。(4)工作内容和工作地点。(5)工作时间和休息休假。(6)劳动报酬。(7)社会保险。(8)劳动保护、劳动条件和职业危害防护。(9)法律法规应当纳入劳动合同的其他事项。劳动合同的补充条款有：试用期、培训、保守秘密、补充保险和福利待遇等其他事项。

劳动合同缺乏上述必备的条款内容并不必然导致劳动合同无效，需要结合劳动合同的签订主体、格式等综合认定合同效力。一般情况下，合同名称正常，只是缺乏部分必备条款的合同依然有效。而实践中，用人单位和劳动者签订的聘任书、薪酬管理方案等文件因缺乏较多必备条款，并不产生等同于劳动合同的效力。

3. 未及时签订劳动合同的法律后果有哪些？

依据《劳动合同法实施条例》第七条的规定，用人单位自用工之日起满1年未与劳动者订立书面劳动合同的，自用工之日起满1个月的次日至满1年的前1日应当依照劳动合同法第八十二条的规定向劳动者每月支付2倍的工资，并视为自用工之日起满1年的当日已经与劳动者订立无固定期限劳动合同，应当立即与劳动者补订书面劳动合同。由此可见，用人单位在劳动者入职后1年内未与劳动者签订书面劳动合同的法律后果是，支付自用工之日起满1个月的次日至满1年的前1日的2倍工资，满1年后仍未签订书面劳动合同的法律后果是应当签订无固定期限劳动合同且不免除前述支付2倍工资的义务。

4. 试用期的期限有哪些要求？

根据《劳动合同法》第十九条的规定，劳动合同期限3个月以上不满1年的，试用期不得超过1个月；劳动合同期限1年以上不满3年的，试用期不得超过2个月；3年以上固定期限和无固定期限的劳动合同，试用期不得超过6个月。同一用人单位与同一劳动者只能约定一次试用期。此处应当注意，按照法律立法解释惯例，本款的"以上"包括本数在内，"不满"和"不得超过"则不包括本数。

如果用人单位违反法律规定约定试用期，根据《劳动合同法》第八十三条"用人单位违反本法规定与劳动者约定试用期的，由劳动行政部门责令改正；违反约定的试用期已经履行的，由用人单位以劳动者试用期满月工资为标准，按已履行的超过法定试用期的期间向劳动者支付赔偿金。"规定，违反约定的试用期限无效且可能承担相应的法律责任。

5. 试用期的工资如何确定？

试用期的工资由用人单位和劳动者协商一致确定，但不得违反法律规定。根据《劳动合同法》第二十条以及《劳动合同法实施条例》第十五条的规定，劳动者在试用期的工资不得低于本单位相同岗位最低档工资的80%或者不得低于劳动合同约定工资的80%，并不得低于用人单位所在地的最低工资标准。

关于用人单位所在地的确定，在实践中会出现用人单位的注册地和实际经营地或劳动合同履行地不一致的情况，各地的最低工资标准也不尽相同，适用哪个地方的最低工资标准关系到用人单位和劳动者的权益。根据《劳动合同法实施条例》第十四条的规定，劳动合同履行地与用人单位注册地不一致的，有关劳动者的最低工资标准、劳动保护、劳动条件、职业危害防护和本地区上年度职工月平均工资标准等事项，按照劳动合同履行地的有关规定执行；用人单位注册地的有关标准高于劳动合同履行地的有关标准，且用人单位与劳动者约定按照用人单位注册地的有关规定执行的，从其约定。

关于"试用期的工资不得低于本单位相同岗位最低档工资的80%或者不得低于劳动合同约定工资的80%"中的"或者"可见，上述两个条件中，用人单位只要满足一项就行，即低于本单位同岗位最低档工资的80%但不低于劳动合同约定工资的80%，或者低于劳动合同约定工资的80%但高于本单位同岗位最低档工资的80%均是可行的。

另须注意的是，在实务中会出现个别情况，即用人单位在劳动者试用期满后提高了劳动者转正后的薪酬待遇，劳动者借此证明用人单位试用期工资标准低于法定标准而向法院申请用人单位进行赔偿，用人单位最终因证据不足或其他原因败诉。对此，建议用人单位若确需提高劳动者转正后的薪酬待遇，在转正申请考评表上应注明"因某某员工试用期间表现优秀，特准予转正并根据其表现提高转正后的薪酬待遇为××××元/月"并让员工签字确认，用人单位留存备案。

6. 竞业限制的签订主体有哪些？

竞业限制的人员限于用人单位的高级管理人员、高级技术人员和其他负有保密义务的人员。高级管理人员和高级技术人员可参照《公司法》第二百一十六条第一款的规定，"高级管理人员，是指公司的经理、副经理、财务负责人，上市公司董事会秘书和公司章程规定的其他人员。"此处重点需要关注"其他负有保密义务的人员"范围，这个赋予了用人单位一定的自由裁量。对于在工作中一般不可能接触到企业的商业秘密的员工，用人单位与他们签订竞业限制协议一方面损害了劳动者的劳动权利，另一方面增加了企业的成本。因此用人单位要根据自身的生产经营特征，合理地判断掌握了解企业商业秘密的人员，与之签订竞业协议。且该协议仅能与劳动者本人签订，不得扩散至其近亲属。

7. 竞业限制的常见义务有哪些？

（1）劳动者

与用人单位签订竞业限制协议的劳动者，在解除或者终止劳动合同后，在竞业限制期限内不得到与原单位生产或者经营同类产品、从事同类业务的有竞争关系的其他用人单位，或者自己开业生产或者经营同类产品、从事同类业务。但竞业限制只能限制劳动者的择业范围，不能剥夺劳动者的就业权，所以超过上述范围部分的限制大概率无效。

若劳动者违反竞业限制约定，应当按照约定向用人单位支付违约金。法律关于竞业限制违约金的设定没有限制标准，用人单位通常可以与劳动者自行约定违反竞业限制义务的违约金。在实践中，用人单位通常倾向于约定高额违约金，但司法机关会根据具体情况酌情予以调整。司法实践中，司法机关常见的考量因素有：竞业限制经济补偿金的金额高低、单位受损状况、员工主观恶意程度及违约时间长短、员工获益状况、员工在职期间的工作年限及收入水平等。因此即使法律并未对违约金的金额进行限制，但用人单位也需要在对企业自身及劳动者的实际情况综合考量后进行合理约定。

（2）用人单位

在竞业限制期限内，用人单位按月给予劳动者经济补偿。竞业限制补偿费用以用人单位与劳动者约定为主，法定为辅。但若仅约定了竞业限制义务而未约定经济补偿的，根据最高人民法院相关司法解释的规定，劳动者履行了竞业限制义务的，可要求用人单位按照劳动者在合同解除或者终止前12个月平均工资的30%按月支付经济补偿。若用人单位与劳动者约定的标准低于上述标准，因司法解释仅是做补充规定，并未明令禁止，故通常情况下应属有效。

需要说明的是，上述司法解释规定的月平均工资的30%，均不得低于劳动合同履行地最低工资标准；低于劳动合同履行地最低工资标准的，按照劳动合同履行地最低工资标准支付竞业限制补偿费用。

但需要注意，部分地区通过地方条例对竞业限制补偿金标准有其他强制性规定，如《深圳经济特区企业技术秘密保护条例》规定："竞业限制协议约定的补偿费，按月计算不得少于该员工离开企业前最后12个月平均工资的1/2。"又如《江苏省劳动合同实施条例》规定："用人单位对处于竞业限制期限内的离职劳动者应当按月给予经济补偿，月经济补偿额不得低于该劳动者离开用人单位前12个月的月平均工资的1/3。"因此对于部分地区规定竞业限制补偿标准超过最高人民法院司法解释标准的特定地方补偿标准的，用人单位需要执行当地现行地方竞业限制补偿标准。

8. 竞业限制协议的解除方式有哪几种？

除双方协商一致解除外，用人单位与劳动者均有单方解除权，但二者行使解除权的条件则不相同。其中，用人单位享有任意解除权，但需要额外支付3个月的竞业限制经济补偿；劳动者解除竞业限制协议的前提是因用人单位原因导致3个月未支付经济补偿，劳动者才有权解除竞业限制约定。

同时需要注意以下两种情况：其一，若劳动者因违反了竞业限制义务后支付了违约金，并不当然地解除竞业限制协议，劳动者还应当继续履行竞业限制义务；其二，若用人单位未支付竞业限制经济补偿达3个月，并不当然导致协议无效。劳动者在未行使解除权的情形下，擅自直接从事有竞争关系的业务，仍会被认定为违反了竞业限制协议。

9. 用人单位如何举证劳动者违反竞业限制的行为？

用人单位举证劳动者存在竞业限制行为，需要完成以下三项内容的举证：

首先，用人单位需要举证证明劳动者负有竞业限制的义务。对于该项举证责任，用人单位可以提交竞业限制合同或其他有涉及竞业限制义务的文件资料。

其次，用人单位需要举证证明劳动者后入职的单位、经营行为与本单位存在竞争关系。对于该项举证责任，用人单位可以提交员工后入职单位的工商登记信息，或从事经营主体单位的工商登记信息，通过举证其营业范围的相同来实现证明目的。

最后，用人单位需要举证劳动者入职存在竞争关系的单位信息，或从事竞争关系经营行为的证明材料。常规途径是通过社会保险和住房公积金缴纳信息查询其入职信息，但如果劳动者挂靠人力资源公司代缴社会保险、住房公积金的，则需要通过其他途径进行举证，如员工长期出入竞争公司办公地点视频，收集员工参加竞业公司会议或其他活动的新闻信息、照片、视频等，或前往竞业公司询问是否有该员工在职及相关职务信息并进行同步录音，以竞争公司的地址给劳动者发快递看是否签收，劳动者社交平台发布的工作定位或公司信息等。

10. 试用期是否需要为员工缴纳社保、公积金？

根据《社会保险法》第五十八条的规定，用人单位应当自用工之日起三十日内为其职工向社会保险经办机构申请办理社会保险登记。未办理社会保险登记的，由社会保险经办机构核定其应当缴纳的社会保险费。

根据《社会保险法》第八十四条的规定，用人单位不办理社会保险登记的，由社会保险行政部门责令限期改正；逾期不改正的，对用人单位处应缴社会保险费数额一倍以上三倍以下的罚款，对其直接负责的主管人员和其他直接责任人员处五百元以上三千元以下的罚款。

根据《住房公积金管理条例》第十五条规定，单位录用职工的，应当自录用之日起 30 日内向住房公积金管理中心办理缴存登记，并办理职工住房公积金账户的设立或者转移手续。

11. 签订劳动合同和签订劳务合同在缴纳个人所得税方面有什么区别？

劳动合同是劳动者与用人单位确立劳动关系、明确双方权利和义务的协议。根据《中华人民共和国个人所得税法实施条例》规定，个人为本单位或雇主提供劳务领取工资报酬时应当按照"工资、薪金所得"缴纳个人所得税，由本单位或者雇主在支付时代扣代缴。工资、薪金所得，是指个人因任职或者受雇取得的工资、薪金、奖金、年终加薪、劳动分红、津贴、补贴以及与任职或者受雇有关的其他所得。

劳务合同是平等主体的公民之间、法人之间、公民与法人之间，以提供一项或几项劳务为内容签订的协议。根据《中华人民共和国个人所得税法实施条例》规定，劳务合同下的报酬应按劳务报酬所得进行申报，劳务报酬是指个人从事劳务取得的所得，包括从事设计、装潢、安装、制图、化验、测试、医疗、法律、会计、咨询、讲学、翻译、审稿、书画、雕刻、影视、录音、录像、演出、表演、广告、展览、技术服务、介绍服务、经纪服务、代办服务以及其他劳务取得的所得。

（三）实操总结

1. 劳动合同指导模板①

劳 动 合 同
（通 用）

甲方（用人单位）：＿＿＿＿＿＿＿＿＿＿＿＿＿＿＿

乙方（劳动者）：＿＿＿＿＿＿＿＿＿＿＿＿＿＿＿

签　订　日　期：＿＿＿＿＿年＿＿＿月＿＿＿日

甲方（用人单位）：＿＿＿＿＿＿＿＿＿＿＿＿＿＿＿＿＿＿＿＿

---

① 来源于《人力资源社会保障部关于发布劳动合同示范文本的说明》。

统一社会信用代码：_____

法定代表人(主要负责人)或委托代理人：_____

注册地：_____

经营地：_____

联系电话：_____

乙方(劳动者)：_____

居民身份证号码：_____

(或其他有效证件名称：_____ 证件号：_____)

户籍地址：_____

经常居住地(通讯地址)：_____

联系电话：_____

根据《中华人民共和国劳动法》《中华人民共和国劳动合同法》等法律法规政策规定，甲乙双方遵循合法、公平、平等自愿、协商一致、诚实信用的原则订立本合同。

一、劳动合同期限

第一条 甲乙双方自用工之日起建立劳动关系，双方约定按下列第____种方式确定劳动合同期限：

1. 固定期限：自_____年___月___日起至____年___月___日止，其中，试用期从用工之日起至_____年___月___日止。

2. 无固定期限：自_____年___月___日起至依法解除、终止劳动合同时止，其中，试用期从用工之日起至_____年___月___日止。

3. 以完成一定工作任务为期限：自_____年___月___日起至_____工作任务完成时止。甲方应当以书面形式通知乙方工作任务完成。

二、工作内容和工作地点

第二条 乙方工作岗位是_____，岗位职责为_____。乙方的工作地点为_____。

乙方应爱岗敬业、诚实守信，保守甲方商业秘密，遵守甲方依法制定的劳动规章制度，认真履行岗位职责，按时保质完成工作任务。乙方违反劳动纪律，甲方可依据依法制定的劳动规章制度给予相应处理。

三、工作时间和休息休假

第三条 根据乙方工作岗位的特点，甲方安排乙方执行以下第_____种工时制度：

1. 标准工时工作制。每日工作时间不超过 8 小时，每周工作时间不超过 40 小时。由于生产经营需要，经依法协商后可以延长工作时间，一般每日不得超过 1 小时，特殊原因每日不得超过 3 小时，每月不得超过 36 小时。甲方不得强迫或者变相强迫乙方加班加点。

2. 依法实行以_____为周期的综合计算工时工作制。综合计算周期内的总实际工作时间不应超过总法定标准工作时间。甲方应采取适当方式保障乙方的休息休假权利。

3. 依法实行不定时工作制。甲方应采取适当方式保障乙方的休息休假权利。

第四条 甲方安排乙方加班的，应依法安排补休或支付加班工资。

第五条 乙方依法享有法定节假日、带薪年休假、婚丧假、产假等假期。

四、劳动报酬

第六条 甲方采用以下第____种方式向乙方以货币形式支付工资，于每月____日前足额支付：

1. 月工资_____元。

2. 计件工资。计件单价为_____，甲方应合理制定劳动定额，保证乙方在提供正常劳动情况下，获得合理的劳动报酬。

3. 基本工资和绩效工资相结合的工资分配办法，乙方月基本工资_____元，绩效工资计发办法为_____。

4. 双方约定的其他方式_____。

第七条 乙方在试用期期间的工资计发标准为_____或_____元。

第八条 甲方应合理调整乙方的工资待遇。乙方从甲方获得的工资依法承担的个人所得税由甲方从其工资中代扣代缴。

五、社会保险和福利待遇

第九条 甲乙双方依法参加社会保险，甲方为乙方办理有关社会保险手续，并承担相应社会保险义务，乙方应当缴纳的社会保险费由甲方从乙方的工资中代扣代缴。

第十条 甲方依法执行国家有关福利待遇的规定。

第十一条 乙方因工负伤或患职业病的待遇按国家有关规定执行。乙方患病或非因工负伤的，有关待遇按国家有关规定和甲方依法制定的有关规章制度执行。

六、职业培训和劳动保护

第十二条 甲方应对乙方进行工作岗位所必需的培训。乙方应主动学习，积极参加甲方组织的培训，提高职业技能。

第十三条 甲方应当严格执行劳动安全卫生相关法律法规规定，落实国家关于女职工、未成年工的特殊保护规定，建立健全劳动安全卫生制度，对乙方进行劳动安全卫生教育和操作规程培训，为乙方提供必要的安全防护设施和劳动保护用品，努力改善劳动条件，减少职业危害。乙方从事接触职业病危害作业的，甲方应依法告知乙方工作过程中可能产生的职业病危害及其后果，提供职业病防护措施，在乙方上岗前、在岗期间和离岗时对乙方进行职业健康检查。

第十四条 乙方应当严格遵守安全操作规程，不违章作业。乙方对甲方管理人员违章指挥、强令冒险作业，有权拒绝执行。

七、劳动合同的变更、解除、终止

第十五条 甲乙双方应当依法变更劳动合同，并采取书面形式。

第十六条 甲乙双方解除或终止本合同，应当按照法律法规规定执行。

第十七条 甲乙双方解除终止本合同的，乙方应当配合甲方办理工作交接手续。甲方依法应向乙方支付经济补偿的，在办结工作交接时支付。

第十八条　甲方应当在解除或终止本合同时，为乙方出具解除或者终止劳动合同的证明，并在 15 日内为乙方办理档案和社会保险关系转移手续。

八、双方约定事项

第十九条　乙方工作涉及甲方商业秘密和与知识产权相关的保密事项的，甲方可以与乙方依法协商约定保守商业秘密或竞业限制的事项，并签订保守商业秘密协议或竞业限制协议。

第二十条　甲方出资对乙方进行专业技术培训，要求与乙方约定服务期的，应当征得乙方同意，并签订协议，明确双方权利义务。

第二十一条　双方约定的其他事项：_____

_____。

九、劳动争议处理

第二十二条　甲乙双方因本合同发生劳动争议时，可以按照法律法规的规定，进行协商、申请调解或仲裁。对仲裁裁决不服的，可以依法向有管辖权的人民法院提起诉讼。

十、其他

第二十三条　本合同中记载的乙方联系电话、通信地址为劳动合同期内通知相关事项和送达书面文书的联系方式、送达地址。如发生变化，乙方应当及时告知甲方。

第二十四条　双方确认：均已详细阅读并理解本合同内容，清楚各自的权利、义务。本合同未尽事宜，按照有关法律法规和政策规定执行。

第二十五条　本合同双方各执一份，自双方签字(盖章)之日起生效，双方应严格遵照执行。

甲方(盖章)　　　　　　　　　　　　　乙方(签字)

法定代表人(主要负责人)

或委托代理人(签字或盖章)

　　　年　　月　　日　　　　　　　　　　年　　月　　日

劳动合同①
(非全日制)

甲方(用人单位)：_____

乙方(劳动者)：_____

签　订　日　期：_____年____月____日

根据《中华人民共和国劳动法》《中华人民共和国劳动合同法》和有关法律、法规，甲乙双方经平等自愿、协商一致签订本合同，共同遵守本合同所列条款。

甲方：_____

法定代表人(主要负责人)或委托代理人：_____

注册地址：_____

---

① 源自北京市劳动和社会保障局官网。

经营地址：_____

乙方：_____ 性别：_____

户籍类型（非农业、农业）

居民身份证号码：_____

在甲方工作起始时间：_____年____月____日

家庭住址：_____ 邮政编码：_____

户口所在地：_____省（市）_____区（县）_____街道（乡镇）

第一条　乙方同意根据甲方工作需要，担任以下工作：_____

第二条　乙方的工作时间为：_____

第三条　乙方完成本合同约定的工作内容后，甲方应当以货币形式向乙方支付劳动报酬，劳动报酬标准为每小时_____元。甲方向乙方支付劳动报酬的周期不得超过 15 日。

支付劳动报酬的其他约定：_____

第四条　甲方应当按照北京市工伤保险的规定为乙方缴纳工伤保险费。

第五条　甲方根据生产岗位的需要，按照国家有关劳动安全、卫生的规定对乙方进行安全卫生教育和职业培训，并为乙方提供以下劳动条件：_____

第六条　甲方应当建立、健全职业病防治责任制，加强对职业病防治的管理，提高职业病防治水平。

第七条　甲乙双方可以随时终止劳动合同。

第八条　甲方违反本合同的约定支付劳动报酬或支付的小时工资低于北京市非全日制从业人员小时最低工资标准的，乙方有权向劳动保障监察部门举报。

第九条　甲乙双方约定本合同增加以下内容：_____

第十条　双方因履行本合同发生争议，当事人可以向甲方劳动争议调解委员会申请调解；调解不成的，可以向劳动争议仲裁委员会申请仲裁。

当事人一方也可以直接向劳动争议仲裁委员会申请仲裁。

第十一条　本合同的附件如下：_____

第十二条　本合同未尽事宜或与今后国家、北京市有关规定相悖的，按有关规定执行。

第十三条　本合同一式两份，甲乙双方各执一份。于_____年____月____日生效。

甲方（盖章）　　　　　　　　　　　　乙方（签字）

法定代表人（主要负责人）

或委托代理人（签字或盖章）

　　年　　月　　日　　　　　　　　　年　　月　　日

2. 劳动合同签订流程的实操总结

劳动合同是用人单位与劳动者之间重要的法律文件，用人单位必须严格遵守《劳动法》《劳动合同法》的规定，依法依规与劳动者签订劳动合同。在签订过程中，有以下事项需用人单位注意：第一，签订劳动合同要及时。用人单位应当在用工之日起 1 个月内与劳动者签订书面劳动合同，否则面临支付双倍工资和被依法认定订立无固定期限劳动合同的情形，增加用人单位用工成本和法律风险；第二，试用期期限及试用期工资标准需符合法律规定；第三，劳动报酬约定要合理。薪资结构可在合同中约定清晰，对加班、绩效等事前不能确定的薪资数额，可以约定计算方式。第四，根据用工需求选择合理的工时制，避免因工时灵活而支付高额加班费。第五，应当面签署劳动合同，避免代签导致不良法律后果的风险。

3. 竞业限制的实操总结

在当今市场经济环境中，企业之间的竞争，除了产品质量和价格的竞争外，更多的是技术和人才方面的竞争，技术创新之后的知识产权保护，也显得尤为重要。因此，用人单位与员工签署竞业限制协议(或以其他形式约定竞业义务)，成为企业保护商业秘密和技术信息的必要方式。但在签订竞业限制协议时，要做到合法规范，如约定的竞业限制期限不应长于 2 年，竞业限制范围不应超过企业的经营范围，竞业限制人员范围不得滥用扩大等。合理地适用竞业限制协议，是企业保护自身核心秘密和商业秘密的有利途径。

4. 社保转入流程

参保人员在新就业地按规定建立基本养老保险关系并进行缴费后，由用人单位或参保人员向新参保地社保经办机构提出转移书面申请。新参保地社保经办机构审核申请后，若符合条件则发出同意接收函，不符合条件则作出书面说明。

原基本养老保险关系所在地社保经办机构在接到同意接收函后，办理转移接续的各项手续(见图 1-14)。

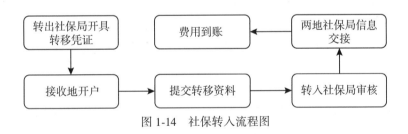

图 1-14 社保转入流程图

5. 个人所得税申报流程

(1)申报人自行下载税收管理系统客户端，进行相关信息的填写。

(2)成功进入申报入口后，申报人可以选择工资薪金的填写入口。

(3)申报人可自行填写相关实际数据。

(4)完成信息填写后，点击税款计算操作，在系统成功计算之后，申报人可以点击预填报扣除。

(5)申报人在提交申请后，系统会出现自动弹框提醒申报人核对相关信息，确认无误之后进行下一步操作。

(6)申报人点击申报表的提交后，系统会提示是否申报成功。

（四）典型案例

☞ **案例 1：超过 1 年未签订书面劳动合同无须支付 2 倍工资**①

【案情简介】

2016 年 8 月 1 日，万某入职某食品公司，从事检验工作，双方口头约定万某月工资为 3000 元。万某入职时，公司负责人告知其 3 个月试用期后签订书面劳动合同，但是双方一直未签订书面劳动合同。2018 年 7 月 31 日，万某与食品公司解除劳动关系。万某要求食品公司支付 2017 年 8 月至 2018 年 7 月期间未与其签订无固定期限劳动合同的第 2 倍工资，该公司拒绝支付。万某遂向劳动人事争议仲裁委员会申请仲裁，请求裁决食品公司支付 2017 年 8 月至 2018 年 7 月期间未签订无固定期限劳动合同的第 2 倍工资 36000 元。

【处理结果】

仲裁委员会裁决驳回万某的仲裁请求。

【争议焦点】

2017 年 8 月至 2018 年 7 月，万某与食品公司之间未签订书面劳动合同的情形是否属于《劳动合同法》第八十二条规定情形。

【裁判观点】

《劳动合同法》第八十二条规定："用人单位自用工之日起超过 1 个月不满 1 年未与劳动者订立书面劳动合同的，应当向劳动者每月支付 2 倍的工资。用人单位违反本法规定不与劳动者订立无固定期限劳动合同的，自应当订立无固定期限劳动合同之日起向劳动者每月支付 2 倍的工资。"从上述条款可知，用人单位支付未依法签订劳动合同第 2 倍工资的情形包括两种：一种是用人单位自用工之日起超过 1 个月不满 1 年未与劳动者订立书面劳动合同的；第二种是用人单位应当与劳动者订立无固定期限劳动合同，但违反本法规定不与劳动者订立无固定期限劳动合同的。第二种情形中的"本法规定"，是指《劳动合同法》第十四条第二款规定的"除劳动者提出订立固定期限劳动合同外，应当订立无固定期限劳动合同"的三种情形，即"（1）劳动者在该用人单位连续工作满 10 年的。（2）用人单位初次实行劳动合同制度或者国有企业改制重新订立劳动合同时，劳动者在该用人单位连续工作满 10 年且距法定退休年龄不足 10 年的。（3）连续订立 2 次固定期限劳动合同，且劳动者没有本法第三十九条和第四十条第一项、第二项规定的情形，续订劳动合同的"。而《劳动合同法》第十四条第三款规定的"用人单位自用工之日起满 1 年不与劳动者订立书面劳动合同的，视为用人单位与劳动者已订立无固定期限劳动合同"是对用人单位不签订书面劳动合同满 1 年的法律后果的拟制规定，并非有关应当订立无固定期限劳动合同的情形规定。《劳动合同法实施条例》第七条对于此种情形的法律后果也作了相同的分类规定。

本案中，万某于 2016 年 8 月 1 日入职，食品公司一直未与其签订书面劳动合同，自 2017 年 8 月 1 日起，根据上述法律法规的规定，双方之间视为已订立了无固定期限劳动合同，而非《劳动合同法》第八十二条规定的用人单位违反本法规定不与劳动者订立无固

---

① 案例来源：人力资源社会保障部、最高人民法院发布的《劳动人事争议典型案例（第一批）》。

定期限劳动合同的情形。因此，食品公司无须向万某支付未依法签订无固定期限劳动合同的第 2 倍工资，故依法驳回万某的仲裁请求。

☞ **案例 2：用人单位超过 3 个月未支付竞业限制经济补偿金，劳动者有权解除竞业限制协议①**

【案情简介】

2013 年 7 月，乐某入职某银行，在贸易金融事业部担任客户经理。该银行与乐某签订了为期 8 年的劳动合同，明确其年薪为 100 万元。该劳动合同约定了保密与竞业限制条款，约定乐某须遵守竞业限制协议约定，即离职后不能在诸如银行、保险、证券等金融行业从事相关工作，竞业限制期限为 2 年。同时，双方还约定了乐某如违反竞业限制义务应赔偿银行违约金 200 万元。2018 年 3 月 1 日，银行因乐某严重违反规章制度而与乐某解除了劳动合同，但一直未支付乐某竞业限制经济补偿。2019 年 2 月，乐某入职当地另一家银行依旧从事客户经理工作。2019 年 9 月，银行向劳动人事争议仲裁委员会(以下简称仲裁委员会)申请仲裁，请求裁决乐某支付违反竞业限制义务违约金 200 万元并继续履行竞业限制协议。

【处理结果】

仲裁委员会裁决驳回银行的仲裁请求。

【争议焦点】

银行未支付竞业限制经济补偿，乐某是否需承担竞业限制违约责任？

【裁判观点】

依据《劳动合同法》第二十三条第二款规定："对负有保密义务的劳动者，用人单位可以在劳动合同或者保密协议中与劳动者约定竞业限制条款，并约定在解除或者终止劳动合同后，在竞业限制期限内按月给予劳动者经济补偿。劳动者违反竞业限制约定的，应当按照约定向用人单位支付违约金。"由此，竞业限制义务，是关于劳动者在劳动合同解除或终止后应履行的义务。本案中，双方当事人在劳动合同中约定了竞业限制条款，劳动合同解除后，竞业限制约定对于双方当事人发挥约束力。《劳动合同法》第二十九条规定："用人单位与劳动者应当按照劳动合同的约定，全面履行各自的义务。"《最高人民法院关于审理劳动争议案件适用法律若干问题的解释(四)》第八条规定："当事人在劳动合同或者保密协议中约定了竞业限制和经济补偿，劳动合同解除或者终止后，因用人单位的原因导致 3 个月未支付经济补偿，劳动者请求解除竞业限制约定的，人民法院应予支持。"用人单位未履行竞业限制期间经济补偿支付义务并不意味着劳动者可以"有约不守"，但劳动者的竞业限制义务与用人单位的经济补偿义务是对等给付关系，用人单位未按约定支付经济补偿已构成违反其在竞业限制约定中承诺的主要义务。具体到本案中，银行在竞业限制协议履行期间长达 11 个月未向乐某支付经济补偿，造成乐某遵守竞业限制约定却得不到相应

---

① 案例来源：人力资源社会保障部、最高人民法院发布的《劳动人事争议典型案例(第一批)》。

补偿的后果。根据公平原则，劳动合同解除或终止后，因用人单位原因未支付经济补偿达3个月，劳动者此后实施了竞业限制行为，应视为劳动者以其行为提出解除竞业限制约定，用人单位要求劳动者承担违反竞业限制违约责任的不予支持，故依法驳回银行的仲裁请求。

第二章　劳动关系的续存

第一节　培训与开发

一、相关概念

(一)人力资源开发与培训

人力资源开发与培训在企业里可以解释为针对员工的培训与开发。

培训是指公司出于人才培养或者公司发展需要，采用各种方式对员工进行有目的、有计划的培养和训练，包括知识、技能和对工作绩效起关键作用的行为，最常见的公司培训方式包括内训、公开课等，针对的是公司全体人员。

开发相对比培训来讲侧重于更长远的目标。通过培养员工的综合能力(如创造性、综合性、逻辑推理等)，来帮助员工获取更多的职业机会。开发针对的人群更加特殊，一般是指有潜在管理能力的员工，相较于培训来讲是有区别的。

(二)培训的作用、特点、原则

1. 培训的作用

(1)提高员工的职业能力。这也是员工培训的直接目的，员工通过系统的培训，提升了知识储备，提高了专业技能，进而使工作能力得到提升，同时也为员工提供了更多的晋升和增加收入的机会。

(2)满足员工提升自我的需要。员工在工作中，会有新的知识与技能需求。通过培训可以满足员工对知识和技能盲区的需求，进而可以完成更有挑战性的工作与任务，实现自我成长和自我价值，员工在物质上不仅可以得到满足，精神上也会产生明显的成就感。

(3)有利于提升工作质量。培训使工素质、技能水平、工作能力得到提升，将直接改善企业的工作质量，缩减员工工作成本。针对性的培训如安全培训等还可以提高员工的安全意识，做到安全生产，减少安全事故的发生。

(4)有利于企业获得竞争优势。企业的竞争也是人才的竞争。通过培训可以不断地发掘和培养高素质人才，有助于提升企业员工的整体素质。

2. 培训的特点

(1)"在职"是员工培训的基本特性之一，这是员工培训与普通教育的根本区别。

(2)员工培训是广泛性的。不仅针对基层员工，管理干部、决策者都需要培训；员工培训的内容不仅仅涉及企业员工的知识所需，也包含企业经营活动所需、生存发展所需，所以不论是从培训对象还是培训内容来讲都是具有极大的广泛性的。

（3）员工培训是非常实用的。实用的培训可以提高员工的职业水平，提升战斗力，所掌握到的技能、专业知识、工具等可以帮助员工挑战难度更高的工作。

（4）员工培训分为长期和短期的。短期的培训一般针对性是比较强的，周期短，具有速成的特性。但是从员工在职业生涯中需要不断接受新知识，不断学习这个角度上来讲，企业对员工的培训是没有终点的，也就是长期的。

（5）培训是需要实践的。理论结合实际，应该针对实际工作采用多种多样的教学如案例教学、沙盘演练、讨论式教学等，让培训具有更好的效果。

（6）培训是分层次的。不同类别的员工依据实际情况设置的培训是有区别的。比如新员工入职，是不需要接受太深层次战略性的内容，更多应该是了解公司的组织架构、管理制度、企业文化等。培训部门应该依据不同水平、不同需求的员工设置适合他们的培训内容。

3. 培训的原则

（1）理论与实践相结合的原则。理论是指导实践的，我们可以理论为指导，使员工理解，进而更好地服务实践和指导实践。按需施教、学用结合，更好地提升自己的工作。

（2）普遍性与连续性相结合的原则。只有全体成员的职业水平提高，才能为组织发展创造有利的条件，培训才是有意义的。同时培训的过程并不是一蹴而就的，员工培训要考虑长远的需求，确定好目标，循序渐进地去提升。

（3）科学文化教育和思想道德教育并重的原则。员工素质的提升，除了依靠学习本职岗位需要的知识外，也要注重思想道德的建设。提升觉悟，使员工成为爱祖国、爱人民、爱科学、爱社会主义的有文化的劳动者。

（三）职业生涯发展的必要性

职业生涯是指一个人一生在不同行业、各种岗位上从事工作的全部经历。

站在人力资源角度，职业生涯设计与管理对于留住人才具有重要作用。职业生涯设计与管理是使员工在为工作单位创造价值的过程中，同时实现个人目标，和工作单位共同成长，形成个人的事业成就，从而确保达到留住人才的目的。

（四）职业生涯发展阶段

职业生涯发展一般分为几个阶段，见表2-1。

表2-1　　　　　　　　　　　　　　　职业生涯发展阶段

阶段划分	起始标志	阶段特征
职业探索期（18—30岁）	这一时期从参加工作开始，直到个人职业行为特点和职业兴趣逐步确定	在职业探索期，个人试探性地选择职业和工作单位，他们会考虑自身的兴趣、价值观、工作偏好，并通过各种途径了解各种职业的信息。职业探索期个人调换工作主观意愿较为强烈，频繁更换工作多发生在这一时期

阶段划分	起始标志	阶段特征
职业确立期 （30—45岁）	这一时期从确定个人职业行为特点和职业兴趣开始，直到取得一定职级、实现职业目标、达到事业发展巅峰	在职业确立期，个人的职业状态趋于稳定，在选择合适岗位的基础上，逐步在工作中承担更多的责任，寻求自我价值的提升，在物质满足上得到保障，并更注重精神满足
职业维持期 （45—55岁）	这一时期开始于个人达到事业发展巅峰，直到准备退休	在职业维持期，个人已取得一定事业成就，这个时期的主要任务是协调工作发展与家庭发展，继续保持稳定提升并创造工作成就，巩固个人在组织中的地位
职业衰退期 （55—60岁）	这一时期开始于个人准备退休，直到正式退休	在职业衰退期，职权逐渐收缩，个人逐步从核心工作中抽离

整个职业生涯发展阶段实质上是工作单位与个人相互作用、不断适应的过程。进行职业生涯设计与管理，一方面促进个人能力得到充分发挥，达到个人价值最大化，另一方面也促进工作单位达成稳定优质的人力资源储备，支持工作单位不断发展壮大。因此，职业生涯设计与管理对个人和工作单位发展均具有重大意义。

（五）入职培训与专业培训

【入职培训】指为了让新入职员工了解公司历史、规章制度、企业文化等接受的培训。

【专业培训】指用人单位为了提高劳动者特定的职业技能、劳动素养、专业知识等，额外出资向劳动者提供的专业培训。

（六）服务期

【服务期】指劳动者因享受用人单位给予的特殊待遇而与用人单位约定的应当为其工作的年限。

二、常见问答

（一）员工培训的分类

员工培训是多学科、多层次的教育，其内容比较广泛，形式和方法也很多样。为了更好地贯彻理论与实践相结合的培训原则，达到按需施教、学用结合的要求，必须对员工培训进行分类。不同类型人员，其教学内容、教学形式和教学方法是不可能完全相同的，因此将培训对象划分为不同类型，是做好员工培训工作的必要条件。

员工培训一般可分为：新员工培训、管理人员培训、安全培训、专业知识培训。

1. 新员工培训

新员工是指刚进入社会组织的员工。为了使他们更快地熟悉环境，了解情况，进入角色，也为了使他们热爱组织和将要从事的工作，必须要对新进的员工进行培训，这种培训有时也称为"入职培训"。

对新员工培训的内容，一般包括以下几个方面：

（1）组织部门基本情况的介绍。要向新员工介绍组织架构、发展历史、现状和长远规划。

（2）行为规范的教育。要组织新员工学习公司的规章制度。如考勤制度、请假制度、奖惩制度、福利制度、财务制度、绩效考证制度、晋升制度等。

（3）企业文化教育。文化是行为的积淀，体现了企业精神与价值，是任何岗位的任何员工都必须学习领会和践行的。

（4）业务知识的培训。针对业务技能要求较高的特殊部门，也必须在新人入职阶段讲基本的流程、注意事项，讲解到位，避免出现入门级错误进而带来损失。

2. 管理人员培训

管理人员是企业中从事管理工作的员工，分为高层、中层和基层不同层次。管理人员肩负着对公司经营发展负责的重要任务，因此管理人员能力提升也是非常必要的，企业也是非常重视管理人员培训的。一般来讲，管理人员培训的方法和方式主要有：脱产或者半脱产学习。抽调出对公司发展具有战略意义的培养型管理人员，暂时脱离或者半脱离工作岗位，去到相关院校学习系统的管理知识，取得相关管理岗位证书。

3. 安全培训

提高安全意识，减少安全事故的发生，安全经营是每个企业都必须重视并且培训实践的。

4. 专业知识培训

专业知识的培训也是持续性的。根据不同的职位和不同的需求，去组织新的知识和方法培训。

（二）员工培训的方法

不同的培训形式往往需要采用不同的培训方法。员工培训的方法有很多种：课堂教学法、视听教学法、程序教学法、学术交流研讨法、线上辅助学习法、岗位轮岗、自我培训、案例法、角色扮演法、文件处理、助手制度和替补训练、进修和考察、建立产科研教学联合体、行为模仿、情景模拟法和团体建设法等。重点介绍以下几种常用的方法。

1. 课堂视听教学法

课堂视听教学法是员工培训中最为普遍的方法。它是由讲师直接向受训者传授知识的一种方法。这种方法最适合于以简单地获取知识为目标的情况。同时在时间、资金、人力、物力上都很经济，成本较低，并可以一次性地和系统性地将知识传授给很多人，易于掌握和控制培训进度。

但是课堂视听教学法的缺点也是比较明显的，基本上属于一种单向沟通，在课堂引导不够的情况下受训者比较被动，参与程度较低，但是也是可以克服的。

2. 学术交流研讨法

通过讨论会、研讨会、交流会、座谈等方式表现，是通过参会者的共同讨论，找到问题的关键及解决办法，使参会者的疑问得到解决，从而达到培训目的。目前这种方法广泛应用于管理领域。

3. 线上辅助学习法

通过互联网、电脑共享屏幕声音的方式进行远程学习培训。

(三)影响职业生涯设计与管理的个人因素

影响职业生涯设计与管理的因素较多，较为突出的个人因素除前面提到的职业生涯发展阶段外，还有职业性向和职业锚。

1. 职业性向

霍兰德的职业性向理论根据劳动者的心理素质和择业倾向将劳动者分为六种基本类型，见表2-2。

表2-2　　　　　　　　　　　　　　　　　职业性向类型

类型	共同特点	典型职业
实际性向	愿意使用工具从事操作性工作，动手能力强，做事手脚灵活，动作协调。偏好于具体任务，不善言辞，做事保守，较为谦虚。缺乏社交能力，通常喜欢独立做事	喜欢使用工具、机器，需要基本操作技能的工作。对要求具备机械方面才能、体力或从事与物件、机器、工具、运动器材、职务、动物相关的职业有兴趣，并具备相应能力。如技术性职业(计算机硬件人员、摄影师、制图员、机械装配工)，技能性职业(木匠、厨师、技工、修理工、农民、一般劳动)
研究性向	思想家而非实干家，抽象思维能力强，求知欲强，肯动脑，善思考，不愿动手。喜欢独立的和富有创造性的工作。知识渊博，有学识才能，不善于领导他人。考虑问题理性，做事喜欢精确，喜欢逻辑分析和推理，不断探讨未知的领域	喜欢智力的、抽象的、分析的、独立的定向任务，要求具备智力或分析才能，并将其用于观察、估测、衡量、形成理论、最终解决问题的工作，并具备相应的能力。如科学研究人员、教师、工程师、电脑编程人员、医生和系统分析员等
艺术性向	有创造力，乐于创造新颖、与众不同的成果，渴望表现自己的个性，实现自身的价值。做事理想化，追求完美，不重实际。具有一定的艺术才能和个性。善于表达，怀旧，心态较为复杂	喜欢的工作要求具备艺术素养、创造力、表达能力和直觉，并将其用于语言、行为、声音、颜色和形式的审美、思索和感受，具备相应的能力，不善于处理事务性工作。如艺术方面(演员、导演、艺术设计师、雕刻家、建筑师、摄影家、广告制作人)，音乐方面(歌唱家、作曲家、乐队指挥)，文学方面(小说家、诗人、剧作家)
社会性向	喜欢与人交往、不断结交新的朋友、善言谈、愿意教导别人。关心社会问题、渴望发挥自己的社会作用。寻求广泛的人际关系，比较看重社会义务和社会道德	喜欢要求与人打交道的工作，能够不断结交新的朋友，从事提供信息、启迪、帮助、培训、开发或治疗等事务，并具备相应能力。如教育工作者(教师、教育行政人员)，社会工作者(咨询人员、公关人员)

续表

类型	共同特点	典型职业
开拓性向	追求权力、权威和物质财富，具有领导才能。喜欢竞争、敢冒风险、有野心、抱负大。为人务实，习惯以利益得失、权利、地位、金钱等来衡量做事的价值，做事有较强的目的性	喜欢要求具备经营、管理、劝服、监督和领导才能，以实现机构、政治、社会及经济目标的工作，并具备相应的能力。如项目经理、销售人员、营销管理人员、政府官员、企业领导、法官、律师
常规性向	尊重权威和规章制度，喜欢按计划办事，细心、有条理，习惯接受他人的指挥和领导，自己不谋求领导职务。喜欢关注实际和细节情况，通常较为谨慎和保守，缺乏创造性，不喜欢冒险和竞争，富有自我牺牲精神	喜欢要求注意细节、精确度、有系统有条理，具有记录、归档、据特定要求或程序组织数据和文字信息的职业，并具备相应能力。如秘书、办公室人员、记事员、会计、行政助理、图书管理员、出纳员、打字员、投资分析员

2. 职业锚

职业锚是指一个人在工作选择时无论如何都不放弃的核心追求，是发展自己职业时围绕的中心。职业锚可以分为以下五类，见表 2-3。

表 2-3　　　　　　　　　　　　　　　职业锚类型

类型	说　　明
技术型职业锚	具有此职业锚的人倾向于在特定的专业技术领域不断成长；讨厌一般的管理性事务，不愿成为管理人员；只接受同自己的领域有关的管理任务，抵触全面管理。在传统的由职能型向全面管理型职业发展的通道上，这一锚型的个体常经历严重的冲突：为了不影响个人发展，这类人常无法拒绝全面管理的工作，但又感到害怕、心烦或是无法胜任
管理型职业锚	具有此职业锚的人倾向于在管理领域不断成长；追求承担更高责任的管理岗位，虽然根据需要在一个或多个职能区展现能力，但最终目标是管理本身；具有全面综合的能力，包括精辟的分析能力(特别是可以在信息不全或不确定的情况下识别、分析和解决问题)，良好的人际能力，能影响、监督、领导和操控组织内的各级人员
创造型职业锚	具有此职业锚的人有强烈的创立自我成就的愿望：要求有自主权、管理能力，能施展个人的特殊才华，创造是他们自我扩充的核心；为创建新的组织、团结最初的人员、克服初创期难以应付的困难废寝忘食而又乐此不疲。这类人通常会逐步成为成功的企业家，而一旦组织成长壮大以后，却会因为厌倦或不适应正规的工作而退出领导层
自主型职业锚	具有此职业锚的人有强烈的自主决定自己命运的愿望：追求自主制定自己的步调、时间表、生活方式和工作习惯，尽可能少受组织的限制和制约。这类人通常会逐步成为自由职业者或小型合伙制企业的合伙人，可能是自主性较强的教授、自由职业者或是小资产所有者、小型组织的成员，不以更高的地位、收入、晋升放弃自由的个人生活方式，关心自由本身

续表

类型	说　明
安全型 职业锚	具有此职业锚的人有强烈的追求稳定、避免风险的愿望：追求稳定安全的前途，比如工作的安全、体面的收入、退休方案和津贴等；依赖组织或社区对他们能力和需要的识别和安排，愿以高度服从组织价值观和准则作交换。这类人通常会选择做公务员或进大型企业、事业单位，取向分为两种类型：一类人的安全感和稳定感来自组织中稳定的成员资格；另一类人的安全、稳定感以地区为基础，包括定居、家庭稳定和自身同化于某一社团

(四)职业生涯设计的特点、路径、方法

1. 职业生涯设计的特点

职业生涯设计的特点包括以下几项：

第一，职业生涯设计是个体行为：通过对自身兴趣、能力和职业机会的评估，从而确定的个人职业生涯的发展目标及职业活动。

第二，职业生涯设计需要组织支持：作为个体主动的职业行为和活动，必须依靠组织提供的工作岗位和就业机会。

第三，个人制定的职业生涯计划的目标必须和组织的目标协调一致：个人在实现组织奋斗目标的过程中实现自身的职业生涯目标，如果脱离组织目标，那么个人的职业生涯发展也难以获得成功。

2. 职业生涯设计的路径

员工在工作单位中变换岗位会形成不同的职业生涯路径。

(1)专业技术型职业生涯路径和行政管理型职业生涯路径。

基于涉及的不同领域，职业生涯路径分为专业技术型职业生涯路径和行政管理型职业生涯路径。

选择专业技术型职业生涯路径的个人职业生涯的发展方向为工程、财会、销售、生产、人事、法律等专业技术领域，追求在专业技术领域获得成就和认可，一般体现在职称或资格认证上。

选择行政管理型职业生涯路径的个人职业生涯的发展方向为管理领域，追求在特定的组织中获得地位、影响力和声誉等，一般体现在管理职位的晋升上。

实际工作中这两种路径涉及的领域并不完全分割：管理人员取得良好绩效才能晋升，而有一定专业技术领域的知识经验，则更容易取得好的绩效。

(2)纵向型、横向型和核心型职业生涯路径。

根据工作岗位移动方向的不同，职业生涯路径还可以分为纵向型、横向型与核心型三种：纵向型职业生涯路径是工作岗位沿一定的等级发生升降变化；横向型职业生涯路径是工作岗位在同一等级的不同职位平行移动；核心型职业生涯路径是工作岗位从外围向权力核心移动。

在实际工作中，以上三种路径有一定的关联性：高层选定的重点培养人才先要经历横

向型职业生涯路径，通过岗位轮换，锻炼提高工作能力；成为一专多能的多面手后，逐步提升到重要的管理岗位；晋升同时也逐步接近组织的权力核心，更多地参与重大事项的决策。

3. 职业生涯设计的方法

职业生涯设计的方法分为自我设计法和职业生涯规划。

（1）自我设计法。

自我设计法是个人进行自我测定评价、明确职业能力及职业倾向，进而把握职业方向的方法。自我测定评价的常用工具有：①性格测试。性格影响人的心理过程及个性特征的各个方面，对人的职业生涯的发展有着重要的影响。一般而言，能力不足通过培训可以提升，但性格与职业要求不匹配，难以转变和获得好的工作业绩。如让一个内向的人做推销员，是有一定难度的。②能力自测，包括分析能力、行动能力、管理能力、经营能力和其他特殊能力等，这些可以为职业选择提供基本参考依据。③职业素质自测，包括工作动机、职业适宜性、职业选择和职业方向等方面，通过这些可以了解自身优势，并选择从事相应工作。

（2）职业生涯规划。

职业生涯规划是职业生涯选择中较长期、完整的计划，包括七个步骤：①明确终身计划与职业意识。②进行职业生涯选择的分析决策。③对成功风险进行自我评价分析。④准备新的抉择，了解成功途径。⑤为实现目标职业，努力提高能力素质。⑥确定和执行职业发展的行动战略。⑦跟踪和再评价，重新审视思索职业计划，或者重新制定终身职业计划。

这七个步骤形成了一个相互联系的链条，人的职业计划在这一循环往复中不断发展和提高。

（五）用人单位提供的培训是否均可以签订服务期协议？

用人单位对劳动者的培训类型有两种，一种是法定培训，另一种是约定培训。前者不可签订服务协议，后者可以签订服务协议。

法定培训源自《劳动法》第六十八条，"用人单位应当建立职业培训制度，按照国家规定提取和使用职业培训经费，根据本单位实际，有计划地对劳动者进行职业培训。从事技术工种的劳动者，上岗前必须经过培训。"该种培训具有普遍性、必要性，单人培训成本较低等特点，常见的有入职培训、岗前培训等，是用人单位的法定培训义务，不可以此对劳动者约定服务期，即使约定了服务期也属无效约定。

约定培训即专业技术培训，其特点是用人单位需要提供专项培训费用对特定员工进行专项培训，它主要针对特殊岗位和专门岗位的员工。这本质上属于用人单位的一种专项投资行为，以提升自身的技术水平或人才水平。但为了避免劳动者获得专业技术之后不履行相应的劳动义务，法律便赋予了用人单位与劳动者签订服务协议的权利。用人单位也只有提供具备上述特点的专业技术培训，才可与劳动者签订服务期协议并约定劳动者的违约责任。

(六)服务期期限该如何约定?

服务期的期限法律没有进行明确约定,但不代表用人单位可以滥用权利进行随意约定,服务期的时间应当按照公平、合理的原则由双方协商确定,且应与用人单位投入的培训金额相对应。如用人单位为劳动者投入 5000 元的培训费,但约定服务期为 30 年,这不仅显失公平,而且限制剥夺了劳动者自主就业的权利,从而会被认定为无效。

(七)培训费用的构成有哪些? 培训期间的工资是否属于培训费用?

培训费主要包含具有支付凭证的培训费、培训期间的差旅费以及因培训产生的用于该劳动者其他的直接费用。在实践中,用人单位应当留存好与第三方单位签订的培训协议,以及培训期间为劳动者投入的(或劳动者报销的)差旅费用凭证以及其他费用凭证,并保证上述费用与培训事由具有直接关联性,以避免诉讼过程中出现举证不能的情况。

而劳动者的工资待遇不属于上述培训费用。劳动者的工资待遇是基于双方的劳动关系产生的,而非基于培训产生的,因此其与培训不具有关联性,用人单位若要求劳动者返还培训期间的工资则没有法律依据。但是,用人单位在培训期间协商变更双方的劳动合同,将原有工资划分为基本工资和培训补贴,并将培训补贴约定到《服务期协议》中来,则培训补贴也可计入培训费用。

(八)用人单位能否以解决户口或者提供住房等福利对劳动者约定服务期?

用人单位解决劳动者户口或者提供住房是否可产生等同于提供专业技术培训的效力,法律上是没有任何依据的,若将上述福利与专项培训视为等同条件,则是对服务期适用条件的扩大,不符合立法目的。在司法实务中,主流裁判观点大多认为二者不具备等同条件,用人单位提供了上述福利也无法向劳动者主张有关服务期的违约金。

确因劳动者原因造成用人单位损失的,因其行为不符合诚实信用原则,部分法院会判令劳动者返还其所受利益,但此处的返还义务有别于劳动者的违约赔偿责任,二者不可等同。

(九)服务期和劳动合同期限冲突了该如何处理?

如果劳动合同到期但服务期未到期,双方的劳动合同期限应当顺延至服务期满。此外,双方也可以另行协商提前终止。

(十)约定服务期违约金须注意哪些问题?

劳动者违反服务期约定的,用人单位要求劳动者承担的违约金数额不得超过用人单位提供的培训费用。如果服务期已经履行,应当将未履行部分按比例进行分摊。违约金的分摊可以约定按照年份分摊,也可以约定按照月份分摊。如若未明确约定的,司法实践中,司法机关一般是按月分摊。

但如果用人单位存在以下条件之一的,劳动者解除劳动关系无须支付服务期违约金:(1)未按照劳动合同约定提供劳动保护或者劳动条件的。(2)未及时足额支付劳动报酬的。

(3)未依法为劳动者缴纳社会保险费的。(4)用人单位的规章制度违反法律、法规的规定，损害劳动者权益的。(5)以欺诈、胁迫的手段或者乘人之危，使对方在违背真实意思的情况下订立或者变更劳动合同的。(6)法律、行政法规规定劳动者可以解除劳动合同的其他情形。

除双方提前解除服务期协议外，如果劳动者存在以下条件之一的，用人单位与劳动者解除服务期劳动合同的，劳动者也应当向用人单位支付违约金：(1)劳动者严重违反用人单位规章制度的。(2)劳动者严重失职，营私舞弊，给用人单位造成重大损失的。(3)劳动者同时与其他用人单位建立劳动关系，对完成本单位的工作任务造成严重影响，或者经用人单位提出，拒不改正的。(4)劳动者以欺诈、胁迫的手段或者乘人之危，使用人单位在违背真实意思的情况下订立或者变更劳动合同的。(5)劳动者被依法追究刑事责任的。

三、实操总结

(一)培训机构的建立标准

人员培训是经常性的且任务繁重的工作，单靠某一个人或某一个部门去做是搞不好的。应该遵从"加强领导、统一管理、分工负责、通力协作"的原则，从上到下加以重视，建立专业的培训机构，配备专职管理人员及培训人员，形成培训体系，做到层层有人抓，分工明确，责任落实。具体培训机构的建立要依据企业的实际情况，规模较大的可以设置培训中心负责，规模较小的企业可以由专门的培训部门负责。但是不论采用哪一种组织形式，培训机构的建立一定是基于企业的实际情况去搭建，配合企业完成培训目标。

(二)制定培训规划的要求和步骤

要使员工培训规划取得实效，必须有计划地组织安排员工培训，做到任务明确，要求具体，措施得当。企业应提前定出员工培训的年度计划，要立足现实，面向将来，根据需要和可能拟定出相互衔接的远期和近期的目标；目标要有数量和质量要求，而且要把质量放在首位，要有具体的任务、要求及切实可行的措施。

制定员工培训规划的步骤大致如下：

(1)要弄清员工的现状和企业发展的远景规划，为编制规划提供参考依据。员工现状，主要指各岗位、各种职务的在职员工的情况。企业发展的远景规划，主要是指公司在未来较长一段时间在生产经营重大方面的规划。

(2)在掌握上述资料的基础上，分析对比，找出差距，即分析各种职务、各个岗位的员工素质与当前部门经营活动的适应程度，及其在数量和质量上与今后发展要求的差距。据此，即可为拟定培训规划指明方向，分清轻重缓急。

(3)分别为各类人员拟定长期、短期的培训目标和措施。各类人员的培训，都要按照岗位、职务的实际需要，确定具体的培训要求、内容、形式和进度。在制定规划、确定培训目标的同时，必须确定实施计划的各种细节，如培训所需的设施和经费、师资力量、课程计划、课程大纲、教材和其他学习资料，确保都要一一落实。如果说是企业对接外训部门，也要及早落实上述细节。最后，根据需要和可能，本着先重点后一般，先急后缓，远近结合的原则，统筹安排，综合平衡，最终制定出适合企业的培训规划。

(三)落实培训规划的要点

按照培训规划抓落实，坚决杜绝贪数量多、进度快、搞形式主义等不重视的现象；全面落实企业制定的培训规划。企业的人员培训是全员培训，包括各级领导干部、管理人员、技术人员直至一线工人。各类人员培训的需求及要求都是不同的，需要根据岗位、职务的实际需要，分别确定培训的目标和要求，真正做到有的放矢，因需施教。

(四)培训质量与效果评估

培训评估是指收集培训成果以衡量培训是否有效的过程。培训效果是指企业和受训者从培训当中获得的收益。对受训者的好处是，他们可以学习各种新的技能和行为方式；而企业则可获得销售额的上升及顾客满意人数增加的益处。

企业培训评估的价值与作用在于，培训评估是培训工作的最后阶段，培训评估技术通过建立培训效果评估指标及评估体系，对培训是否达到预期目标、培训计划是否具有成效等进行检查与评价，然后把评估结果反馈给相关部门作为下一步培训计划与培训需求分析的依据之一。

若评估某一培训项目，应明确根据什么来判断项目是否有效，对培训效果的评估可以从以下四个方面进行(见表2-4)。

1. 反应评估

反应评估是第一级评估，即在课程刚结束时，了解学员对培训项目的主观感觉或满意度程度。一般可以评估以下几个方面：内容、讲师、方法等。对这个层次的评价，首先要有总体的评价，比如询问学员：你感觉这个课怎么样？你会向其他人推荐这个课吗？但是这样容易产生一些问题，比如以偏概全、主观性强、不够理智等。因此还必须有涉及以上内容的更细致的评估方法。适合的方式有问卷、面谈、座谈、电话调查等。

这个层面的评估易于进行，是最基本、最普遍的评估方式。但它的缺点也是显而易见的。比如，因为对老师有好感而给课程全部高分，或者因为对某个因素不满而全盘否定课程。

2. 学习评估

学习评估是第二级评估，着眼于对学习的度量，即评估学员在知识、技能、态度或行为方式方面的收获。评估的方法很具体，无论是测试、模拟、技能练习还是讲师的评价，都是为了评估学习的情况。往往在培训之中或之后进行，由培训人员来负责实施。

学习层面主要的评估方法有：考试、演示、讲演、讨论、角色扮演等多种方式。这个层面评估的优点是：对培训学员有压力，使他们更认真地学习；对培训讲师也是一种压力，使他们更负责、更精心地准备课程和讲课。学习是行为改善的第一步。但问题在于压力是好事也可能是坏事，有可能使报名不太踊跃。再者，这些测试方法的可靠度和可信度有多大？测试方法的难度是否合适？对工作行为转变来说并非最好的参考指标。

3. 行为评估

行为评估即评估学员在培训过后工作中的行为方式、结果有多大程度的改变。行为层面的评估主要有观察、主管的评价、客户的评价、同事的评价等方式。这个层面评估的好处是培训的目的就是改变学员的行为，因此这个层面的评估可以直接反映课程的效果；可以使高层领导和直接主管看到培训的效果，使他们更支持培训。

对于这个第三级评估来讲，其目标涉及更广泛的领域，即培训的应用领域，包括重要的在岗活动。评估的实施时间往往是在培训结束后的几周或几个月之后。由于这种评估将涉及几个方面的参与，包括培训和开发人员的参与、参训人员领导的参与，所以在运作的初期就明确这个问题是很重要的。

但是，这个层面的评估要花很多时间和精力，人力资源部门可能忙不过来；问卷的设计非常重要却比较难做；因为要占用相关人员较多时间，大家可能不太配合；员工的表现多因多果，如何剔除其他因素的影响也是一个问题。

4. 结果评估

其目标着眼于由培训项目引起的业务结果的变化情况，其目标可以包括对每个项目的度量方法。通过诸如质量、数量、安全、销售额、成本、利润、投资回报率等企业或学员的上司最关注的并且可量度的指标来考查、判断培训成果的转持续不变的业务效果，往往是培训后的几个月。收集四级评估的数据所涉及的责任人包括学员自己、主管、区域培训协调员或者外部的评估人员。

这种评估方式的优点显而易见，因为企业及企业高层主管在培训上投资的根本目的，就是为了提高这些指标。如果能在这个层面上拿出翔实的、令人信服的调查数据，不但可以打消高层主管投资于培训的疑虑心理，而且可以指导培训课程计划，把有限的培训费用用到最能够为企业创造经济效益的课程上来。

但是，这个层面的评估首先需要时间，在短期内是很难有结果的；其次，对这个层面的评估，人们才刚刚开始尝试，缺乏必要的技术和经验；再次，必须取得管理层的合作，否则就无法拿到相关的数字；最后，多因多果，简单地对比数字意义不大，必须分辨哪些果与要评估的课程有关，在多大程度上有关。

表 2-4 培训评估层次与方法列表

层次	评估内容	评估方法	评估时间	评估单位
反应评估	衡量学员对具体培训课程、讲师与培训组织的满意度	问卷调查 面谈观察 综合座谈	课程结束时	培训部门
学习评估	衡量学员对于培训内容、技巧、概念的吸收与掌握程度	提问法 笔试法 模拟练习与演示 演讲 角色扮演 心得报告与文章发表	课程进行时 课程结束时	培训部门

续表

层次	评估内容	评估方法	评估时间	评估单位
行为评估	衡量学员在培训后的行为改变是否因培训所导致	问卷调查 行为观察 访谈法 绩效评估 管理能力评鉴 任务项目法 360度评估	三个月或半年后	参训人员的直接上级
结果评估	衡量培训给公司的业绩带来的影响	个人与组织绩效、指标、缺勤率、离职率等分析	半年或一年后公司绩效评估	参训人员的部门领导

培训与评估总体流程见图2-1。

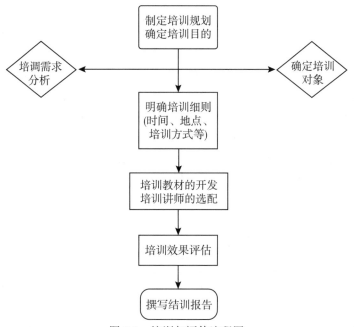

图2-1　培训与评估流程图

(五)职业生涯设计的过程

职业生涯设计的过程,包括四个环节:自我定位、目标设定、目标实现和反馈修正。

1. 自我定位

自我定位是职业生涯规划的第一步,要客观、全面、深入地分析确定自己的知识、能力、职业性向、职业锚及职业生涯发展的目标,剖析、了解自身优劣势,找到一个客观全面的自我定位。自我定位可以通过较长时期的自我观察、自我体验来获得需要的各种信息，工作单位也可以提供进行自我评价的方法（如职业性向测试方法）供员工使用。

2. 目标设定

目标设定是职业生涯规划的第二步，要形成职业生涯发展的目标，初步完成职业生涯规划。目标通常表现为在一定时间内提高工作技能、获得理想的工作职位和工作安排。工作单位应鼓励员工和直线主管等相关人员讨论设定目标，尽量确保目标兼顾现实性和挑战性。基于正确的自我定位基础上，设立更加具体、明确的职业目标就是目标设定，可以是多层次、分阶段的，可以分解成数个更具有可行性、易于达到的阶段性目标。

3. 规划操作

规划操作是职业生涯规划的第三步，要通过各种积极的具体行动争取职业目标的达成，如制定和完成工作计划、参加公司培训和发展计划、参加业余时间的课程学习等，这些都是实现目标的具体规划操作行动。规划操作同样要得到工作单位的大力支持，直线主管等相关人员一方面要提出对员工的行动规划的合理化建议，另一方面也要考虑安排有关的培训和发展项目，保证为员工搭建成长的平台。

4. 反馈修正

反馈修正是指在达成职业目标的过程中总结经验教训，修正自我认知和最终职业目标。涉及长期职业生涯发展目标和行动规划，需要不断评估实际情况，调整职业生涯规划。在此过程中，工作单位要持续反馈员工评估信息。无论员工怎样调整职业生涯规划，组织都要引导兼顾个人和组织要求，追求个人和组织共同发展。

实际上，在刚开始时对于职业目标的描述界定大多是模糊、抽象，甚至是错误的。经过一段时间的努力后，有意识地回顾自身职业发展得失可以检验自我定位的结论的贴切性，证明职业目标设想的正确性。经过一段时间的尝试寻找后，才能了解自己适合的工作领域和层面。自我定位和目标设定阶段，反馈修正也不可缺少。

(六)服务期协议指导模板[①]

培训服务期协议

本培训服务期协议（"本协议"）系由以下双方于_____年____月____日于中华人民共和国（以下简称"中国"）上海市签订：

甲方：_____，系依据中国法律设立并存续的独立法人，法定注册地址：_____。

乙方：_____，身份证号码：_____，住址：_____。

甲方致力于投资员工培训和知识传授，并将其作为公司职业发展和培训计划的组成部分；同时公司着眼于为员工提供机会，扩大员工专有知识和技能，以推动员工的职业发展。就此，甲方同意对乙方进行出资培训，甲乙双方公司与员工本着自愿、平等、协商的

_____

① 源自上海人力资源和社会保障局官网。

原则，一致同意如下条款：

第一条　培训计划

1.1　培训性质为专业技术培训，培训内容为：＿＿＿＿＿＿＿＿＿＿。

1.2　培训期限：预计自＿＿＿＿＿年＿＿＿月＿＿＿日起至＿＿＿＿＿年＿＿＿月＿＿＿日止。具体的培训期限以实际培训时间为准。

1.3　培训地点：＿＿＿＿＿＿＿＿＿＿＿＿，培训地点可根据实际情况进行调整。

第二条　培训费用

2.1　甲乙双方确认：培训费用包括但不限于培训费、材料费、课本费、食宿费、交通费、培训期间生活补助等项目，合计人民币＿＿＿＿＿＿＿＿＿＿元。详见下表：

费用类别					
金额					
备注					

2.2　培训费用负担方式为：＿＿＿＿＿＿＿＿＿＿，甲方负担：＿＿＿＿＿＿＿＿＿＿。

第三条　培训期间工资待遇

3.1　双方同意培训期间工资待遇按下列＿＿＿＿＿＿＿种方式处理：

3.1.1　原工资待遇不变。

3.1.2　甲方向乙方提供如下待遇：

(1)生活补助：＿＿＿＿＿＿＿＿＿＿。

(2)其他福利待遇：＿＿＿＿＿＿＿＿＿＿。

(3)其他：＿＿＿＿＿＿＿＿＿＿。

(4)培训期间原工资待遇停发。

3.1.3　培训期间发放基本工资与岗位工资，其他奖金、补贴等不再发放。

3.2　培训期间甲方向乙方额外支付的生活补助等计入本协议第二条约定之培训费用中，培训期间，不影响按照正常的工资调整机制提高劳动者在服务期期间的劳动报酬。

第四条　培训要求

4.1　乙方保证在培训期间努力学习，取得优异成绩，保证拿到毕业证书/结业证书/职业资格证书。

4.2　乙方承诺，在培训期间及培训均应遵守甲方有关规章制度，以不亚于正常工作时的态度和纪律参加培训，并遵守培训机构的纪律。如有违反，均视为违反甲方规章制度与劳动纪律。

第五条　服务期

5.1　甲乙双方确定服务期的起始时间为：＿＿＿＿＿＿＿年＿＿＿月＿＿＿日。

5.2　服务期的结束时间为下列第＿＿＿＿＿＿＿种：

(1)至＿＿＿＿＿＿年＿＿＿月＿＿＿日止；

（2）至劳动合同或聘用合同期满时止。

如服务期与劳动合同期限不一致时，则劳动合同期限应顺延至服务期届满之日。

第六条　违约责任

6.1　乙方由于自身原因退出培训或在培训期间辞职的，应当赔偿甲方为乙方支付的全部培训费用。甲方因此有其他经济损失的，则乙方对此项违约责任的承担不影响甲方向乙方追索其他违约责任。

6.2　服务期届满前，无论何种原因乙方提前解除劳动合同时，应向甲方支付违约金。

6.3　服务期届满前，有下列情形之一，甲方提出与乙方解除劳动合同的，乙方仍应支付违约金：

（1）乙方严重违反甲方的规章制度的；

（2）乙方严重失职，营私舞弊，给甲方造成重大损害的；

（3）乙方同时与其他用人单位建立劳动关系，对完成甲方的工作任务造成严重影响，或者经甲方提出，拒不改正的；

（4）乙方以欺诈、胁迫的手段或者乘人之危，使甲方在违背真实意思的情况下订立或者变更劳动合同的；

（5）乙方被依法追究刑事责任的。

6.4　违约金金额依《中华人民共和国劳动合同法》的规定按未履行服务期与全部服务期的比例进行分摊。具体计算公式为：赔偿费＝培训费×（剩余服务期限／约定服务期限）。

6.5　如发生乙方违约事宜，在付清违约金后，甲方将相关培训证书返还于乙方，并办理其他离职手续。

第七条　其他

7.1　本协议受中国法律之管辖，并应按中国法律解释。

7.2　此协议一式两（2）份，甲乙双方各执一（1）份。自双方签字或盖章后生效，具同等法律效力。

鉴此，双方于首页载明之日期签订本协议以昭信守。

甲方：　　　　　　　　　　　乙方：法定代表人（或其授权代表）

　　　　　　　　　　　　　　　公章：

签署：＿＿＿＿＿＿＿＿　　　签署：＿＿＿＿＿＿＿＿＿＿

（七）服务期约定的实操注意要点

签订合法有效的服务期协议能较大程度地减少用人单位人才的流失，但用人单位在签订协议或者主张违约赔偿时应注意以下三点内容：一是协议所涉培训必须是对员工的专业技术培训，简单的岗前培训等并不包含在内；二是用人单位必须就培训产生的实际费用进行举证，除费用收据等外，费用的产生也需与培训具有关联性；三是劳动者违反协议的，用人单位可主张违约金，但违约金数额不得超过培训费用，且不得超过服务期尚未履行部分应分摊的培训费用。

四、典型案例

☞ **案例 1：IBM 公司员工培训模式**①

在计算机这个发展最迅速，经营最活跃的行业里，IBM 公司的销量居世界之首，多年来，在《幸福》杂志评选出的美国前 500 家公司中一直名列榜首。

IBM 公司追求卓越，特别是在人才培训，造就销售人才方面取得了成功的经验，具体来说，IBM 公司决不让一名未经培训或者未经全面培训的人到销售第一线去，IBM 认为销售人员们说些什么，做些什么以及怎样说和怎样做，都对公司的形象和信用影响极大，如果准备不足就仓促上阵，可能会使一个很有潜力的销售人员因迷茫而对自己失去信心，因此该公司对培训工作十分重视，用于培训的资金非常充足，且计划严密，结构合理。到培训结束，学员就可以有足够的技能，满怀信心地去同客户打交道。

IBM 公司认为，不合格的培训总是导致频繁地更换销售人员，其费用的损失远远超过了高质量培训过程所需要的费用。工作人员的频繁更换还会使公司的信誉蒙受损失，同时，也会使依靠这些销售人员提供服务和咨询的客户的利益受到损害。近年来，该公司每年更换的一线销售人员低于 3%，所以，从公司的角度看，招聘和培训工作是成功的。

IBM 公司的销售人员和系统工程师要接受为期 12 个月的初步培训，主要采用现场实习和课堂讲授相结合的教学方法。其中 75% 的时间是在各地分公司中度过的；25% 的时间是在公司的教育中心学习。分公司负责培训工作的中层干部会检查该公司学员的教学大纲，这个大纲包括从学员的素养价值观念、信念原则到整个生产过程中的基本知识等方面的内容。学员们利用一定时间与营销人员一起拜访客户，在实际工作中体会和学习销售技巧，提升与客户沟通的能力。

此外，IBM 公司还经常让新学员在分公司的会议上，在经验丰富的市场营销代表面前进行他们的第一次成果演示。有时，一些批评可能十分尖锐，但学生们却因此获得了前所未有的提高，增强了信心，并赢得同事们的尊重。

该公司从来不会派一名不合格的代表会见客户，也不会送一名不合格的学员去接受培训，因为这不符合优秀企业的理念。

销售培训的第一期课程包括 IBM 公司经营方针的很多内容，如销售政策、市场营销实践以及计算机概念和 IBM 公司的产品介绍。第二期课程主要是学习如何销售，在课程上，该公司的学员了解了公司有关后勤系统以及怎样应用这个系统。他们研究竞争和发展一般业务的技能，学员们在逐渐成为一个合格的销售代表或系统工程师的过程中，始终坚持理论联系实际的学习方法。学员们到分公司可以看到他们在课堂上学到的知识的实际部分。

现场实习之后，再进行一段长时间的理论学习，这是一段令人"心力交瘁"的课程，紧张的学习每天从早上 8 点到晚上 6 点，而附加的课外作业常常要使学员们熬到半夜。在商业界中，人们必须学会合理安排自己的时间，他们必须弄清楚：充分努力意味着什么，熬通宵是否比只学习到晚上 10 点好等问题，课程开始之前，要像在学校那样对学生进行

---

① 摘自清华大学出版社高等学校应用型特色规划教材《经管系列之人力资源管理概论》。

分班，分班时的考试是根据他们的知识水平决定的。

经过一段时间的学习之后，考试便增加了主观因素，学员们还要进行销售学习，这是一项具有很高的价值和收益的活动，一个客户判断一个销售人员的能力时，只能从他如何表达自己的知识来鉴别其能力的高低，商业界就是一个自我表现的世界，销售人员必须做好准备去适应这个世界。

有时，学员们的所作所为还保留着某些学生气，他们对培训课程的某些方面感到不满，遇到这类情况，公司就会告诉他们："去学校上学，你们每年大约要付 15000 美元的学费。所以，应当让我们决定什么是最好的。这就是经济规律，同时，也是你们学习到的第一课。"一般情况下，学员们会在艰苦的培训过程中，在长时间的激烈竞争中迅速成长。每天长达 14~15 小时的紧张学习压得人喘不过气来，然而，却很少有人抱怨，几乎每个人都能完成学业。

IBM 公司市场营销培训的一个基本组成部分是模拟销售角色，在公司第一年的全部培训课程中，没有一天不涉及这个问题，并且培训始终强调要保证学习或介绍的客观性，包括为什么要到某处推销和希望达到的目的等细节。同时，对产品的特点、性能以及可能带来的效益要有清楚的认识。学员们要学习问和听的技巧，以及如何达到目标和寻求订单等。假若客户认为产品的价钱太高的话，就必须先看看这是否是一个有意义的项目，如果其他因素并不适合这个项目的话，单靠合理价格的建议并不能使你得到订单。

该公司采取的模拟销售角色的方法是，学员们在课堂上扮演销售角色，教员扮演客户，向学员提出各种问题，以检查他们接受问题的能力。这种上课接近一种测验，可以对每个学员的优点和缺点两方面进行评判。

另外，该公司还在一些关键的领域内对学员进行评价和衡量，如联络技巧、介绍与学习技能、与客户的交流能力以及一般的企业经营知识等。对于学员们扮演的每一个销售角色和介绍产品的演习，教员们都给出评判。特别应提出的是 IBM 公司为销售培训所发展的具有代表性、最复杂的技巧之一就是阿姆斯特朗案例练习，它假设销售人员可能会到一间由饭店网络、海洋运输、零售批发、制造业和体育用品等部门组成的、具有复杂的国际业务联系的公司进行销售的情形。

这种练习可以对工程师、财务经理、市场营销人员、主要的经营管理人员、总部执行人员等形象进行详尽的分析。这种分析使个人的特点、工作态度甚至决策能力等都清楚地表现出来。

由教员扮演培训案例人员，从而创造出了一个非常逼真的环境。在这个组织中，学员们需要对各种人员完成一系列错综复杂的拜访。面对众多的问题，他们必须接触这个组织中几乎所有的人员，从普通接待人员到董事会成员。

☞ **案例 2：培训期间工资是否属于专项培训费用**[①]
【案情简介】
2014 年 7 月 3 日，张某与体检公司签订培训协议，该公司安排张某到外地参加一年

_____

①　摘自最高院发布的第一批劳动人事争议典型案例（2020 年 7 月）。

专业技术培训，约定培训完成后在体检公司至少服务5年；若张某未满服务期解除劳动合同，应当按照体检公司在培训期间所支出的所有费用支付违约金。培训期间，体检公司实际支付培训费47000元、差旅费5600元，同时支付张某工资33000元。2018年3月1日，张某向体检公司递交书面通知，提出于2018年4月2日解除劳动合同。体检公司要求张某支付违约金85600元（47000元+5600元+33000元），否则拒绝出具解除劳动合同的证明。为顺利入职新用人单位，张某支付了违约金，但认为违约金数额违法，遂申请仲裁，请求裁决体检公司返还违法收取的违约金85600元。

【处理结果】

裁决体检公司返还张某61930元（85600元-23670元）。

【争议焦点】

体检公司支付给张某培训期间的工资是否属于专项培训费用？

【裁判观点】①

专项培训费用与工资存在明显区别：（1）从性质看，专项培训费用是用于培训的直接费用，工资是劳动合同履行期间用人单位支付给劳动者的劳动报酬。（2）从产生依据看，专项培训费用是因用人单位安排劳动者参加培训产生，工资是依据国家有关规定或劳动合同约定产生。（3）从给付对象看，专项培训费用由用人单位支付给培训服务单位等，工资由用人单位支付给劳动者本人。本案中，张某脱产参加培训是在劳动合同履行期间，由体检公司安排，目的是提升其个人技能，使其能够创造更大的经营效益，张某参加培训的行为，应当视为履行对体检公司的劳动义务。综合前述法律规定，体检公司支付给张某培训期间的33000元工资不属于专项培训费用。仲裁委员会结合案情依法计算得出：培训期间体检公司支付的专项培训费用为52600元（47000元+5600元）；培训协议约定张某培训结束后的服务期为5年（即60个月），张某已实际服务33个月，服务期未履行部分为27个月。因此，张某依法应当支付的违约金为23670元（52600元÷60个月×27个月），体检公司应当返还张某61930元（85600元-23670元）。

【典型意义】

《中共中央国务院关于构建和谐劳动关系的意见》（中发〔2015〕10号）提出，要统筹处理好促进企业发展和维护职工权益的关系。用人单位可以与劳动者约定专业技术培训服务期，保障用人单位对劳动者技能培训投入的相应收益，这既有利于劳动者人力资源的开发，也有利于用人单位提升市场竞争力，对增强劳动关系的稳定性具有积极意义。实践

---

① 适用法条如下：《劳动合同法》第二十二条规定："用人单位为劳动者提供专项培训费用，对其进行专业技术培训的，可以与该劳动者订立协议，约定服务期。劳动者违反服务期约定的，应当按照约定向用人单位支付违约金。违约金的数额不得超过用人单位提供的培训费用。用人单位要求劳动者支付的违约金不得超过服务期尚未履行部分所应分摊的培训费用。"《劳动合同法实施条例》第十六条规定："劳动合同法第二十二条第二款规定的培训费用，包括用人单位为了对劳动者进行专业技术培训而支付的有凭证的培训费用、培训期间的差旅费用以及因培训产生的用于该劳动者的其他直接费用。"《劳动法》第五十条规定："工资应当以货币形式按月支付给劳动者本人。不得克扣或者无故拖欠劳动者的工资。"《关于贯彻执行〈中华人民共和国劳动法〉若干问题的意见》第五十三条规定："劳动法中的'工资'是指用人单位依据国家有关规定或劳动合同的约定，以货币形式直接支付给本单位劳动者的劳动报酬……"

中，用人单位在与劳动者订立服务期协议时，应当注意依法对服务期限、违约金等事项进行明确约定。特别要注意的是，协议约定的违约金不得超过用人单位提供的专项培训费用、实际要求劳动者支付的违约金数额不得超过服务期尚未履行部分所应分摊的培训费用等问题。劳动者参加了用人单位提供的专业技术培训，并签订服务期协议的，应当尊重并依法履行该约定，一旦违反，应当依法承担违约责任。

第二节 薪资管理

一、专题1：工资管理

（一）相关概念

1. 薪酬与工资

【薪酬】指劳动者提供劳动后所获得的各种形式的补偿，是用人单位支付员工的劳动报酬，包括经济性薪酬和非经济性薪酬。

【工资】指用人单位根据国家法律规定和劳动合同，以货币形式直接支付给员工的劳动报酬，属于薪酬的主要形式。

2. 最低工资标准

【最低工资标准】指劳动者在法定工作时间或依法签订的劳动合同约定的工作时间内提供了正常劳动的前提下，用人单位依法应支付的最低劳动报酬。

3. 工资总额的计算口径

根据国家统计局《关于工资总额组成的规定》规定，工资总额是指各单位在一定时期内直接支付给本单位全部职工的劳动报酬总额，由计时工资、计件工资、奖金、加班加点工资、特殊情况下支付的工资、津贴和补贴等组成。

劳动报酬总额包括：在岗职工工资总额；不在岗职工生活费；聘用、留用的离退休人员的劳动报酬；外籍及港澳台方人员劳动报酬以及聘用其他从业人员的劳动报酬。

（二）常见问答

1. 工资的支付周期为多久以及拖欠工资的情形有哪些？

工资必须在用人单位与劳动者约定的日期支付，如遇节假日或休息日，则应提前到最近的工作日支付。且工资至少每月支付一次，实行周、日、小时工资制的可按周、日、小时支付工资。

用人单位不得无故拖欠劳动者的劳动报酬，但基于正当理由，用人单位在征得工会或员工同意，并约定好支付时间后，方可延迟支付工资。法律意义上的正当理由包括：（1）用人单位遇到非人力所能抗拒的自然灾害、战争等原因，无法按时支付工资。（2）用人单位确因生产经营困难、资金周转受到影响。其他情况下拖欠工资均属无故拖欠。对于单位无故拖欠工资的行为，由劳动行政部门责令其支付劳动者工资和经济补偿，并可责令其支付赔偿金。

此外，若离职员工仅因未按要求办理工作交接，并非属于前述的正当理由，用人单位亦无权暂扣员工工资不予发放。若因员工存在违法、严重违规行为给用人单位造成损失的，用人单位基于双方互负债务可以参照其他相关法律规定依法行使抗辩、抵销权利。但若涉及经济补偿金的给付，劳动者未前来办理工作交接的，用人单位有权暂时不发经济补偿。

2. 用人单位能否扣除员工的工资以及扣除的情形有哪些？

用人单位不得克扣劳动者工资，但有下列情况之一的，用人单位可以扣除劳动者工资：

（1）用人单位代扣代缴的个人所得税。

（2）用人单位代扣代缴的应由劳动者个人负担的各项社会保险费用。

（3）法院判决、裁定中要求代扣的抚养费、赡养费。

（4）法律、法规规定可以从劳动者工资中扣除的其他费用。

（5）因劳动者本人原因给用人单位造成经济损失的，用人单位可按照劳动合同的约定要求其赔偿经济损失。经济损失的赔偿，可从劳动者本人的工资中扣除。但每月扣除的部分不得超过劳动者当月工资的20%。若扣除后的剩余工资部分低于当月最低工资标准，则按最低工资标准支付。

若非基于上述法定事由，用人单位克扣劳动者工资，侵害了劳动者合法权益，由劳动行政部门责令其支付劳动者工资和经济补偿，并可以责令其支付赔偿金。

3. 劳动者因刑事拘留或者逮捕不能提供劳动，用人单位能否停发工资？

劳动者被刑事拘留或逮捕的，因在此期间劳动者无法为用人单位提供劳动，用人单位当然没有义务支付工资等劳动报酬，故用人单位可中止履行劳动合同，即可停发工资，但不得解除劳动合同。中止履行劳动合同期间，用人单位不承担劳动合同规定的相应义务，劳动者经证明被错误限制人身自由的，中止履行劳动合同期间劳动者的损失，其可依据《国家赔偿法》的规定向有关部门申请国家赔偿。劳动者被依法追究刑事责任的，则用人单位可依法单方解除劳动合同。

4. 用人单位是否需要提供工资条给员工？

根据《工资支付暂行规定》第六条的规定，"用人单位必须书面记录支付劳动者工资的数额、时间、领取者的姓名以及签字，并保存两年以上备查。用人单位在支付工资时应向劳动者提供一份其个人的工资清单。"可见，用人单位需要将工资条提供给员工，无论是电子形式还是书面形式均可，否则就构成违法行为，员工可以向所在地的劳动保障监察大队举报，由劳动监察部门对用人单位进行问责并责令其纠正。

5. 社会保险缴费基数具体包含哪些项目？

根据国家统计局《关于工资总额组成的规定》的规定，下列项目作为工资总额统计，在计算缴费基数时作为依据。

（1）计时工资，包括：

①对已完成工作按计时工资标准支付的工资，即基本工资部分。

②新参加工作职工的见习工资(学徒的生活费)。

③根据国家法律、法规和政策规定，因病、工伤、产假、计划生育假、婚丧假、事假、探亲假、定期休假、停工学习、执行国家或社会义务等原因按计时工资标准或计时工资标准的一定比例支付的工资。

④实行岗位技能工资制的单位支付给职工的技能工资及岗位(职务)工资。

⑤职工个人按规定比例缴纳的社会保险费、职工受处分期间的工资、浮动升级的工资等。

⑥机关工作人员的职务工资、级别工资、基础工资；工人的岗位工资、技术等级(职务)工资。

(2)计件工资，包括：

①实行超额累进计件、直接无限计件、限额计件、超定额计件等工资制，按劳动部门或主管部门批准的定额和计件单价支付给个人的工资。

②按工作任务包干方法支付给个人的工资。

③按营业额提成或利润提成办法支付给个人的工资。

(3)奖金，包括：

①生产(业务)奖包括超产奖、质量奖、安全(无事故)奖、考核各项经济指标的综合奖、提前竣工奖、外轮速遣奖、年终奖(劳动分红)等。

②节约奖包括各种动力、燃料、原材料等节约奖。

③劳动竞赛奖包括发给劳动模范、先进个人的各种奖金。

④机关、事业单位各类人员的年终一次性奖金、机关工人的奖金、体育运动员的平时训练奖。

⑤其他奖金包括从兼课酬金和业余医疗卫生服务收入提成中支付的奖金，运输系统的堵漏保收奖，学校教师的教学工作量超额酬金，从各项收入中以提成的名义发给职工的奖金等。

(4)津贴，包括：

①补偿职工特殊或额外劳动消耗的津贴及岗位性津贴。包括：高空津贴、井下津贴、流动施工津贴、高温作业临时补贴、艰苦气象台(站)津贴、微波站津贴、冷库低温津贴、邮电人员外勤津贴、夜班津贴、中班津贴、班(组)长津贴、环卫人员岗位津贴、广播电视天线工岗位津贴、盐业岗位津贴、废品回收人员岗位津贴、殡葬特殊行业津贴、城市社会福利事业岗位津贴、环境监测津贴、课时津贴、班主任津贴、科研辅助津贴、卫生临床津贴和防检津贴、农业技术推广服务津贴、护林津贴、林业技术推广服务津贴、野生动物保护工作津贴、水利防汛津贴、气象服务津贴、地震预测预防津贴、技术监督工作津贴、口岸鉴定检验津贴、环境污染监控津贴、社会服务津贴、特殊岗位津贴、会计岗位津贴、岗位津贴、野外津贴、水上作业津贴、艺术表演档次津贴、演出场次津贴、艺术人员工种补贴、运动队班(队)干部驻队津贴、教练员培训津贴、运动员成绩津贴、运动员突出贡献津贴、责任目标津贴、领导职务津贴、岗位目标管理津贴、专业技术职务津贴、专业技术岗位津贴、技术等级岗位津贴、技术工人岗位津贴、普通工人作业津贴及其他为特殊行业和苦脏累险等特殊岗位设立的津贴。

机关工作人员岗位津贴。包括：公安干警值勤津贴、警衔津贴、交通民警保健津贴、海关工作人员岗位津贴、审计人员外勤工作补贴、税务人员的税务征收津贴(包括农业税收)、工商行政管理人员外勤津贴、人民法院干警岗位津贴、人民检察院干警岗位津贴、司法助理员岗位津贴、监察、纪检部门办案人员补贴、人民武装部工作人员津贴、监狱劳教所干警健康补贴等。

②保健性津贴。包括：卫生防疫津贴、医疗卫生津贴、科技保健津贴、农业事业单位发放的有毒有害保健津贴以及其他行业职工的特殊保健津贴等。

③技术性津贴。包括：特级教师津贴、科研课题津贴、研究生导师津贴、工人技师津贴、中药老药工技术津贴、特殊教育津贴、高级知识分子特殊津贴(政府特殊津贴)等。

④年功性津贴。包括：工龄工资、工龄津贴、教龄津贴和护士护龄津贴等。

⑤地区津贴。包括艰苦边远地区津贴和地区附加津贴等。

⑥其他津贴。例如：支付给个人的伙食津贴(火车司机和乘务员的乘务津贴、航行和空勤人员伙食津贴、水产捕捞人员伙食津贴补贴、汽车司机行车津贴、体育运动员和教练员伙食补助费、少数民族伙食津贴、小伙食单位补贴、单位按月发放的伙食补贴、补助或提供的工作餐等)、上下班交通补贴、洗理卫生费、书报费、工种粮补贴、过节费、干部行车补贴、私车补贴等。

(5)补贴，包括：为保证职工工资水平不受物价上涨或变动影响而支付的各种补贴，如副食品价格补贴、粮、油、蔬菜等价格补贴、煤价补贴、水电补贴、住房补贴、房改补贴等。

(6)加班加点工资。

(7)其他工资，如附加工资、保留工资以及调整工资补发的上年工资等。

(8)特殊项目构成的工资：

①发放给本单位职工的"技术交易奖酬金"。

②住房补贴或房改补贴。房改一次性补贴款，如补贴发放到个人，可自行支配的计入工资总额内；如补贴为专款专用存入专门的账户，不计入工资总额统计〔国家统计局《关于房改补贴统计方法的通知》(统制字〔1992〕80号文)〕。

③单位发放的住房提租补贴、通信工具补助、住宅电话补贴〔国家统计局《关于印发1998年年报劳动统计新增指标解释及问题解答的通知》(国统办字〔1998〕120号)〕。

④单位给职工个人实报实销的职工个人家庭使用的固定电话话费、职工个人使用的手机费(不含因工作原因产生的通信费，如不能明确区分公用、私用均计入工资总额)、职工个人购买的服装费(不包括工作服)等各种费用〔国家统计局《关于印发2002年劳动统计年报新增指标解释及问题解答的通知》(国统办字〔2002〕20号)〕。

⑤为不休假的职工发放的现金或补贴〔国家统计局《关于印发2002年劳动统计年报新增指标解释及问题解答的通知》(国统办字〔2002〕20号)〕。

⑥以下属单位的名义给本单位职工发放的现金或实物(无论是否计入本单位财务账目)〔国家统计局《关于印发2002年劳动统计年报新增指标解释及问题解答的通知》(国统办字〔2002〕20号)〕。

⑦单位为职工缴纳的各种商业性保险〔国家统计局《关于印发2002年劳动统计年报新

增指标解释及问题解答的通知》(国统办字〔2002〕20 号)〕。

⑧试行企业经营者年薪制的经营者,其工资正常发放部分和年终结算后补发的部分〔国家统计局《关于印发 2002 年劳动统计年报新增指标解释及问题解答的通知》(国统办字〔2002〕20 号)〕。

⑨商业部门实行的柜组承包,交通运输部门实行的车队承包、司机个人承包等,这部分人员一般只需定期上交一定的所得,其余部分归己。对这些人员的缴费基数原则上采取全部收入扣除各项(一定)费用支出后计算〔国家统计局《关于印发劳动统计问题解答的通知》(制司字〔1992〕39 号)〕。

⑩使用劳务输出机构提供的劳务工,其人数和工资按照"谁发工资谁统计"的原则,如果劳务工的使用方不直接支付劳务工的工资,而是向劳务输出方支付劳务费,再由劳务输出方向劳务工支付工资,应由劳务输出方统计工资和人数;如果劳务工的使用方直接向劳务工支付工资,则应由劳务使用方统计工资和人数。输出和使用劳务工单位的缴费基数以谁发工资谁计算缴费基数的原则执行〔国家统计局《关于印发 2004 年劳动统计年报新增指标解释及问题解答的通知》(国统办字〔2004〕48 号)〕。

⑪企业销售人员、商业保险推销人员等实行特殊分配形式参保人员的缴费基数原则上由各地依据国家统计局有关规定根据实际情况确定。

6. 哪些项目不列入社会保险缴费基数进行计算?

根据国家统计局的规定,下列项目不计入工资总额,在计算缴费基数时应予剔除:

(1)根据国务院发布的有关规定发放的创造发明奖、国家星火奖、自然科学奖、科学技术进步奖和支付的合理化建议和技术改进奖以及支付给运动员在重大体育比赛中的重奖。

(2)有关劳动保险和职工福利方面的费用。职工保险福利费用包括医疗卫生费、职工死亡丧葬费及抚恤费、职工生活困难补助、文体宣传费、集体福利事业设施费和集体福利事业补贴、探亲路费、计划生育补贴、冬季取暖补贴、防暑降温费、婴幼儿补贴(即托儿补助)、独生子女牛奶补贴、独生子女费、"六一"儿童节给职工的独生子女补贴、工作服洗补费、献血员营养补助及其他保险福利费。

(3)劳动保护的各种支出。包括:工作服、手套等劳动保护用品,解毒剂、清凉饮料,以及按照国务院 1963 年 7 月 19 日劳动部等七单位规定的范围对接触有毒物质、矽尘作业、放射线作业和潜水、沉箱作业,高温作业五类工种所享受的由劳动保护费开支的保健食品待遇。

(4)有关离休、退休、退职人员待遇的各项支出。

(5)支付给外单位人员的稿费、讲课费及其他专门工作报酬。

(6)出差补助、误餐补助。指职工出差应购卧铺票实际改乘座席的减价提成归己部分;因实行住宿费包干,实际支出费用低于标准的差价归己部分。

(7)对自带工具、牲畜来企业工作的从业人员所支付的工具、牲畜等的补偿费用。

(8)实行租赁经营单位的承租人的风险性补偿收入。

(9)职工集资入股或购买企业债券后发给职工的股息分红、债券利息以及职工个人技术投入后的税前收益分配。

（10）劳动合同制职工解除劳动合同时由企业支付的医疗补助费、生活补助费以及一次性支付给职工的经济补偿金。

（11）劳务派遣单位收取用工单位支付的人员工资以外的手续费和管理费。

（12）支付给家庭工人的加工费和按加工订货办法支付给承包单位的发包费用。

（13）支付给参加企业劳动的在校学生的补贴。

（14）调动工作的旅费和安家费中净结余的现金。

（15）由单位缴纳的各项社会保险、住房公积金。

（16）支付给从保安公司招用的人员的补贴。

（17）按照国家政策为职工建立的企业年金和补充医疗保险，其中单位按政策规定比例缴纳部分。

（7. 工资如何缴纳个人所得税?）

按工资、薪金所得缴纳个人所得税。工资、薪金所得，是指个人因任职或受雇而取得的工资、薪金、奖金、年终加薪、劳动分红、津贴、补贴以及与任职或受雇有关的其他所得。

（三）实操总结

1. 合理制定工资制度

工资作为大部分劳动者赖以生存的主要经济来源，事关民生，因此用人单位应承担起社会责任，遵守《劳动合同法》等相关法律规定，履行支付工资报酬的基本义务，按期足额支付劳动者工资，不得随意进行克扣或拖欠。同时在设定岗位工资标准时，应根据岗位的价值和公司的发展情况进行合理制定，不得低于当地最低工资标准，不得过多损害劳动者价值，通过合理的工资制度创造和谐的内部劳资关系，增加员工的凝聚力。

2. 缴费工资申报实操流程

（1）缴费工资收集

职工缴费工资按照职工本人上年度月平均工资进行收集并申报，不足 12 个月的，按照实际月数的平均工资申报，本年度新进人员按本年度实际月数的平均工资申报。

（2）缴费工资申报

各地区处理方式不同，一般采取线上（系统）或线下（柜台）等方式进行缴费工资申报。

参保单位可采取到社会保险业务窗口办理年度社会保险缴费工资申报业务。参保单位带 U 盘到社会保险经办窗口拷贝本单位的《职工社会保险缴费工资申报表》《申报承诺书》等申报资料，办理申报时需报送《职工社会保险缴费工资申报表》的电子文档和加盖单位公章的纸质资料，所填报的纸质资料必须是社保申报统一规定内容格式，不得自行修改，且必须与报送的电子文档数据一致。具体办理资料及流程以各地区要求为准。

大部分地区可采取线上方式办理年度社会保险缴费工资申报业务。登录地区社保系统后，按照操作流程提交员工缴费工资，提交员工缴费工资后等待后台审核。

（3）缴费工资核定

根据社保经办机构公布的最低基数及最高基数，核定员工的缴费基数。申报缴费工资低于最低基数，按照最低基数核定；申报缴费工资高于最高基数，按照最高基数核定；申报缴费工资在最低基数与最高基数之间，按照实际申报的缴费工资核定基数。

注：社保缴费基数的上下限是根据上一年度统筹地区城镇单位就业人员平均工资来确定。一般来说，是以统筹地区上一年度城镇单位就业人员平均工资的 60% 作为缴费基数下限；以统筹地区上一年度城镇单位就业人员平均工资的 300% 作为缴费基数上限。

（四）典型案例

☞ **案例 1：用人单位应当承担工资支付主体责任①**

【案情简介】

王某于 2017 年 11 月入职某房产中介公司，双方订立书面劳动合同，约定王某从事某楼盘房屋销售工作，该公司按基本工资加销售业绩提成的方式向王某发放工资。2018 年年底，楼盘销售完毕，王某与房产中介公司就楼盘销售提成进行核对，双方确认了销售提成金额，该公司向王某出具了销售提成结算单，除已支付金额外，尚余 3200 元销售提成未支付。王某要求公司立即支付该款项，公司则认为虽与王某就销售金额完成结算，但公司仍需与楼盘开发商进行结算，待与开发商结算完成后，才能向王某支付余款。王某申请劳动仲裁，请求裁决房产中介公司向其支付劳动报酬 3200 元。

【处理结果】

支持王某的仲裁请求。

【争议焦点】

某房产中介公司以其与其他民事主体之间的债权债务结算尚未完成为由拒不及时足额向王某支付销售提成的行为是否合法？

【裁判观点】

仲裁委员会审理认为，王某已经按照劳动合同约定完成工作任务，房产中介公司应该按照劳动合同约定的工资标准及时足额向王某支付劳动报酬。该公司以其与其他民事主体之间的债权债务结算尚未完成为由，拒不及时足额向王某支付销售提成，没有法律依据，王某提出的仲裁请求，应当得到支持。

【案件评析】

用人单位应承担工资支付主体责任，不得以上游业务单位未结算费用为由扣发工资。劳动法规定，劳动者享有取得劳动报酬的权利，用人单位应当以货币形式按月支付工资给劳动者本人，不得克扣或者无故拖欠劳动者的工资。劳动合同法规定，用人单位与劳动者应当按照劳动合同的约定，全面履行各自的义务，用人单位应当按照劳动合同约定和国家规定，向劳动者及时足额支付劳动报酬。可见，用人单位应当承担工资支付主体责任，不能因与其他业务单位的债权债务而拖欠、克扣甚至拒付工资。

现实生活中，的确有用人单位无视国家法律和劳动合同约定，以上游业务单位未结算费用（如工程款、货款等）为由，违法拖延、克扣劳动者工资甚至拒绝按约定标准支付工资。本案中，房产中介公司与王某在订立劳动合同时对王某的工作内容、劳动报酬作出了约定，在王某完成销售任务时对王某的销售提成进行了结算，但该公司仍以未与楼盘开发

---

① 摘自武汉市劳动争议十大典型案件（2019 年 6 月 11 日）。

商完成结算为由拖欠王某工资，这样的违法行为必然导致败诉结果。

☞ **案例 2：社会保险缴费基数计算示例**

【案例简介】

小王于 2020 年 10 月入职 A 公司，小张于 2021 年 7 月入职 A 公司。该地区于每年 7 月开展社会保险缴费基数申报工作。请问在 2022 年小王与小张分别以什么标准进行社会保险缴费基数申报？

案例解析：在 2022 年 7 月开展 2022 年 7 月 1 日至 2023 年 6 月 30 日社会保险缴费基数申报工作时，小王的社会保险缴费基数以职工本人 2021 年 1 月至 2021 年 12 月的月平均工资作为申报 2022 年的缴费工资。小张的社会保险缴费基数以职工本人 2021 年 7 月至 2021 年 12 月的月平均工资作为申报 2022 年的缴费工资。

根据相关条例法规规定，参保单位应该以职工本人 2021 年 1 月至 2021 年 12 月的月平均工资作为申报 2022 年的缴费工资；职工本人 2021 年工资发放不足 12 个月的，以 2021 年实际月数的平均工资作为申报 2022 年的缴费工资。

二、专题 2：加班工资

(一) 相关概念

【加班】指公司由于生产经营的需要，安排员工延长工作时间或在节假日或休息日从事工作。

【加班工资】指公司由于生产经营的需要，安排员工延长工作时间或在节假日或休息日从事工作的报酬。

(二) 常见问答

1. 加班工资的支付情形和支付标准为多少？

国家实行劳动者每日工作 8 小时，每周工作 40 小时工时制度，这属于法定标准工作时间，而用人单位在法定标准工作时间以外安排劳动者工作的，应支付加班工资。

加班工资的支付标准为：(1) 用人单位依法安排劳动者在工作日法定标准工作时间以外延长工作时间的，按照不低于劳动合同规定的劳动者本人日或小时标准的 150% 支付劳动者工资。(2) 用人单位依法安排劳动者在休息日工作，而又不能安排补休的，按照不低于劳动合同规定的劳动者本人日或小时工资标准的 200% 支付劳动者工资。(3) 用人单位依法安排劳动者在法定休假节日工作的，按照不低于劳动合同规定的劳动者本人日或小时工资标准的 300% 支付劳动者工资。

2. 劳动者拒绝违法加班，用人单位能否解除劳动合同？

根据《劳动法》第四十一条的规定："用人单位由于生产经营需要，经与工会和劳动者协商后可以延长工作时间，一般每日不得超过 1 小时；因特殊原因需要延长工作时间的，在保障劳动者身体健康的条件下延长工作时间每日不得超过 3 小时，但是每月不得超过 36 小时。"可见，为确保劳动者休息权的实现，我国法律对延长工作时间的上限予以明确规定。

《劳动法》第四十三条规定："用人单位不得违反本法规定延长劳动者的工作时间。"《劳动合同法》第二十六条规定："下列劳动合同无效或者部分无效：……（三）违反法律、行政法规强制性规定的。"因此，用人单位制定违反法律规定的加班制度及在劳动合同中与劳动者约定违反法律规定的加班条款，均应认定为无效，劳动者有权予以拒绝，用人单位不得以此解除双方劳动合同。

3. 用人单位未按规章制度履行加班审批手续能否否认劳动者加班事实？

根据《工资支付暂行规定》第十三条的规定："用人单位在劳动者完成劳动定额或规定的工作任务后，根据实际需要安排劳动者在法定标准工作时间以外工作的，应按以下标准支付工资：……"从上述条款的表述可知，符合"用人单位安排"和"法定标准工作时间以外工作"两项条件，用人单位则应当依法支付劳动者加班费。用人单位未实际履行加班审批手续，并不影响对"用人单位安排"加班这一事实的认定。

4. 用人单位与劳动者约定包薪制是否需要依法支付加班费？

包薪制是指在劳动合同中打包约定法定标准工作时间工资和加班费的一种工资分配方式，在部分加班安排较多且时间相对固定的行业中比较普遍。虽然用人单位有依法制定内部薪酬分配制度的自主权，但内部薪酬分配制度的制定和执行须符合相关法律的规定。

实践中，部分用人单位存在以实行包薪制规避或者减少承担支付加班费法定责任的情况。实行包薪制的用人单位应严格按照不低于最低工资标准支付劳动者法定标准工作时间的工资，同时按照国家关于加班费的有关法律规定足额支付加班费，若包薪制下的薪资低于上述标准则仍要补足加班工资。

5. 用人单位未与劳动者协商一致增加工作任务，劳动者能否拒绝？

根据《劳动合同法》第三十一条规定："用人单位应当严格执行劳动定额标准，不得强迫或者变相强迫劳动者加班。"第三十五条规定："用人单位与劳动者协商一致，可以变更劳动合同约定的内容。"劳动合同是明确用人单位和劳动者权利义务的书面协议，未经变更，双方均应严格按照约定履行，特别是涉及工作时间等劳动定额标准的内容。

用人单位未与劳动者协商一致增加工作任务，应视为单方变更劳动合同约定的内容，违反了关于"协商一致"变更劳动合同的法律规定，已构成变相强迫劳动者加班。因此，劳动者有权依法拒绝。

6. 加班费争议如何分配举证责任？

根据《劳动争议调解仲裁法》第六条的规定："发生劳动争议，当事人对自己提出的主张，有责任提供证据。与争议事项有关的证据属于用人单位掌握管理的，用人单位应当提供；用人单位不提供的，应当承担不利后果。"《最高人民法院关于审理劳动争议案件适用法律问题的解释(一)》第四十二条规定："劳动者主张加班费的，应当就加班事实的存在承担举证责任。但劳动者有证据证明用人单位掌握加班事实存在的证据，用人单位不提供的，由用人单位承担不利后果。"从上述条款可知，主张加班费的劳动者有责任按照"谁主张谁举证"的原则，就加班事实的存在提供证据，或者就相关证据属于用人单位掌握管理提供证据。用人单位应当提供而不提供有关证据的，可以推定劳动者加班事实存在。

7. 劳动者在离职文件上签字确认加班费已结清，是否有权请求支付欠付的加班费？

劳动者与用人单位就解除或者终止劳动合同办理相关手续、支付工资报酬、加班费、经济补偿或者赔偿金等达成的协议，若不违反法律法规的强制性规定且不存在欺诈、胁迫或者乘人之危的情形，一般均为有效的。但在实践中，有的用人单位在终止或解除劳动合同与劳动者就加班费、经济补偿金签协议时，利用其在后续工资发放、离职证明开具、档案和社会保险关系转移等方面的优势地位，借机变相迫使劳动者在格式文本上签字，放弃包括加班费在内的权利，或者在未足额支付加班费的情况下让劳动者签字确认加班费已经付清的事实。劳动者事后反悔提起劳动仲裁与诉讼，裁判机关会对劳动者明确持有异议的、涉及劳动者基本权益保护的协议的真实性予以审查，如涉及上述情形则会判定协议无效并要求足额支付劳动者加班报酬。

8. 加班工资是否计入社保基数？

加班工资计入社保基数。依据国家统计局有关文件规定，工资总额是指各单位在一定时期内直接支付给本单位全部职工的劳动报酬总额，由计时工资、计件工资、奖金、加班加点工资、特殊情况下支付的工资、津贴和补贴等组成。劳动报酬总额包括：在岗职工工资总额；不在岗职工生活费；聘用、留用的离退休人员的劳动报酬；外籍及港澳台方人员劳动报酬以及聘用其他从业人员的劳动报酬。

9. 加班工资是否缴纳个人所得税？

加班工资需缴纳个人所得税。加班工资计入员工工资总额，合并计算个人所得税。

(三)实操总结

随着近期人力资源和社会保障部和最高人民法院联合发布超时加班劳动人事争议典型案例，"996 工作制违法论"也成了劳动者的普遍共识，加班这个话题也被推上了舆论的风口浪尖。按照法律规定，劳动者依法享有休息的权利，故用人单位应依法保障劳动者休息的权利。但在现实生产经营过程中，确因生产经营需要而安排员工加班的，用人单位首先应尊重劳动者的意愿，与劳动者进行友好协商，并依法足额支付劳动者加班工资。

对于加班，用人单位应注意如下几点：(1)在保障劳动者身体健康的条件下安排加班每日不得超过 3 小时，同时每月不得超过 36 小时，否则构成超时加班，劳动者可予以拒绝甚至解除劳动合同。(2)加班费属于劳动者的法定劳动报酬，用人单位若利用自身优势地位逼迫劳动者签署放弃声明或确认结清(但实际未支付)协议均属无效。(3)通过民主程序制定的加班审批制度有效，但不得损害劳动者的合法权益，也不能基于员工未履行审批手续而否定加班事实的存在。

（四）典型案例

☞ **案例 1：劳动者拒绝违法超时加班安排，用人单位能否解除劳动合同①**

【案情简介】

张某于 2020 年 6 月入职某快递公司，双方订立的劳动合同约定试用期为 3 个月，试用期月工资为 8000 元，工作时间执行某快递公司规章制度相关规定。某快递公司规章制度规定，工作时间为早 9 时至晚 9 时，每周工作 6 天。2 个月后，张某以工作时间严重超过法律规定上限为由拒绝超时加班安排，某快递公司即以张某在试用期间被证明不符合录用条件为由与其解除劳动合同。张某向劳动人事争议仲裁委员会申请仲裁，请求裁决某快递公司支付违法解除劳动合同赔偿金 8000 元。

【处理结果】

某快递公司支付张某违法解除劳动合同赔偿金 8000 元（裁决为终局裁决）。仲裁委员会将案件情况通报劳动保障监察机构，劳动保障监察机构对某快递公司规章制度违反法律、法规规定的情形责令其改正，给予警告。

【争议焦点】

张某拒绝违法超时加班安排，某快递公司能否与其解除劳动合同？

【裁判观点】②

本案中，某快递公司规章制度中"工作时间为早 9 时至晚 9 时，每周工作 6 天"的内容，严重违反法律关于延长工作时间上限的规定，应认定为无效。张某拒绝违法超时加班安排，系维护自己合法权益，不能据此认定其在试用期间被证明不符合录用条件。

【典型意义】

《劳动法》第四条规定："用人单位应当依法建立和完善规章制度，保障劳动者享有劳动权利和履行劳动义务。"法律在支持用人单位依法行使管理职权的同时，也明确其必须履行保障劳动者权利的义务。用人单位的规章制度以及相应工作安排必须符合法律、行政法规的规定，否则既要承担违法后果，也不利于构建和谐稳定的劳动关系、促进自身健康发展。

---

① 摘自人社部、最高院发布第二批劳动人事争议典型案例（2022 年）。

② 具体适用法条如下：《劳动法》第四十一条："用人单位由于生产经营需要，经与工会和劳动者协商后可以延长工作时间，一般每日不得超过 1 小时；因特殊原因需要延长工作时间的，在保障劳动者身体健康的条件下延长工作时间每日不得超过 3 小时，但是每月不得超过 36 小时。"《劳动法》第四十三条："用人单位不得违反本法规定延长劳动者的工作时间。"《劳动合同法》第二十六条："下列劳动合同无效或者部分无效：……（3）违反法律、行政法规强制性规定的。"

☞ **案例 2：处理加班费争议，如何分配举证责任**①

【案情简介】

林某于 2020 年 1 月入职某教育咨询公司，月工资为 6000 元。2020 年 7 月，林某因个人原因提出解除劳动合同，并向劳动人事争议仲裁委员会(简称仲裁委员会)申请仲裁，请求裁决某教育咨询公司支付加班费 10000 元。林某主张其工作期间每周工作 6 天，并提交了某打卡 app 打卡记录(显示林某及某教育咨询公司均实名认证，林某每周一至周六打卡；每天打卡两次，第一次打卡时间为早 9 时左右，第二次打卡时间为下午 6 时左右；打卡地点均为某教育咨询公司所在位置，存在个别日期未打卡情形)、工资支付记录打印件(显示曾因事假扣发工资，扣发日期及天数与打卡记录一致，未显示加班费支付情况)。某教育咨询公司不认可上述证据的真实性，主张林某每周工作 5 天，但未提交考勤记录、工资支付记录。

【处理结果】

某教育咨询公司支付林某加班费 10000 元(裁决为终局裁决)。

【争议焦点】

如何分配林某与某教育咨询公司的举证责任。

【裁判观点】②

主张加班费的劳动者有责任按照"谁主张谁举证"的原则，就加班事实的存在提供证据，或者就相关证据属于用人单位掌握管理提供证据。用人单位应当提供而不提供有关证据的，可以推定劳动者加班事实存在。本案中，虽然林某提交的工资支付记录为打印件，但与实名认证的 app 打卡记录互相印证，能够证明某教育咨询公司掌握加班事实存在的证据。某教育咨询公司虽然不认可上述证据的真实性，但未提交反证或者作出合理解释，应承担不利后果。

【典型意义】

我国劳动法律将保护劳动者的合法权益作为立法宗旨之一，在实体和程序方面都作出了相应规定。在加班费争议处理中，要充分考虑劳动者举证能力不足的实际情况，根据"谁主张谁举证"原则、证明妨碍规则，结合具体案情合理分配用人单位与劳动者的举证责任。

三、专题 3：假期工资

(一)常见假期总结及工资支付标准

1. 休息日

正常情况下，星期六和星期日为每周休息日，双休日不计薪，全年 104 天。关于休息

---

① 摘自人社部、最高院发布第二批劳动人事争议典型案例(2022 年)。

② 具体适用法条有如下：《劳动争议调解仲裁法》第六条："发生劳动争议，当事人对自己提出的主张，有责任提供证据。与争议事项有关的证据属于用人单位掌握管理的，用人单位应当提供；用人单位不提供的，应当承担不利后果。"《最高人民法院关于审理劳动争议案件适用法律问题的解释(一)》第四十二条："劳动者主张加班费的，应当就加班事实的存在承担举证责任。但劳动者有证据证明用人单位掌握加班事实存在的证据，用人单位不提供的，由用人单位承担不利后果。"

日的工资待遇，根据《劳动法》第四十四条的规定，休息日安排劳动者工作又不能安排补休的，支付不低于工资的 200% 的工资报酬。

2. 休假节日

一是国家法定休假日，共计 11 天。即（1）元旦，放假 1 天。（2）春节，放假 3 天。（3）清明节，放假 1 天。（4）劳动节，放假 1 天。（5）端午节，放假 1 天。（6）中秋节，放假 1 天。（7）国庆节，放假 3 天。根据《劳动法》第四十四条的规定，法定休假日安排劳动者工作的，支付不低于工资的 300% 的工资报酬。

二是部分公民放假的节日及纪念日：（1）妇女节（3 月 8 日），妇女放假半天。（2）青年节（5 月 4 日），14 周岁以上的青年放假半天。（3）儿童节（6 月 1 日），不满 14 周岁的少年儿童放假 1 天。（4）中国人民解放军建军纪念日（8 月 1 日），现役军人放假半天。如果部分公民放假的假日不逢休息日，而用人单位要求劳动者正常上班的，单位是无须支付加班费的；如果适逢星期六、星期日，则不安排补假。

3. 事假

事假的天数一般由用人单位通过制定规章制度确定，大部分地区是不支持事假期间支付工资待遇的。但根据《职工带薪年休假条例》第四条的规定，职工请事假累计 20 天以上且单位按照规定不扣工资的，不享受当年的年休假，因此可见，如果用人单位发放了事假期间的工资，且事假达到 20 天的，劳动者不再享受当年的年休假。

4. 病假（疾病或非工受伤医疗期）

根据《关于贯彻执行〈中华人民共和国劳动法〉若干问题的意见》，职工患病或非因工负伤治疗期间，在规定的医疗期间内由企业按有关规定支付其病假工资或疾病救济费，病假工资或疾病救济费可以低于当地最低工资标准支付，但不能低于最低工资标准的 80%。由此可见，劳动者病假期间的工资不得低于当地最低工资的 80%。

5. 婚假

根据《劳动法》第五十一条的规定，劳动者在法定休假日和婚丧假期间以及依法参加社会活动期间，用人单位应当依法支付工资。因此劳动者休婚假期间享受正常工资福利待遇，而具体享受的婚假天数依据各地的规定执行。

6. 产假

《女职工劳动保护特别规定》第七条规定：女职工生育享受 98 天产假，其中产前可以休假 15 天；难产的，增加产假 15 天；生育多胞胎的，每多生育 1 个婴儿，增加产假 15 天。女职工怀孕未满 4 个月流产的，享受 15 天产假；怀孕满 4 个月流产的，享受 42 天产假。在产假期间，劳动者原工资照发，生育保险基金以生育津贴形式对用人单位予以补偿。

7. 护理假（男方）

全国 31 个省（自治区、直辖市）中，除了西藏外，均在本地区的人口与计划生育条例中规定了男方的护理假或者陪产假（福建称照顾假、青海称看护假）。男方护理假期间享受正常工资福利待遇，而具体享受的护理假天数依据各地的规定执行。

8. 孕期产前检查假

根据《女职工劳动保护特别规定》第六条的规定，怀孕女职工在劳动时间内进行产前检查，所需时间计入劳动时间。劳动者产检假一般为每个月 1 天，期间享受正常的工资福利待遇。

9. 哺乳假

根据《女职工劳动保护特别规定》第九条的规定，用人单位应当在每天的劳动时间内为哺乳期女职工安排 1 小时哺乳时间；女职工生育多胞胎的，每多哺乳 1 个婴儿每天增加 1 小时哺乳时间。哺乳时间和在本单位内哺乳往返途中的时间，算作劳动时间，并扣除相应的劳动定额。

10. 丧假

根据《劳动法》第五十一条的规定，劳动者在法定休假日和婚丧假期间以及依法参加社会活动期间，用人单位应当依法支付工资。其中丧假的天数一般为 3 天（不包括国家法定休假日），且假期内照发工资和福利待遇。

11. 带薪年休假

根据《职工带薪年休假条例》第二条的规定，机关、团体、企业、事业单位、民办非企业单位、有雇工的个体工商户等单位的职工连续工作 1 年以上的，享受带薪年休假。因此劳动者满足工作年限后，享受年休假期间照发工资福利待遇。但若用人单位确因工作需要不能安排职工休年休假的，经职工本人同意，可以不安排职工休年休假。对职工应休未休的年休假天数，用人单位应当按照该职工日工资收入的 300% 支付年休假工资报酬。

12. 工伤假（停工留薪期）

根据《工伤保险条例》第三十三条的规定，职工因工作遭受事故伤害或者患职业病需要暂停工作接受工伤医疗的，在停工留薪期内，原工资福利待遇不变，由所在单位按月支付。

13. 社会活动假

根据《工会法》第四十条第二款的规定，基层工会的非专职委员占用生产或者工作时间参加会议或者从事工会工作，每月不超过 3 个工作日，其工资照发，其他待遇不受影响。

14. 公司经营性放假

用人单位非因劳动者原因停工、停产、歇业，在劳动者一个工资支付周期内的，应当视同劳动者提供正常劳动支付其工资。超过一个工资支付周期的，可以根据劳动者提供的劳动，按照双方新约定的标准支付工资；用人单位没有安排劳动者工作的，应当按照不低于当地最低工资标准的 80% 支付劳动者生活费。国家另有规定的，从其规定。

（二）常见问答

假期社保停缴后，对员工待遇享受有哪些影响？

社保的缴纳关系到员工能否顺利享受各项待遇，例如，员工产假期间社保停缴，影响到员工享受生育津贴，工伤医疗期社保停缴，影响员工工伤医疗费的报销及后期一次性待遇的享受，比如一次性伤残补助金的申领等有影响；病假期间社保停缴，同样影响到员工门诊看病以及住院等待遇。所以，参保单位需要注意假期期间员工社保的缴纳问题。

四、专题4：个人所得税

（一）个人所得税概述

1. 个人所得税概念

个人所得税是调整征税机关与自然人之间，在个人所得税的征纳与管理过程中所发生的社会关系的法律规范的总称。

2. 个人所得税纳税义务人

法定对象：中国个人所得税的纳税义务人是在中国境内居住有所得的人，以及不在中国境内居住而从中国境内取得所得的个人，包括中国国内公民，在华取得所得的外籍人员和我国港、澳、台同胞。

居民纳税义务人：在中国境内有住所，或者无住所而一个纳税年度内在中国境内居住满183天的个人，为居民个人。居民个人从中国境内和境外取得的所得，应依法缴纳个人所得税。

非居民纳税义务人：在中国境内无住所又不居住，或者无住所而在一个纳税年度内在中国境内居住不满183天的个人，为非居民个人。非居民个人从中国境内取得的所得，应依法缴纳个人所得税。

个人所得税以所得人为纳税人，以支付所得的单位或者个人为扣缴义务人。

纳税人有中国公民身份证号码的，以中国公民身份证号码为纳税人识别号；纳税人没有中国公民身份证号码的，由税务机关赋予其纳税人识别号。扣缴义务人扣缴税款时，纳税人应当向扣缴义务人提供纳税人识别号。

3. 个人所得税征税范围

（1）工资、薪金所得。

工资、薪金所得，是指个人因任职或受雇而取得的工资、薪金、奖金、年终加薪、劳动分红、津贴、补贴以及与任职或者受雇有关的其他所得。

（2）劳务报酬所得。

劳务报酬所得，是指个人从事劳务取得的所得，包括从事设计、装潢、安装、制图、化验、测试、医疗、法律、会计、咨询、讲学、翻译、审稿、书画、雕刻、影视、录音、录像、演出、表演、广告、展览、技术服务、介绍服务、经纪服务、代办服务以及其他劳务取得的所得。

（3）稿酬所得。

稿酬所得，是指个人因其作品以图书、报纸等形式出版、发表而取得的所得。

（4）特许权使用费所得。

特许权使用费所得，是指个人提供专利权、商标权、著作权、非专利技术以及其他特许权的使用权取得的所得；提供著作权的使用权取得的所得，不包括稿酬所得。

（5）经营所得。

①个体工商户从事生产、经营活动取得的所得，个人独资企业投资人、合伙企业的个人合伙人来源于境内注册的个人独资企业、合伙企业生产、经营的所得。

②个人依法从事办学、医疗、咨询以及其他有偿服务活动取得的所得。

③个人对企业、事业单位承包经营、承租经营以及转包、转租取得的所得。

④个人从事其他生产、经营活动取得的所得。

（6）利息、股息、红利所得。

利息、股息、红利所得，是指个人拥有债权、股权等而取得的利息、股息、红利所得。

（7）财产租赁所得。

财产租赁所得，是指个人出租不动产、机器设备、车船以及其他财产取得的所得。

（8）财产转让所得。

财产转让所得，是指个人转让有价证券、股权、合伙企业中的财产份额、不动产、机器设备、车船以及其他财产取得的所得。

（9）偶然所得。

偶然所得，是指个人得奖、中奖、中彩以及其他偶然性质的所得。

居民个人取得上述第1项至第4项所得（统称综合所得），按纳税年度合并计算个人所得税；非居民个人取得前款第1项至第4项所得，按月或者按次分项计算个人所得税。

除上述9项应税项目以外，其他个人取得的所得难以界定应纳税所得项目的，由国务院税务主管部门确定。

4. 免征和减征范围

免征范围：

（1）省级人民政府、国务院部委和中国人民解放军军以上单位，以及外国组织、国际组织颁发的科学、教育、技术、文化、卫生、体育、环境保护等方面的奖金。

（2）国债和国家发行的金融债券利息。

（3）按照国家统一规定发给的补贴、津贴。

（4）福利费、抚恤金、救济金。

（5）保险赔款。

（6）军人的转业费、复员费、退役金。

（7）按照国家统一规定发给干部、职工的安家费、退职费、基本养老金或者退休费、离休费、离休生活补助费。

（8）依照有关法律规定应予免税的各国驻华使馆、领事馆的外交代表、领事官员和其他人员的所得。

（9）中国政府参加的国际公约、签订的协议中规定免税的所得。

（10）国务院规定的其他免税所得（由国务院报全国人民代表大会常务委员会备案）。

减征范围：

有下列情形之一的，可以减征个人所得税，具体幅度和期限，由省、自治区、直辖市人民政府规定，并报同级人民代表大会常务委员会备案：

（1）残疾、孤老人员和烈属的所得。

（2）因自然灾害遭受重大损失的。

国务院可以规定其他减税情形，报全国人民代表大会常务委员会备案。

5. 常见问答

（1）个人所得税减免税中，减税、免税、不征税有何区别？

减税，是指按规定减掉一部分应该交的税款。

免税，是指按规定应该交的税全部不用交。

减税、免税的主要目的都是对一些特定的人群或者收入项目进行照顾，以便减轻税收负担。

不征税，则是因为不在税法规定的纳税义务之内而不需要纳税，可能是因为税法还没有明细规定，也可能是因为收入还没达到征税标准。

三者的关系是：个人取得的收入分为要征税的和不征税的，要征税的如果涉及优惠，全部不交就属于免税，部分不交就属于减税。

（2）哪些福利费、救济金可以免税？

税法规定的可以免税的福利费和我们平时所说的公司发给员工的"福利"不是一个概念。可以免税的福利费是指根据国家有关规定，从企业、事业单位、国家机关、社会组织提留的福利费或者工会经费中付给员工的生活补助费；可以免税的救济金是指各级人民政府民政部门支付给个人的生活困难补助费。比如过年过节，公司发的各种福利，是不能算在这两项里面的。

（3）保险赔款都能免税吗？

保险赔款，严格来说，不属于"收入"的范畴，应该被看作受到损害后拿到的补偿，是属于"不征税"的范畴，只是税法里把它作为免税所得。需要注意的是，保险赔款必须符合保险业的法律法规规定，是真正的赔款，那些打着赔款幌子发放收入的实质上属于逃税。另外有些保险公司以保险赔款的名义做所谓的"税收筹划"，实质上也属于逃税。

6. 实操总结

个人所得税以所得人为纳税人，以支付所得的单位或者个人为扣缴义务人。扣缴义务人在支付个人所得时，应按个人所得的性质如实进行纳税申报。

企业支付个人所得较为常见的是工资薪金及劳务报酬两项。企业需要注意四流合一，该支出项才能进行成本列支税前扣除。四流分别是企业与个人签订劳动合同或劳务合同，企业根据员工工作性质及工作量核算相应的报酬，企业按规定代扣代缴个人所得税后实际发放报酬，企业按期为获取报酬的个人进行个人所得税申报纳税（劳动合同对应工资薪金名目的个税申报，劳务合同对应劳务报酬名目的个税申报）。

7. 典型案例

张某系 A 公司一名普通员工，2020 年 12 月取得基本工资 6000 元，四季度绩效 7500 元，年终奖 20000 元。另外，张某于 2020 年 11 月行车发生一起交通事故，经保险公司进行车辆定损后，张某于 12 月份实际收到保险公司赔偿金额 3000 元。同时，张某利用业余时间在 B 公司取得兼职收入 2000 元。则张某 12 月份应进行个税申报的应纳税所得额是多少？

以上案例中，涉及三种性质的个人收入，张某在 A 公司取得的基本工资 6000 元，绩效 7500 元，年终奖 20000 元，均属于工资薪金所得，张某在 B 公司取得的兼职收入 2000 元属于劳务报酬所得，而张某取得保险公司的车辆损失赔偿款 3000 元则属于免征个人所得税范围。因此，张某 12 月份应进行个税申报的应纳税所得额总计 35500 元。

(二) 税率与应纳税所得额

1. 综合所得

综合所得，适用 3% 至 45% 的超额累进税率，具体税率表见表 2-5、表 2-6、表 2-7。

表 2-5 　　　　　　　　　　　　　**个人所得税预扣率表一**

(居民个人工资、薪金所得预扣预缴适用)

级数	全年应纳税所得额	税率 (%)	速算扣除数
1	不超过 36000 元的	3	0
2	超过 36000 元至 144000 元的部分	10	2520
3	超过 144000 元至 300000 元的部分	20	16920
4	超过 300000 元至 420000 元的部分	25	31920
5	超过 420000 元至 660000 元的部分	30	52920
6	超过 660000 元至 960000 元的部分	35	85920
7	超过 960000 元的部分	45	181920

表 2-6 　　　　　　　　　　　　　**个人所得税预扣率表二**

(居民个人劳务报酬所得预扣预缴适用)

级数	全年应纳税所得额	税率 (%)	速算扣除数
1	不超过 20000 元的	20	0
2	超过 20000 元至 50000 元的部分	30	2000
3	超过 50000 元的部分	40	7000

表 2-7 　　　　　　　　　　　　　**个人所得税预扣率表三**

(非居民个人工资、薪金所得，劳务报酬所得、稿酬所得、特许权使用费所得适用)

级数	当月应纳税所得额	税率 (%)	速算扣除数
1	不超过 3000 元的	3	0
2	超过 3000 元至 12000 元的部分	10	210
3	超过 12000 元至 25000 元的部分	20	1410
4	超过 25000 元至 35000 元的部分	25	2660
5	超过 35000 元至 55000 元的部分	30	4410
6	超过 55000 元至 80000 元的部分	35	7160
7	超过 80000 元的部分	45	15160

应纳税所得额的计算：

（1）居民个人的综合所得，以每一纳税年度的收入额减除费用 60000 元以及专项扣除、专项附加扣除和依法确定的其他扣除后的余额，为应纳税所得额。

（2）非居民个人的工资、薪金所得，以每月收入额减除费用 5000 元后的余额为应纳税所得额；劳务报酬所得、稿酬所得、特许权使用费所得，以每次收入减除费用后的余额为应纳税所得额。

（3）预扣预缴税款时，劳务报酬所得、稿酬所得、特许权使用费所得每次收入不超过 4000 元的，减除费用按 800 元结算；每次收入 4000 元以上的，减除费用按收入的 20% 计算。稿酬所得的收入额减按 70% 计算。

（4）稿酬所得、特许权使用费所得适用 20% 的比例预扣率。

2. 经营所得

经营所得，适用 5% 至 35% 的超额累进税率，具体税率表见表 2-8。

表 2-8　　　　　　　　　**个人所得税税率表二（经营所得适用）**

级数	全年应纳税所得额	税率（%）	速算扣除数
1	不超过 30000 元的	5	0
2	超过 30000 元至 90000 元的部分	10	1500
3	超过 90000 元至 300000 元的部分	20	10500
4	超过 300000 元至 500000 元的部分	30	40500
5	超过 500000 元的部分	35	65500

应纳税所得额的计算：

经营所得，以每一纳税年度的收入总额减除成本、费用以及损失后的余额，为应纳税所得额。

3. 其他所得

利息、股息、红利所得，财产租赁所得，财产转让所得和偶然所得，适用比例税率，税率为 20%。

（1）财产租赁所得，每次收入不超过 4000 元的，减除费用 800 元；4000 元以上的，减除 20% 的费用，其余额为应纳税所得额。

（2）财产转让所得，以转让财产的收入额减除财产原值和合理费用后的余额，为应纳税所得额。

（3）利息、股息、红利所得和偶然所得，以每次收入额为应纳税所得额。

4. 常见问答

（1）员工年终奖应该如何申报个税？

员工年终奖可以按照全年一次性年终奖方式申报缴纳个税，也可以并入综合所得计算申报缴纳个税。

根据财税〔2018〕164 号公告《关于个人所得税法修改后有关优惠政策衔接问题的通

知》规定，居民个人取得全年一次性奖金，符合《国家税务总局关于调整个人取得全年一次性奖金等计算征收个人所得税方法问题的通知》（国税发〔2005〕9号）规定的，在2021年12月31日前，不并入当年综合所得，以全年一次性奖金收入除以12个月得到的数额，按照按月换算后的综合所得税率表，确定适用税率和速算扣除数，单独计算纳税。计算公式为：应纳税额＝全年一次性奖金收入×适用税率－速算扣除数。居民个人取得全年一次性奖金，也可以选择并入当年综合所得计算纳税。自2022年1月1日起，居民个人取得全年一次性奖金，应并入当年综合所得计算缴纳个人所得税。

根据财政部、税务总局《关于个人所得税法修改后有关优惠政策衔接问题的通知》（财税〔2018〕164号）规定的全年一次性奖金单独计税优惠政策，执行期限延长至2023年12月31日。

（2）收到个人代开的劳务费发票还需要代扣代缴个人所得税吗？

自然人个人取得劳务报酬应该按照个人所得税法规定的三档税率来计算申报个人所得税（20%～40%），支付方有代扣代缴申报的义务。

支付方作为扣缴义务人如果不为个人代扣代缴个人所得税，会受到行政处罚。根据《中华人民共和国税收征收管理法》第六十九条规定，扣缴义务人应扣未扣、应收而不收税款的，由税务机关向纳税人追缴税款，对扣缴义务人处应扣未扣、应收未收税款50%以上3倍以下的罚款。

（3）经营所得和劳务报酬个人所得税的区别？

区别1：个人所得税缴纳方式不同

经营所得：不管是查账征收还是核定征收，个人所得税均由纳税人自行申报缴纳，公司支付款项时无须代扣代缴个人所得。

劳务报酬：申请代开发票的，在代开发票环节不再征收个人所得税（代开发票单位，包括税务机关和接受税务机关委托代开发票的单位在发票备注栏内统一注明"个人所得税由支付人依法扣缴"）。由支付方依法按适用税率预扣预缴，个人年度结束后汇算清缴。

区别2：应纳税所得额不同

经营所得：

·定期定额征收：按照纳税人自行申报的年度应纳税所得额计算，或者按照其自行申报的年度应纳税经营额乘以应纳税所得率计算。

·查账征收：按照每一纳税年度的收入总额减除成本、费用以及损失后的余额计算。

劳务报酬：以收入减除费用后的余额为收入额，属于一次性收入的，以取得该项收入为一次；属于同一项目连续性收入的，以1个月内取得的收入为一次。

（三）个人所得税汇算清缴

1．相关概念

（1）汇算清缴的范围。

汇算清缴的范围主要是居民个人取得综合所得，即取得工资、薪金所得、劳务报酬所得、稿酬所得、特许权使用费所得之一的，需要办理汇算清缴。

（2）汇算清缴的时间。

居民个人取得综合所得，按年计算个人所得税；需要办理汇算清缴的，应当在取得所得的次年3月1日至6月30日内办理汇算清缴。

纳税人取得经营所得，按年计算个人所得税，由纳税人在月度或者季度终了后15日内向税务机关报送纳税申报表，并预缴税款；在取得所得的次年3月31日前办理汇算清缴。

（3）需要办理汇算清缴的情形。

①年度综合所得收入额不超过6万元但已预缴个人所得税。

②年度有符合享受条件的专项附加扣除，因未填报或者填报时间太晚，在公司预扣预缴个税时未享受或者未足额享受专项附加扣除抵扣。

③纳税人及其配偶、未成年子女在年度内发生了符合条件的大病医疗支出。

④因年度中间离职或者部分月份没有收入等原因，减除费用6万元、专项附加扣除等扣除不充分。

⑤取得劳务报酬、稿酬、特许权使用费所得时，计算个税适用的预扣率高于合并后全年综合所得适用税率。

⑥预缴税款时未申报享受或者未足额享受综合所得税收优惠的，如残疾人减征个人所得税优惠。

⑦有符合条件的公益慈善事业捐赠支出，但预缴税款时未办理扣除等。

（4）不需要办理汇算清缴的情形。

①纳税人年度汇算需补税，但年度综合所得收入不超过12万元的。

②纳税人年度汇算需补税金额不超过400元的。

③纳税人已预缴税额与年度应纳税额一致或者不申请年度汇算退税的。

（5）专项附加扣除。

专项附加扣除是指个人所得税法规定的子女教育、继续教育、大病医疗、住房贷款利息或者住房租金、赡养老人6项专项附加扣除，另外，根据国发〔2022〕8号《国务院关于设立3岁以下婴幼儿照护个人所得税专项附加扣除的通知》规定，3岁以下婴幼儿照护也列入专项附加扣除中（见表2-9）。

表2-9　　　　　　　　　　　　　　个人所得税专项附加扣除一览表

专项扣除名称	扣除标准		适用范围和条件	享受扣除政策对象	纳税人留存备查资料	补充说明
	每年	每月				
子女教育	—	每个子女1000元	学前教育：年满3周岁至小学入学前 学历教育：义务教育、高中阶段教育、高等教育	对每个子女，父母可以选择由一方按扣除标准的100%扣除，或者由双方分别按扣除标准的50%扣除，具体扣除方式在一个纳税年度内不能变更	子女在中国境外接受教育的，留存境外学校录取通知书、留学签证等相关教育的证明资料	入学前是指施教机构按规定组织实施的寒暑假等假期以及因病或其他非主观原因休学但学籍继续保留的休学期间不中断享受

续表

专项扣除名称	扣除标准		适用范围和条件	享受扣除政策对象	纳税人留存备查资料	补充说明
	每年	每月				
继续教育	—	400元	学历教育	接受教育本人；个人接受本科及以下学历(学位)继续教育，符合办法规定扣除条件的，可以选择由其父母扣除，也可以选择由本人扣除	无需留存资料	最长不能超过48个月
	3600元	—	技能人员职业资格教育、专业技术人员职业资格继续教育	接受教育本人扣除	职业资格相关证书等	取得证书月份一次性预扣3600元
住房贷款利息	—	1000元	纳税人本人或配偶单独或者共同使用银行或者住房公积金个人住房贷款为本人或其配偶购买中国境内住房，发生的首套住房贷款利息支出	在实际发生首套贷款利息支出的期间，夫妻双方协商确定由一方扣除；夫妻双方婚前分别购买，婚后选择其中一套由购买方继续扣除，也可以由夫妻双方对各自购买住房分别按扣除标准的50%扣除；一经确定一个纳税年度内不能变更	住房贷款合同、贷款还款支出凭证等资料	首套住房贷款是指购买住房享受首套住房贷款利率的住房贷款，以银行标识为准；扣除期限最长不超过240个月；纳税人只能享受一次首套住房贷款的利息扣除
住房租金	—	1500元	直辖市、省会(首府)城市、计划单列城市以及国务院确定的其他城市	纳税人在主要工作城市没有自有住房而发生的住房租金支出，可以按照标准定额扣除；纳税人的配偶在纳税人的主要工作城市有自有住房的，视同纳税人在主要工作城市有自有住房；夫妻双方主要工作城市相同的，只能由一方扣除住房租金支出	住房租赁合同、协议等	纳税人及其配偶在一个纳税年度内不能同时分别享受住房贷款利息支出和住房租金专项附加扣除
	—	1100元	除第一项所列城市外，市辖区户籍人口超过100万的城市			
	—	800元	除第一项所列城市外，市辖区户籍人口不超过100万(含)的城市			

129

续表

专项扣除名称	扣除标准		适用范围和条件	享受扣除政策对象	纳税人留存备查资料	补充说明
	每年	每月				
赡养老人	—	2000元	独生子女	独生子女本人	无需留存资料	被赡养人是指年满60周岁的父母及子女均已去世的祖父母、外祖父母
	—	具体分摊金额	非独生子女	可以由赡养人均摊或约定分摊，也可以由被赡养人指定分摊，每人分摊额度每月不超过1000元（指定分摊优于约定分摊，具体分摊方式和额度在一个纳税年度内不能变更）	均摊的，无需留存资料；约定或指定分摊的书面分摊协定等资料	
大病医疗	扣除医保报销后个人负担累计超过15000元的医药费支出部分，在80000元限额内据实扣除	—	在一个纳税年度内，纳税人发生的与基本医保相关的医药费支出，扣除医保报销后个人负担（指医保目录范围内的自付部分）累计超过15000元的医药费支出部分，由纳税人在办理年度汇算清缴时，在80000元限额内据实扣除	纳税人发生的医药费用支出可以选择由本人或者其配偶扣除；未成年子女发生的医药费用支出可以选择由其父母一方扣除；纳税人及其配偶、未成年子女发生的医药费用支出，按规定分别计算扣除额	医药服务收费及医保报销相关票据原件（或复印件）等资料	享受大病医疗专项附加扣除的纳税人，由其在次年3月1日至6月30日内，自行向汇缴地主管税务机关办理汇算清缴申报时扣除
婴幼儿照护	—	1000元	3周岁以下婴幼儿	对每个子女，父母可以选择由一方按扣除标准的100%扣除，或者由双方分别按扣除标准的50%扣除，具体扣除方式在一个纳税年度内不能变更	无须留存资料	3岁以下婴幼儿照护个人所得税专项附加扣除自2022年1月1日起实施

2. 常见问答

（1）什么是个人所得税年度汇算？

答：通俗来说，年度汇算就是，居民个人将一个纳税年度内（公历年1月1日—12月31日）取得的工资薪金、劳务报酬、稿酬、特许权使用费四项所得（以下称"综合所得"）

合并后按年计算全年最终应纳的个人所得税，再减除纳税年度已预缴的税款后，计算应退或者应补税额，向税务机关办理申报并进行税款结算的行为。

（2）如果通过办税服务厅窗口进行申报，是在任意办税服务厅都可以吗？

答：不是，需要在纳税人主管税务机关的办税服务厅进行申报。主管税务机关所在地点不等同于办理年度汇算时身处的"物理地点"。如果通过网络远程办理年度汇算，信息系统会根据纳税人填报的任职受雇单位、户籍所在地（或经常居住地）等信息确定年度汇算主管税务机关。如果通过其他方式办理，则需要纳税人按照规定的申报地点，向相应税务机关办理年度汇算。

（3）退税进度显示"税务审核不通过"，应该怎么办？

答：税务审核不通过的原因有多种，需要纳税人对申报数据进行重新检查、确认。纳税人可通过原申报渠道查询不通过原因，特定情况下税务机关也会与纳税人联系，要求补充提供相关收入或者扣除的佐证资料。需要特别说明的是，税务机关不会在短信或者非官方软件中要求纳税人为了退税提供银行账户等信息，如有疑问可及时与税务机关联系或者拨打 12366 纳税服务热线。

（4）退税进度显示"国库退库失败"，应该怎么办？

答：一般情况下，国库退库失败多与纳税人填报的银行账户有关。需要关注申请退税的银行账户是否为本人账户，该账户是否处于注销、挂失、冻结、未激活、收支有限额等状态。如果遇到该种情况，需重新填报纳税人本人符合条件的银行账户并提交退税申请。

（5）可以放弃退税吗？选择放弃退税后，可以再次申请退税吗？

答：申请退税是纳税人的权利，纳税人可以放弃退税。选择放弃退税后，也可以再次申请退税，但需要在税收征管法规定的期限内重新申请退税，同时遵守税收征管法的相关规定。

（6）什么情况下会导致退税审核不通过或者退税失败？

答：如果存在以下情形之一，可能导致退税审核不通过或者退税失败：

①身份信息不正确。

②提交的银行账户信息不正确或者无效，导致税款无法退还。

③申报数据存在错误或者疑点。

④税务机关审核时发现有需要进一步核实了解的情况，但纳税人未提供联系方式或者提供的联系方式不正确，无法取得联系。

⑤税务机关向纳税人核实有关年度汇算申报信息，纳税人尚未确认或说明。

（7）提交退税申请后可以作废申报吗？

答：在税务机关终审前可以作废申报。如果税务机关审核通过已经提交国库部门的，需在前次申报基础上办理更正申报。

3. 实操总结

个人所得税汇算清缴流程图见图 2-2。

4. 典型案例

王某、李某、张某均为 A 公司的职工，三人均在个人所得税 app 中进行个税汇算清缴操作，其中：

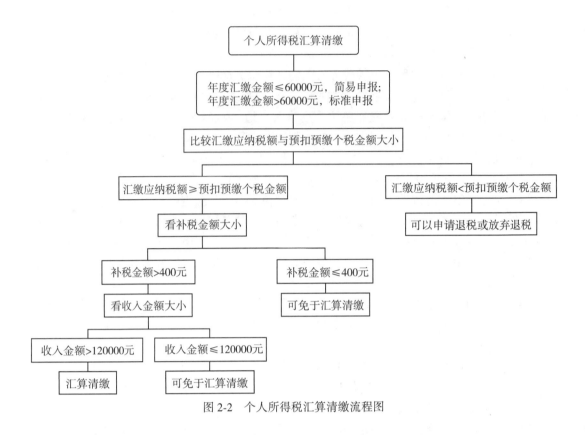

图 2-2 个人所得税汇算清缴流程图

（1）王某 2021 年全年都在 A 公司任职，月平均工资 7000 元，每月社保公积金合计1200 元，无其他各项收入，2021 年全年个人所得税预扣预缴申报缴纳金额为 288 元。

王某进行个人所得税汇算清缴，全年收入合计 84000 元，扣除社保公积金费用 14400元，减除费用 60000 元，计算应纳税所得额 9600 元，适用 3%税率，应缴纳个人所得税288 元，已预缴 288 元，应退补金额为 0 元。

（2）李某 2021 年 7 月毕业入职 A 公司，毕业前未取得其他个人收入，月平均工资8000 元，每月社保公积金合计 1500 元，2021 年个人所得税预扣预缴申报缴纳 225 元。

李某进行个人所得税汇算清缴，全年收入合计 40000 元，未达到起征点，应缴纳个税金额 0 元，预缴 225 元，李某应退税 225 元。

（3）张某 2021 年全年都在 A 公司任职，月平均工资 20000 元，每月社保公积金合计3500 元，张某有子女教育及住房贷款利息两项专项附加扣除，每月可扣除金额 2000 元，另张某 2021 年多次取得其他公司的评审费、培训费等合计 50000 元，均按劳务报酬申报个税，2021 年张某个人所得税预扣预缴申报缴纳金额为 14200 元。

张某进行个人所得税汇算清缴后，全年综合收入合计 290000 元，扣除社保公积金费用 42000 元，专项附加扣除累计 24000 元，减除费用 60000 元，计算应纳税所得额 164000元，适用 20%税率，速算扣除数 16920 元，应缴纳个人所得税 15880 元，已预缴 14200 元，应补缴税款 1680 元。

第三节　绩 效 管 理

一、相关概念

(一) 基本概念

从管理学角度来讲，绩效是组织期望的结果，是为实现组织目标而展现在不同层面上的有效输出，因此绩效包括个人绩效和组织绩效两个方面，组织绩效是建立在个人绩效的基础之上，但是个人绩效的实现并不一定能够确保组织能够获得绩效。

绩效管理是通过系统的原理、方法来考核员工的工作行为和工作效果。

(二) 绩效管理作用

1. 绩效管理是提高组织管理效率及改进工作的重要手段

通过有效的绩效管理，组织可以了解员工完成工作目标的情况，包括成绩、差距和困难；建立管理者和员工之间的沟通渠道、改善上下级关系；表达管理层对员工的工作要求和发展期望；获得员工对管理层、对工作以及对组织的看法、需求和建议；共同探讨员工在组织中的发展和未来的工作目标。

2. 绩效管理是员工改进工作及谋求发展的重要途径

员工个人通过绩效管理，能明确自己所担负工作的目标、职责和要求；使自己的工作成就、工作实绩获得组织的赞赏和认可；明白自己在工作中哪些方面需要获得组织的理解和帮助；提出自己的发展要求，并了解组织在有关问题上可能予以的支持；了解组织对自己的期望和未来的工作要求，以期更好地完成任务。通过绩效评估信息的反馈和绩效面谈，员工能够获得信心、机会和组织的支持，通过有效沟通和正确的认识，能把今后的工作做得更好。

3. 绩效管理是组织其他人力资源管理工作的基础

人力资源管理系统中，其他的许多工作如培训、薪酬等都需要以绩效管理的结果为依据，才能做到有的放矢。

二、常见问答

(一) 在企业经营中常用的绩效管理方法有哪些？①

KPI：绩效考核也成为关键绩效指标，是通过对组织内部流程的输入端、输出端的关键参数进行设置，取样、计算、分析、衡量流程绩效的一种目标式量化管理指标，是把企业的战略目标分解为可操作的工作目标的工具，是企业绩效管理的基础。

OKR：即目标与关键成果法，是一套明确和跟踪目标及其完成情况的管理工作和方

---

① 项凯标：《薪酬体系设计与绩效考核实务》，清华大学出版社 2014 年版，第 145-146 页。

法，主要目标是明确公司和团队的目标以及明确每个目标达成的可衡量的关键结果。

360：评价多维度多元化地对人员进行考核。通过考核的内容，由考评人的上级、同级、下级进行测评。

中长期激励由公司根据产品的经营需要，单独列支激励奖金，不占用各部门的预算费用总额，包括追溯激励、股权激励。

——追溯激励是指新产品、新业务的核心人员，在2~3年后业绩达到一定条件后由公司追溯发放的激励。

——股权激励是指对公司内部进行的股票或期权激励。

(二)绩效管理的内容有哪些?

1. 能力考核

考核员工在工作中所发挥出来的能力及在何种程度上达到组织所期待的水平。在工作上履行职位职责、开展职位要求的工作活动、努力达成公司要求职位任职者实现的工作业绩目标，是任职者通过努力达到完全胜任职位要求的过程，公司对任职者的考核评估就是对胜任度的评估。

2. 业绩考核

对工作业绩的考评实质是对员工工作效率及结果进行评价和认定，也就是考核员工在一定期间内对组织的贡献和价值。从两个维度进行考核，即投入产出比和结果导向。

3. 文化考核

主要是考核员工对企业文化的理解与践行程度，反映员工的工作态度，为工作而付出的努力程度，从文化角度把握员工的工作完成情况，比如工作的积极性、是否努力、自强、是否忠于岗位、服从命令。员工在日常工作中高度认同企业文化，将有利于统一企业目标方向，规范员工行为准则，从而发挥企业内在动力。

(三)绩效考评的分类有哪些?

1. 任职资格考核

任职资格考核主要是对员工的任职能力进行评价，包括经历、技术能力、基本素质、关键业务活动和必备知识等要素。任职资格决定员工的基本工资。任职资格针对每个职位设计为预备级、正式级和资深级，虽然是同一职位，工资采用宽带薪酬制。

2. 防火墙考核

防火墙考核是指对每一个职位设置基本行为准则和基本要求。行为准则是指每一个职位必做的相关工作和活动的基本要求，行为准则要素来自该职位所承担的关键活动，对该活动设立一个最低指标和一些基本任务，如公司设立《职位行为准则库》。

3. 季度PBC/月度PBC

季度PBC主要是对员工的工作过程进行评价，考核依据来自年度和月度计划，主要指当月必须完成的一些工作，强调过程和路径，PBC与季度绩效直接挂钩。

4. 年度绩效考核KPI和IPI

年度绩效考核分为组织KPI和个人IPI考核。

组织 KPI 考核，是对组织进行考核，考核依据来自公司发展战略、财务指标、市场指标和必须解决的问题。个人 IPI 考核分为开关指标、组织指标、个人增量重点指标、部门指标和防火墙指标考核。

5. KCP 特别激励

KCP 特别激励，是针对有增量的部门或战略控制点设计的增量特别激励。KCP 发放有两种形式，一种是直接发放给个人，主要是评优；另一种是先发放给团队，再发放给个人。

各体系各部门根据战略增量控制点设计增量特别激励。

(四)绩效考评的程序有哪些?

1. 制定绩效目标

目标管理型人员需要主动承诺个人绩效目标，体现为个人绩效目标承诺书(PBC，Personal Business Commitment)，包括 KPI、绩效计划、主要工作任务、行为准则等内容，按照不同人员类别要求各有不同。

任务管理型人员的绩效目标由任务完成率、完成质量、效率，以及完成过程中的基本行为规范等指标构成。

2. 绩效评估

员工绩效评估以绩效目标完成情况为依据，各部门应对员工绩效目标执行过程中的关键事件、信息等进行记录，作为员工绩效评估的基础材料。员工绩效评估结果应分人员类别进行比较和排序。

3. 沟通、反馈与改进

绩效沟通应贯穿于绩效管理的全过程中，通过有效沟通，明确绩效目标，把握员工的实际贡献，并给予客观公正的衡量。在向员工反馈绩效评价结果的同时，应分析产生绩效差距的原因，帮助制定改进计划，改善绩效水平，提高员工的胜任能力。

员工对绩效管理工作有异议时，可向本部门、业务管理部门、体系管理部门或人力资源部提出申诉，申诉受理人应在一周内对员工的申诉进行调查，并依据调查结果给出处理意见并反馈。

4. 绩效结果应用

员工绩效评估结果表明了员工的工作能力和对公司的贡献，是人员任用、员工发展、员工培训、薪酬调整、奖金核定、评优表彰等各项工作的重要依据。

三、实操总结

绩效辅导的注意事项：

(1)和谐地与员工进行绩效沟通与辅导，营造良好的沟通氛围。

(2)回顾工作表现与工作行为，交流每项工作目标考核的情况。

(3)与员工共同探讨、分析成功和失败的原因。

(4)评价员工在工作能力上的优势和不足。

(5)讨论员工的发展计划。

(6)为下一阶段的工作设定考核目标。

四、典型案例①

某公司 2019 年根据公司实际经营情况以及人员结构、岗位的职责、角色的分工，以鼓励员工内在驱动力为绩效考核的第一要素。以增量绩效为牵引的牛鼻子，绩效评价系统建立在两个假设基础上：一是大多数员工为报酬而努力工作，除非可获得更高的报偿，他们才会关心绩效评价；二是绩效评价过程是对管理者和下属同时评估的过程，因为双方对下属发展均负有责任。

该公司从角色分析的角度，确定每个层级所需要考核的核心内容，基层员工无法决定经营情况，则从文化践行、能力提升、工作重要指标完成情况三个维度进行考核，设定KPI。管理干部直接承担经营指标，则从综合能力要求、业绩情况、重要战略工作指标方面进行考核。人员队伍的工作分几个档级：员工按照公司的目标应达到合格，有 30% 的员工工作达到优秀或者良好；可能有 5% ~ 10% 的员工工作不是非常突出，工作完成的不是很好，通过调整还是可以接受的；还有不到 5% 的员工确实达不到目标。对前两组人员可以采用激励程序，对于绩效指标设定进行规划沟通，过程进行辅导性沟通，结果进行反馈和分析性沟通；对于做得不是很好得员工，如若还有发展的空间，进行及时的改正和指导分析；对于做得非常好或者有突出贡献的员工，如果还有潜能的话，可以提升他们去担任更高的职务，做更具有挑战性的岗位。对大部分做得不错的人，公司会维持他们在原岗位上继续工作。对每个职务的薪金都设立一个最低标准，即安全收入。

参与员工绩效的整体考核和评估，并及时提供考评结果，对人力资源部有效地进行员工职级评定、职位升迁、薪酬评估等工作能提供有力的支持，有助于员工在部门发挥更大的价值。坚持良好的绩效管理循环过程，绩效管理会成为公司战略落地最好的执行工具。

第四节　福利待遇

一、专题 1：工伤待遇

(一) 相关概念

1. 停工留薪期与医疗期

【停工留薪期】指企业职工因工作遭受事故伤害或者患职业病后，需要暂停工作接受工伤医疗，继续享受原工资福利待遇的期限。

【医疗期】指企业职工因患病或者非因工负伤停止工作治病休息不得解除劳动合同的时限。

---

① 资料来源：赵应文：《人力资源管理概论》，清华大学出版社 2009 年版，第 282 页。

2. 工伤保险

工伤保险，是国家强制实施和建立的一种社会保险制度。适用于劳动者在工作中或其他规定的特殊情况下，因生产经营活动而遭受意外伤害或患职业病，通过社会统筹的方式，对其进行必要医疗救治和经济补偿的社会保险制度。

工伤保险由用人单位缴纳，职工无需缴纳。

3. 劳动能力鉴定

劳动能力鉴定又称工伤评残，是指劳动者因工负伤或患职业病，对劳动和生活能力产生不同程度的影响，由劳动能力鉴定机构根据用人单位、职工本人或者亲属的申请，组织劳动能力鉴定医学专家，根据国家制定的评残标准，运用劳动保障的有关政策，运用医学科学技术的方法和手段，对工伤职工的劳动功能障碍程度和生活自理障碍程度的一种综合评定制度。劳动能力鉴定结论是工伤职工享受伤残待遇的基础和前提条件。对因工死亡职工供养的亲属完全丧失劳动能力的确认，也要通过劳动能力鉴定确认。

劳动功能障碍分为十个伤残等级，最重的为一级，最轻的为十级。生活自理障碍分为三个等级：生活完全不能自理、生活大部分不能自理和生活部分不能自理。

4. 一次性伤残补助金

一次性伤残补助金是劳动者在经营活动中因工致残或患职业病，经劳动能力鉴定委员会鉴定并确认伤残等级后，根据伤残等级，给予的一次性伤害补偿的工伤保险待遇。

5. 一次性医疗补助金

一次性医疗补助金是工伤职工因工致残或患职业病被鉴定为五、六级伤残，经工伤职工本人提出，与用人单位解除或者终止劳动关系的，以及工伤职工因工致残或患职业病被鉴定为七至十级伤残，劳动合同期满终止或者职工本人提出解除劳动合同的，由工伤保险基金一次性支付的医疗保障费用。

6. 伤残就业补助金

伤残就业补助金是指工伤职工因工致残或患职业病被鉴定为五、六级伤残，经工伤职工本人提出，与用人单位解除或者终止劳动关系的，以及工伤职工因工致残或患职业病被鉴定为七至十级伤残，劳动合同期满终止，或者职工本人提出解除劳动合同的，由用人单位一次性支付的伤残就业补助金额。

（二）常见问答

1. 员工停工留薪期的待遇有哪些？

根据《工伤保险条例》第三十三条的规定，"职工因工作遭受事故伤害或者患职业病需要暂停工作接受工伤医疗的，在停工留薪期内，原工资福利待遇不变，由所在单位按月支付"。此处的原工资福利待遇是指，如果员工是固定工资制，则按其固定工资标准支付；如果员工是浮动工资制，则以其发生工伤前 12 个月的月平均工资为基数进行计算，未满12 个月按其实际月数的月平均工资计算。

另请注意，停工留薪期工资是按月发放，而不是等最后赔偿时一并支付，若逾期支付，则用人单位可能因未及时足额支付劳动报酬而承担支付补偿金的责任。

2. 用人单位在员工停工留薪期间能否解除劳动关系？

劳动者在停工留薪期内，用人单位不得适用无过失性①和经济性裁员②的规定解除双方劳动合同，但双方可以协商解除劳动合同或适用过失性解除劳动合同③的规定解除双方劳动合同。

同时若劳动者停工留薪期未满而劳动合同期限届满，用人单位也不得终止劳动合同，劳动合同期限应自动顺延至停工留薪期满为止。

3. 用人单位如何应对员工停工留薪期满后拒不返岗的情况？

法律关于停工留薪期的规定是属于原则性规定，若劳动者持有定点医疗或康复机构出具的休假证明需要延长停工留薪期的，用人单位应当给予延长。但如果劳动者无法提供相关证明或者开虚假证明，且不及时返岗，用人单位可以根据规章制度里的请假规定或旷工规定对其进行相应处罚，甚至适用过失性解除劳动合同的规定与其解除劳动关系。但用人单位在工伤员工劳动能力等级鉴定结论出具前，仍应谨慎决定是否解除劳动合同。因为部分地方司法机关认为，无论工伤员工存在何种情形，包括严重违反用人单位规章制度等在内的情形，只要在工伤员工劳动能力等级鉴定结论出具前，用人单位无权单方解除工伤员工劳动合同。若用人单位出现上述严重违规员工欲解除劳动合同时，应先审查当地现行司法裁判规则，避免被认定为违法解除劳动合同的法律风险。笔者通过案例检索，发现司法机关对于上述情形的工伤员工认可用人单位解除劳动合同的比例相对高于用人单位不得解除劳动合同的比例。

而对于延长停工留薪期超过 12 个月的，需要经过劳动能力鉴定委员会进行确认，若劳动者拒不接受鉴定的，用人单位可以停发其停工留薪待遇转而发放病假工资。

4. 工伤保险费率如何确定？

根据《工伤保险条例》第二章第八条规定，工伤保险费根据以支定收、收支平衡的原则，确定费率。

国家根据不同行业的工伤风险程度确定行业的差别费率，并根据工伤保险费使用、工伤发生率等情况在每个行业内确定若干费率档次。行业差别费率及行业内费率档次由国务院社会保险行政部门制定，报国务院批准后公布施行。

---

① 具体适用《劳动合同法》第四十条："有下列情形之一的，用人单位提前 30 日以书面形式通知劳动者本人或者额外支付劳动者 1 个月工资后，可以解除劳动合同……"

② 具体适用《劳动合同法》第四十一条第一款："有下列情形之一，需要裁减人员 20 人以上或者裁减不足 20 人但占企业职工总数 10% 以上的，用人单位提前 30 日向工会或者全体职工说明情况，听取工会或者职工的意见后，裁减人员方案经向劳动行政部门报告，可以裁减人员：(1)依照企业破产法规定进行重整的；(2)生产经营发生严重困难的；(3)企业转产、重大技术革新或者经营方式调整，经变更劳动合同后，仍需裁减人员的；(4)其他因劳动合同订立时所依据的客观经济情况发生重大变化，致使劳动合同无法履行的。"

③ 具体适用《劳动合同法》第三十九条："劳动者有下列情形之一的，用人单位可以解除劳动合同：(1)在试用期间被证明不符合录用条件的；(2)严重违反用人单位的规章制度的；(3)严重失职，营私舞弊，给用人单位造成重大损害的；(4)劳动者同时与其他用人单位建立劳动关系，对完成本单位的工作任务造成严重影响，或者经用人单位提出，拒不改正的；(5)因本法第二十六条第一款第一项规定的情形致使劳动合同无效的；(6)被依法追究刑事责任的。"

统筹地区经办机构根据用人单位工伤保险费使用、工伤发生率等情况，适用所属行业内相应的费率档次确定单位缴费费率。

按照《国民经济行业分类》(GB/T 4754—2017)对行业的划分，根据不同行业的工伤风险程度，由低到高，依次将行业工伤风险类别划分为一类至八类。不同工伤风险类别的行业执行不同的工伤保险行业基准费率。各行业工伤风险类别对应的全国工伤保险行业基准费率为，一类至八类分别控制在该行业用人单位职工工资总额的 0.2%、0.4%、0.7%、0.9%、1.1%、1.3%、1.6%、1.9%左右(见表2-10)。

表 2-10 　　　　　　　　　　　　　　行业差别基准费率

类别	行　　业	基准费率
一	软件和信息技术服务业，货币金融服务，资本市场服务，保险业，其他金融业，科技推广和应用服务业，社会工作，广播、电视、电影和影视录音制作业，中国共产党机关、国家机构、人民政协、民主党派、社会保障、群众团体、社会团体和其他成员组织，基层群众自治组织，国际组织	0.2%
二	批发业，零售业，仓储业，邮政业，住宿业，餐饮业，电信、广播电视和卫星传输服务，互联网和相关服务，房地产业，租赁业，商务服务业，研究和试验发展，专业技术服务业，居民服务业，其他服务业，教育，卫生，新闻和出版业，文化艺术业	0.4%
三	农副食品加工业，食品制造业，酒、饮料和精制茶制造业，烟草制品业，纺织业，木材加工和木、竹、藤、棕、草制品业，文教、工美、体育和娱乐用品制造业，计算机、通信和其他电子设备制造业，仪器仪表制造业，其他制造业，水的生产和供应业，机动车、电子产品和日用产品修理业，水利管理业，生态保护和环境治理业，公共设施管理业，娱乐业	0.7%
四	农业，畜牧业，农、林、牧、渔服务业，纺织服装、服饰业，皮革、毛皮、羽毛及其制品和制鞋业，印刷和记录媒介复制业，医药制造业，化学纤维制造业，橡胶和塑料制品业，金属制品业，通用设备制造业，专用设备制造业，汽车制造业，铁路、船舶、航空航天和其他运输设备制造业，电气机械和器材制造业，废弃资源综合利用业，金属制品、机械和设备修理业，电力、热力生产和供应业，燃气生产和供应业，铁路运输业，航空运输业，管道运输业，体育	0.9%
五	林业，开采辅助活动，家具制造业，造纸和纸制品业，建筑安装业，建筑装饰和其他建筑业，道路运输业，水上运输业，装卸搬运和运输代理业	1.1%
六	渔业，化学原料和化学制品制造业，非金属矿物制品业，黑色金属冶炼和压延加工业，有色金属冶炼和压延加工业，房屋建筑业，土木工程建筑业	1.3%
七	石油和天然气开采业，其他采矿业，石油加工、炼焦和核燃料加工业	1.6%
八	煤炭开采和洗选业，黑色金属矿采选业，有色金属矿采选业，非金属矿采选业	1.9%

5. 用人单位分立、合并、转让或破产等情况下，工伤保险责任如何划分?

根据《工伤保险条例》第五章第四十三条规定，用人单位分立、合并、转让或者破产等情况下，工伤保险责任划分情况如下:

(1)用人单位分立、合并、转让的，承继单位应当承担原用人单位的工伤保险责任;原用人单位已经参加工伤保险的，承继单位应当到当地经办机构办理工伤保险变更登记。

（2）用人单位实行承包经营的，工伤保险责任由职工劳动关系所在单位承担。

（3）职工被借调期间受到工伤事故伤害的，由原用人单位承担工伤保险责任，但原用人单位与借调单位可以约定补偿办法。

（4）企业破产的，在破产清算时依法拨付应当由单位支付的工伤保险待遇费用。

6. 哪些情形会认定为工伤？

根据《工伤保险条例》第三章第十四条规定，职工有下列情形之一的，应当认定为工伤：

（1）在工作时间和工作场所内，因工作原因受到事故伤害的。

（2）工作时间前后在工作场所内，从事与工作有关的预备性或者收尾性工作受到事故伤害的。

（3）在工作时间和工作场所内，因履行工作职责受到暴力等意外伤害的。

（4）患职业病的。

（5）因工外出期间，由于工作原因受到伤害或者发生事故下落不明的。

（6）在上下班途中，受到非本人主要责任的交通事故或者城市轨道交通、客运轮渡、火车事故伤害的。

（7）法律、行政法规规定应当认定为工伤的其他情形。

7. 哪些情形可以视同工伤？

根据《工伤保险条例》第三章第十五条规定，职工有下列情形之一的，视同工伤：

（1）在工作时间和工作岗位，突发疾病死亡或者在 48 小时之内经抢救无效死亡的。

（2）在抢险救灾等维护国家利益、公共利益活动中受到伤害的。

（3）职工原在军队服役，因战、因公负伤致残，已取得革命伤残军人证，到用人单位后旧伤复发的。

8. 哪些情形不得认定为工伤或视同工伤？

根据《工伤保险条例》第三章第十六条规定，职工符合《工伤保险条例》第三章第十四条、第十五条的规定，但是有下列情形之一的，不得认定为工伤或者视同工伤：

（1）故意犯罪的。

（2）醉酒或者吸毒的。

（3）自残或者自杀的。

9. 职工因工致残被鉴定为一级至四级伤残的，可以享受哪些待遇？

根据《工伤保险条例》第五章第三十五条规定，职工因工致残被鉴定为一级至四级伤残的，保留劳动关系，退出工作岗位，享受以下待遇：

（1）从工伤保险基金按伤残等级支付一次性伤残补助金，标准为：一级伤残为 27 个月的本人工资，二级伤残为 25 个月的本人工资，三级伤残为 23 个月的本人工资，四级伤残为 21 个月的本人工资。

（2）从工伤保险基金按月支付伤残津贴，标准为：一级伤残为本人工资的 90%，二级伤残为本人工资的 85%，三级伤残为本人工资的 80%，四级伤残为本人工资的 75%。伤残津贴实际金额低于当地最低工资标准的，由工伤保险基金补足差额。

（3）工伤职工达到退休年龄并办理退休手续后，停发伤残津贴，按照国家规定享受基本养老保险待遇，基本养老保险待遇低于伤残津贴的由工伤保险基金补足差额。

职工因工致残被鉴定为一级至四级伤残的，由用人单位和职工个人以伤残津贴为基数，缴纳基本医疗保险费。

10. 职工因工致残被鉴定为五、六级伤残的，可以享受哪些待遇？

根据《工伤保险条例》第五章第三十六条规定，职工因工致残被鉴定为五级、六级伤残的，享受以下待遇：

（1）从工伤保险基金按伤残等级支付一次性伤残补助金，标准为：五级伤残为18个月的本人工资，六级伤残为16个月的本人工资。

（2）保留与用人单位的劳动关系，由用人单位安排适当工作。难以安排工作的，由用人单位按月发给伤残津贴，标准为：五级伤残为本人工资的70%，六级伤残为本人工资的60%，并由用人单位按照规定为其缴纳应缴纳的各项社会保险费。伤残津贴实际金额低于当地最低工资标准的，由用人单位补足差额。

经工伤职工本人提出，该职工可以与用人单位解除或者终止劳动关系，由工伤保险基金支付一次性工伤医疗补助金，由用人单位支付一次性伤残就业补助金。一次性工伤医疗补助金和一次性伤残就业补助金的具体标准由省、自治区、直辖市人民政府规定。

11. 职工因工致残被鉴定为七级至十级伤残的，可以享受哪些待遇？

根据《工伤保险条例》第五章第三十七条规定，职工因工致残被鉴定为七级至十级伤残的，享受以下待遇：

（1）从工伤保险基金按伤残等级支付一次性伤残补助金，标准为：七级伤残为13个月的本人工资，八级伤残为11个月的本人工资，九级伤残为9个月的本人工资，十级伤残为7个月的本人工资。

（2）劳动、聘用合同期满终止，或者职工本人提出解除劳动、聘用合同的，由工伤保险基金支付一次性工伤医疗补助金，由用人单位支付一次性伤残就业补助金。一次性工伤医疗补助金和一次性伤残就业补助金的具体标准由省、自治区、直辖市人民政府规定。

12. 职工因工死亡，其近亲属可享受哪些待遇？

根据《工伤保险条例》第五章第三十九条规定，职工因工死亡，其近亲属按照下列规定从工伤保险基金领取丧葬补助金、供养亲属抚恤金和一次性工亡补助金：

（1）丧葬补助金为6个月的统筹地区上年度职工月平均工资；

（2）供养亲属抚恤金按照职工本人工资的一定比例发给由因工死亡职工生前提供主要生活来源、无劳动能力的亲属。标准为：配偶每月40%，其他亲属每人每月30%，孤寡老人或者孤儿每人每月在上述标准的基础上增加10%。核定的各供养亲属的抚恤金之和不应高于因工死亡职工生前的工资。供养亲属的具体范围由国务院社会保险行政部门规定。

（3）一次性工亡补助金标准为上一年度全国城镇居民人均可支配收入的20倍。

伤残职工在停工留薪期内因工伤导致死亡的，其近亲属享受本条第一款规定的待遇。

一级至四级伤残职工在停工留薪期满后死亡的，其近亲属可以享受本条第一款第一项、第二项规定的待遇。

13. 工伤赔付是否缴纳个人所得税？

对工伤职工及其近亲属按照《工伤报销条例》（国务院令第586号）规定取得的工伤报

销待遇，免征个人所得税。

(三) 实操总结

1. 工伤员工劳动关系的处理方式

对于工伤员工，用人单位应当本着人性化原则进行处理，及时全面地保障劳动者应当享有的权利。若劳动者享受完相关的工伤保险待遇和停工留薪期待遇后不服从用人单位管理及时到岗的，建议用人单位向其发放《返岗通知书》，并明确告知其缺勤的后果，若劳动者仍不改正，则按照相关的规章制度处理，甚至可按照《劳动合同法》第三十九条的规定适用过失性解除劳动合同原则，解除双方劳动关系。只是在工伤员工劳动能力等级鉴定结论出具前，劳动合同法对该段期间内的劳动者在劳动关系存续上有着特定保护，在平衡对劳动者的特殊保护与用人单位生产经营秩序这两种价值上，地方司法机关尚未形成统一的裁判规则，因此用人单位应慎重处理劳动关系。

2. 发生工伤事故后的注意事项有哪些？

(1) 事故发生后，现场管理人员及同事应协助受伤员工于第一时间内送往社会保险定点医院救治。伤情危急的可先送往就近医院抢救，待病情稳定之后转至社会保险定点医院救治。

(2) 整个医疗期不能使用医保卡。

(3) 单位经办人员需在各地区规定的时间将事故发生经过报备至工伤主管部门社会保险定点医院救治(大多数地区会要求在24小时或48小时内进行工伤报备)。

3. 申请工伤认定需要提交哪些材料？

提出工伤认定申请应当提交下列材料：

(1) 工伤认定申请表。

(2) 与用人单位存在劳动关系(包括事实劳动关系)的证明材料。

(3) 医疗诊断证明或者职业病诊断证明书(或者职业病诊断鉴定书)。

工伤认定申请表应当包括事故发生的时间、地点、原因以及职工伤害程度等基本情况。工伤认定申请人提供材料不完整的，社会保险行政部门应一次性书面告知工伤认定申请人需要补正的全部材料。申请人按照书面告知要求，提供补正材料后，劳动保障行政部门应当受理。

由于各地区情况不统一，所需资料以各地区要求为准。

4. 工伤职工如何进行劳动能力鉴定？

职工发生工伤，经治疗伤情相对稳定后存在残疾、影响劳动能力的，应当进行劳动能力鉴定。劳动能力鉴定由用人单位、工伤职工或其直系亲属向企业所在地的劳动能力鉴定委员会提出申请，并提供工伤认定结论和职工工伤医疗的有关资料(具体资料以各地区要求为准)，劳动能力鉴定委员会收到劳动能力鉴定申请后，从其建立的医疗卫生专家库中随机抽取3名或者5名相关专家组成专家团队，由专家组提出鉴定意见。劳动能力鉴定委员会根据专家组的鉴定意见作出职工劳动能力鉴定结论。必要时，可委托具备资料的医疗机构协助进行有关诊断。

5. 工伤待遇常用公式(见表2-11)

表 2-11   **工伤待遇一览表(以武汉市为例)**

	补偿类别	伤残等级	#定期伤残津贴	一次性待遇		
				#伤残补助金	#医疗补助金	伤残就业补助金(企业支付)
工伤待遇一览表	因工伤残待遇					
	完全丧失劳动能力	一级	本人工资×90%	本人工资×27个月	—	—
		二级	本人工资×85%	本人工资×25个月		
		三级	本人工资×80%	本人工资×23个月		
		四级	本人工资×75%	本人工资×21个月		
	大部分丧失劳动能力	五级	本人工资×70%(企业支付)	本人工资×18个月	统筹地区上年度职工月平均工资×22个月	统筹地区上年度职工月平均工资×34个月
		六级	本人工资×60%(企业支付)	本人工资×16个月	统筹地区上年度职工月平均工资×18个月	统筹地区上年度职工月平均工资×28个月
	部分丧失劳动能力	七级	—	本人工资×13个月	统筹地区上年度职工月平均工资×12个月	统筹地区上年度职工月平均工资×20个月
		八级		本人工资×11个月	统筹地区上年度职工月平均工资×10个月	统筹地区上年度职工月平均工资×16个月
		九级		本人工资×9个月	统筹地区上年度职工月平均工资×8个月	统筹地区上年度职工月平均工资×12个月
		十级		本人工资×7个月	统筹地区上年度职工月平均工资×6个月	统筹地区上年度职工月平均工资×8个月
	停工留薪期待遇		原工资待遇不变(停工留薪期1—24个月)			
	#护理费(停工留薪期护理费由用人单位支付)	生活完全不能自理	统筹地区上年度职工月平均工资×50%			
		生活大部分不能自理	统筹地区上年度职工月平均工资×40%			
		生活部分不能自理	统筹地区上年度职工月平均工资×30%			
	#残疾辅助器具费		需要配置残疾辅助器具的,经劳动鉴定委员会批准,按照国家固定的标准配置			
	#丧葬补助金		统筹地区上年度职工月平均工资×6个月			
	因工死亡待遇	#一次性工亡补助金	上年度全国城镇居民人均可支配收入的20倍			
		#供养亲属抚恤金(按月发放)	配偶:工亡前12个月职工月平均工资×40% 其他供养亲属:工亡前12个月职工月平均工资×30% 孤寡老人或者孤儿:在上述的基础上增加10% 注:抚恤金总额不应高于因公死亡职工生前的工资			

注:(1)参加工伤保险的单位,标注"#"的由工伤保险基金支出,其余各项为用人单位支付;未参加工伤保险的单位,所有待遇均由用人单位支出。(2)一次性工伤医疗补助金和一次性伤残就业补助金的具体标准由省、自治区、直辖市人民政府规定。

6. 工伤赔付流程及所需资料

(1)24小时内社保局备案,交备案表。

(2)备案后15天内交工伤认定资料,工伤认定资料包括:

①受伤职工身份证复印件一式两份。

②受伤职工合同复印件(与用人单位签订)。

③受伤职工原始劳动合同扫描件和复印件。

④受伤职工个人申请书(签字、按手印、联系方式;结尾加一句委托单位办理工伤认定,无须单独再提供个人委托书)。

⑤用工单位营业执照复印件(派遣单位)。

⑥用工单位证明原件(加盖公章,扫描件拒收)。

⑦两位证明人的工伤事故证明及身份证复印件(事故证明需手写、签字、盖章、按手印)。

⑧正常工作时间(8:30—12:00;14:00—17:30)以外的时间段,需要员工排班表且盖章。

⑨交通事故需要交通线路图和交通事故责任认定书,且必须报警。

⑩受伤职工初次就诊病历、诊断证明(复印件),若有骨折还需提供拍片报告纸质单。

(3)待工伤认定结果出来,提交工伤报销资料,工伤认定一般会在120个工作日左右出结果,根据工伤事故不同,认定的时间不同,具体时间以工伤科审核时间为准。工伤报销资料包括:

①首次病历复印件。

②发票原件及费用清单原件。

③出院小结,骨折如有安装钢钉或钢板需提供钢板调解码。

④交通事故需赔付明细。

(4)工伤职工经治疗伤情相对稳定后存在残疾、影响劳动能力的,由用人单位向市劳动能力鉴定委员会提出劳动能力鉴定申请。劳动能力鉴定一般60个工作日出结果,根据受伤情况不同,鉴定时间不同,具体时间以审核时间为准。劳动鉴定资料包括:

①工伤职工身份证复印件1份。

②1寸登记照2张。

③首次受伤病历、出院记录或出院小结、检查、X光片等资料原件和复印件(收复印件)。

(5)社保局一般会将报销款支付给企业单位,企业到款后再支付给员工。

(6)以上各项需准备的资料以各地社保局要求为准。

(四)典型案例

☞ **案例1:工伤停工留薪期内是否可以解除劳动合同**[①]
【案情简介】
胡某于2012年2月10日入职某商贸公司,从事保安工作。2016年9月,胡某因

---

① 摘自武汉市劳动争议十大典型案例(2019年6月11日)。

工受伤，被认定为工伤，伤残等级为九级。经武汉市劳动能力鉴定委员会确认，胡某的停工留薪期为 9 个月，自 2016 年 9 月 3 日至 2017 年 6 月 2 日。2017 年 4 月 18 日，商贸公司以胡某旷工为由解除了双方劳动合同。胡某诉至法院，请求支付违法解除劳动合同赔偿金。

【处理结果】

支持胡某的诉讼请求。

【争议焦点】

商贸公司以胡某旷工为由解除劳动合同是否属于违法解除？

【裁判观点】[①]

停工留薪期是法律赋予劳动者在遭受工伤后享受治疗和休息的权利。在停工留薪期内，劳动者原有的工资福利待遇不变，用人单位应按月支付。胡某停工留薪期自 2016 年 9 月 3 日至 2017 年 6 月 2 日，该期间属于胡某接受治疗和休息的时间，其没有上班的行为不属于旷工，商贸公司于 2017 年 4 月 18 日以胡某旷工为由解除劳动合同属于违法解除。

【典型意义】

用人单位在工伤停工留薪期内违法解除劳动合同，须支付违法解除劳动合同赔偿金。工伤是劳动争议案件中一种较为普遍的争议。随着工作环境日益复杂，立法与司法实践对工伤认定的范围不断扩大，工伤待遇纠纷的数量也随之增长。停工留薪期也成为此类案件的争议焦点。停工留薪期是劳动者因工作遭受事故伤害或患职业病后，需要暂停工作接受工伤医疗，继续享受原工资福利待遇的期限。工伤事故发生后，用人单位应当严格按照法律规定办事，依法保障工伤职工的合法权益。

另一方面，对工伤职工的特殊保护并不代表劳动者在停工留薪期内可以不受约束。根据《劳动合同法》第三十九条，劳动者有下列情形之一的，用人单位可以解除劳动合同：试用期间被证明不符合录用条件；严重违反规章制度；严重失职，营私舞弊，给单位造成重大损害；同时与其他单位建立劳动关系，对完成本单位的工作任务造成严重影响，或者经单位提出，拒不改正；以欺诈、胁迫或乘人之危，使用人单位在违背真实意思的情况下订立或变更劳动合同致使劳动合同无效；被依法追究刑事责任。由此可见，即使工伤职工在停工留薪期内，用人单位如果有充分证据证明该职工的行为符合法定解除情形，仍然可以依法解除双方劳动合同。

☞ **案例 2：上班期间回家吃饭，返岗途中发生车祸算不算工伤？**[②]

【案情简介】

邓某在一家超市上班，这家超市店对员工实行白、晚班两班制管理，白班时间为 7：30—14：30，晚班时间为 14：30—21：30，每班 7 个小时。上班期间，超市未为员工

---

① 适用《工伤保险条例》第三十三条，职工因工作遭受事故伤害或患职业病需要暂停工作接受工伤医疗的，在停工留薪期内，原工资福利待遇不变，由所在单位按月支付。

② 该案件由微信公众号"中国工伤保险"于 2020 年 9 月 11 日发布。

提供伙食，只是规定了每位员工 40 分钟的轮流吃饭时间。邓某因上班地点离家不远，平时都是回家吃饭。一天，邓某中午回家吃饭后，驾驶着电动车到超市上班。途中，驾车的邓某与一辆轻型货车发生碰撞而受伤，被送往医院治疗。经院方诊断，邓某有骨折，还有多处软组织擦挫伤。当地交通管理部门认定邓某对该次交通事故无责任。事后，邓某被认定为工伤，超市不服，提起上诉。

超市认为，邓某发生事故时间不是在正常上下班途中，不是因为工作原因受伤，而是私自外出受伤，其受伤不应认定为工伤。

社会保险行政部门认为，邓某每班连续工作时间长达 7 个小时。其间，超市只提供吃饭时间，不提供伙食，邓某中午就餐问题属于正常生理需要和身体健康需要，并非私自外出。此外，邓某住处离工作地点不远，骑车仅需 3 分钟左右，在超市不提供工作餐的情况下，邓某为了节约生活开支而回家吃饭亦属合情合理。邓某在合理上班途中受到非本人主要责任的交通事故伤害，按照《工伤保险条例》第十四条第六项规定，应当认定为工伤，故被告认定其受伤性质为工伤并无不当。

法院最终认定，社会保险行政部门作出的工伤认定决定事实清楚，依法驳回了超市的诉讼请求。

☞ 案例 3：工伤保险费可补缴，已发生的费用可补支吗？[①]
【案情简介】

某公司职工刘某上班期间因机械伤害导致工伤，花去 17 万余元医疗费用并落下六级伤残。刘某要求公司为其申报工伤，公司发现由于工作失误，没有为刘某办理工伤保险便立即到当地社会保险部门办理手续、补缴费用。之后公司要求社会保险部门承担全部待遇。

根据《工伤保险条例》第六十二条第三款规定：用人单位参加工伤保险并补缴应当缴纳的工伤保险费、滞纳金后，由工伤保险基金和用人单位依照本条例的规定支付新发生的费用。

根据《人力资源社会保障部关于执行〈工伤保险条例〉若干问题的意见（二）》第三条规定：《工伤保险条例》第六十二条规定的"新发生的费用"，是指用人单位参加工伤保险前发生工伤的职工，在参加工伤保险后新发生的费用。

其中由工伤保险基金支付的费用，按不同情况予以处理：（1）因工受伤的，支付参保后新发生的工伤医疗费、工伤康复费、住院伙食补助费、统筹地区以外就医交通食宿费、辅助器具配置费、生活护理费、一级至四级伤残职工伤残津贴，以及参保后解除劳动合同时的一次性工伤医疗补助金；（2）因工死亡的，支付参保后新发生的符合条件的供养亲属抚恤金。

综上，刘某的 17 万余元医疗费用，发生在单位参加工伤保险之前不应由工伤保险基

---

① 该案件来源于微信公众号"武汉人社"，于 2021 年 9 月 10 日发布。

金承担,应由公司承担。

☞ **案例 4:工伤待遇费用是否需要缴纳个人所得税?**

何某系湖北某制造公司生产线工人,2021 年某日因工作时操作失误受伤,后被送往医院救治。经医院诊断该员工有 5 处骨折及左眼近乎失明,经劳动能力(仲裁)委员会鉴定为七级伤残,部分丧失劳动能力,经仲裁裁决工伤待遇费用包括一次性伤残补助金、伤残津贴、一次性工伤医疗补助金、一次性伤残就业补助金、工伤医疗待遇、住院伙食补助费、外地就医交通食宿费用、工伤康复费用、辅助器具费用、生活护理费等共计 40 万元。

根据《财政部国家税务总局关于工伤职工取得的工伤保险待遇有关个人所得税政策的通知》(财税〔2012〕40 号)规定:"一、对工伤职工及其近亲属按照《工伤保险条例》(国务院令第 586 号)规定取得的工伤保险待遇,免征个人所得税。二、本通知第一条所称的工伤保险待遇,包括工伤职工按照《工伤保险条例》(国务院令第 586 号)规定取得的一次性伤残补助金、伤残津贴、一次性工伤医疗补助金、一次性伤残就业补助金、工伤医疗待遇、住院伙食补助费、外地就医交通食宿费用、工伤康复费用、辅助器具费用、生活护理费等,以及职工因工死亡,其近亲属按照《工伤保险条例》(国务院令第 586 号)规定取得的丧葬补助金、供养亲属抚恤金和一次性工亡补助金等。"

因此何某的工伤待遇费用无须缴纳个人所得税。

二、专题 2:医疗、生育待遇

(一)相关概念

1. 产假与哺乳假

【产假】指女性职工在生产前后所享有的休假的权利。

【哺乳假】用人单位在每天的劳动时间内为哺乳期女职工安排的哺乳时间。

2. 基本医疗保险

基本医疗保险是国家通过立法强制实行的,用人单位和劳动者按照国家相关法律、法规缴纳基本医疗保险费,建立医疗保险基金,当参保人员患病就诊发生医疗费用后,为补偿企业职工因疾病风险造成的经济损失,由医疗保险经办机构给予一定的医疗经济补偿,以减轻劳动者因患病、治疗等所带来的经济损失。

基本医疗保险是社会保险制度中最重要的险种之一,它与基本养老保险、生育保险、失业保险、工伤保险等共同构成社会保险制度。

根据《社会保险法》第二十三条规定,职工应当参加职工基本医疗保险,由用人单位和职工按照国家规定共同缴纳基本医疗保险费。

无雇工的个体工商户、未在用人单位参加职工基本医疗保险的非全日制从业人员以及其他灵活就业人员可以参加职工基本医疗保险,由个人按照国家规定缴纳基本医疗保险费。

3. 生育保险

生育保险是国家通过立法强制实行的，用人单位按照国家相关法律、法规缴纳生育保险费，建立生育保险基金，当企业职工因怀孕和分娩而暂时中断劳动时，由国家提供产假、生育津贴和医疗服务，以补偿企业和职工在此期间的经济损失。

生育保险待遇包括生育津贴和生育医疗待遇。它与基本养老保险、医疗保险、失业保险、工伤保险等共同构成社会保险制度。

根据《中华人民共和国社会保险法》第五十三条规定，职工应当参加生育保险，由用人单位按照国家规定缴纳生育保险费，职工不缴纳生育保险费。

根据《中华人民共和国社会保险法》第五十四条规定，职工未就业配偶按照国家规定享受生育医疗费用待遇。所需资金从生育保险基金中支付。

(二)常见问答

1. 非因工受伤员工医疗期管理办法有哪些？

劳动者在医疗期内，用人单位不得单方解除劳动合同，但双方可以协商解除；如果合同期限届满，劳动合同的期限应自动延续至医疗期期满为止。

劳动者医疗期满后，不能从事原工作，也不能从事用人单位另行安排的工作的，用人单位应提前30天书面通知或者支付1个月工资即可单方与劳动者解除劳动合同，但同时用人单位需要支付经济补偿。此外，用人单位也可以适用协商解除或过失性解除劳动合同的规定解除双方劳动合同。为进一步避免出现部分员工医疗期满后恶意请病假的情况，对用人单位提出如下建议：

(1)制度上进行规范。

用人单位应在规章制度中明确病假申请流程和要求，包括：①请病假应提前申请，如遇特殊情况应在特殊情况消除后及时申请，否则视为旷工。②申请病假应走审批流程，并需要附上医院开具的病假证明、病历本和医药费单据等，必要时附注主治医生姓名和联系方式。③用人单位有权对员工病假进行复核，要求员工复查。

(2)合同上进行明确。

最好在劳动合同中进行明确约定，连续休病假达到多少天，用人单位可以安排其他劳动者进行顶替并可以调整休假员工的岗位。

(3)管理上进行灵活应对。

对于明显不合理的病假，应到出具病假建议的医院调查，核实请假事由的真伪。另外在病假申请单中，应有劳动者本人的声明：如病假申请虚假，则属于严重违反公司规定的行为，单位可单方解除劳动合同，且无需支付任何经济补偿。用人单位要不定时探访休假员工，实时了解员工实际情况，同时也能对真正生病的职工进行关怀。

若员工无正当理由休病假，或者病假期满后仍不上班，用人单位可以向其送达《限期返岗通知书》并注明相关后果，必要时可依据规章制度或法律规定解除双方劳动合同。

2. 如何审查女职工怀孕的事实？

关于女职工怀孕认定是一个事实认定的问题，应以客观事实为准。用人单位可以在其规章制度中设定：要求职工提供三甲医院以上病历单、诊断证明书、挂号单、缴费清单、就诊发票等材料。同时用人单位可以根据诊断证明书，检查上面印章及医生签字，通过到医院证实或网上查询等途径明确该医生是否在职工就医医院任职以及是否在职工就医的科室坐诊等。

当劳动者提供结论不确定的孕检报告时，用人单位应给予劳动者合理的孕检宽限期。对劳动者提供的资料有异议的，用人单位可以和劳动者一起到相应的或具有检测能力的医疗机构进行复查。

3. 女职工在怀孕期间需要保胎的如何处理？

女职工怀孕需要保胎的，用人单位应按病假待遇处理，即根据本人实际参加工作年限和在本单位工作年限，给予3个月到24个月的医疗期。保胎期间的工资在劳动合同中有约定或单位有效规章制度有规定的，按约定或规定处理；没有约定或规定的，企业按有关法律法规支付其病假工资或疾病救济费，病假工资或疾病救济费可以低于当地最低工资标准，但不能低于最低工资标准的80%。

4. 员工的生育产假如何计算？

对于生育产假，根据《女职工劳动保护特别规定》第七条的规定，"女职工生育享受98天产假，其中产前可以休假15天；难产的，增加产假15天；生育多胞胎的，每多生育1个婴儿，增加产假15天。"这里的"产前15天"是指预产期前15天，产前假一般不得放到产后使用，若孕妇提前生产，可将不足的天数和产后假合并使用；若孕妇推迟生产，可将超出的天数按病假处理。且怀孕女职工在劳动时间进行产前检查，所需时间计入劳动时间。

各地在上述全国标准基础上，一般制定了相应的地方性法规，且地方性法规在女职工特别保护方面一般均高于全国标准。用人单位在制定有关生育产假规章制度时，除需要遵守上述全国标准外，还要查阅并遵守相应的地方性法规。以湖北为例，《湖北省人口与计划生育条例》第三十一条规定："符合法律法规规定生育的妇女，除享受国家规定的产假外，增加产假60天，其配偶享受15天护理假；3岁以下婴幼儿父母每人每年享受累计10天育儿假。"

以上产假时间的计算，用人单位对于女职工休产假可以按照医院出具的病历上预产期的时间来确定开始休产假的时间，如果预产期只是一个时间段，则可以让员工到医院让医生确定一个具体时间，可以此作为员工休产假的开始时间依据。

5. 违法生育的员工是否享有产假津贴？

产假是劳动保护的一部分内容，目的是为了保障女职工有充足的时间恢复身体健康，因此从基本人权的角度出发，女职工存在生育的事实便当然享有休产假的权利，且相关法律规定并未设置休产假的前置条件须符合生育政策。

但生育保险的作用是为了促进计划生育政策的执行，如果违反了计划生育政策便背离了生育保险的宗旨，按照现行相关的生育保险政策，不符合生育保险政策或申领条件的，很难正常享受生育保险津贴待遇。实务中，地方法院对于女职工因违法生育向用人单位主张产假工资或福利待遇的请求，并没有统一裁判规则，通过相关案例检索，司法机关不支持女职工该项请求的占比相对较大。但随着目前生育政策的放开，在鼓励生育的政策导向下，相关生育配套法规、政策的修订，预计未来会向着支持女职工该项请求的方向逐步推进。

6. 产假工资和生育津贴该如何适用？

根据《女职工劳动保护特别规定》第八条的规定，"女职工产假期间的生育津贴，对已经参加生育保险的，按照用人单位上年度职工月平均工资的标准由生育保险基金支付；对未参加生育保险的，按照女职工产假前工资的标准由用人单位支付"。可见通常情况下，员工对于产假工资与生育津贴不能重复享有。如果参加生育保险的，由社会保险经办机构发放，就叫生育津贴，在员工产假结束后向相关部门申报，申报后发放至用人单位账户，用人单位再支付给劳动者；如果没有参加生育保险的或办理了但不符合发放条件的，由用人单位发放，就叫产假工资，应当按照劳动合同约定，按月及时足额支付。关于生育津贴和产假工资，理论上应当是一致的，但事实上，有的用人单位为员工缴纳社保的基数与员工实际工资不符，而此时支付的原则为：在工资标准和生育津贴标准之间采取就高不就低原则。若员工享受的生育津贴低于其休假前工资标准的，由用人单位进行补足；高于其休假前工资标准的，用人单位可以列入单位福利费用。

7. 女职工的哺乳期假期如何计算？

在婴儿满 1 周岁之前，女职工享受每天 1 小时的哺乳时间，且用人单位不能以此为由扣发劳动者工资，或者认定员工旷工、迟到、早退。女职工每天的哺乳时间为上下午各半个小时，但是考虑到上班路上的时间成本，或者用人单位的工作需要，员工和单位可以进行协商灵活安排，将上下午的哺乳时间合并使用。

不过用人单位不能强制规定员工必须在某个时间点使用哺乳时间，更不能投机取巧地把哺乳时间安排在单位规定的午休时间。

8. 用人单位能否在女职工孕产哺三期内解除劳动关系？

女职工在孕期、产期、哺乳期的，用人单位不得随意解除劳动合同，同时劳动合同期满，女职工在"三期"内的，劳动合同应当延续至相应情形消失时终止。

9. 哪些医疗项目符合基本医疗保险基金支付制度？

根据《中华人民共和国社会保险法》第二十八条，符合基本医疗保险药品目录、诊疗项目、医疗服务设施标准以及急诊、抢救的医疗费用，按照国家规定从基本医疗保险基金中支付。

10. 不纳入基本医疗保险基金支付范围的医疗费用有哪些？

根据《中华人民共和国社会保险法》第三十条规定，下列医疗费用不纳入基本医疗保险基金支付范围：

（1）应当从工伤保险基金中支付的。

（2）应当由第三人负担的。

（3）应当由公共卫生负担的。

（4）在境外就医的。

医疗费用依法应当由第三人负担，第三人不支付或者无法确定第三人的，由基本医疗保险基金先行支付。基本医疗保险基金先行支付后，有权向第三人追偿。

11. 基本医疗报销需要满足哪些条件？

医疗报销一般要符合以下条件：

(1)参保人员必须到基本医疗保险的定点医疗机构就医购药，或持定点医院的大夫开具的医药处方到社会保险机构确定的定点零售药店外购药品。

(2)参保人员在看病就医过程中所发生的医疗费用必须符合基本医疗保险药品目录、诊疗项目、医疗服务设施标准的范围和给付标准，才能由基本医疗保险基金按规定予以支付。

(3)参保人员符合基本医疗保险支付范围的医疗费用中，在社会医疗统筹基金起付标准以上与最高支付限额以下的费用部分，由社会医疗统筹基金按一定比例支付。

(4)根据《中华人民共和国社会保险法》第二十八条规定，符合基本医疗保险药品目录、诊疗项目、医疗服务设施标准以及急诊、抢救的医疗费用，按照国家规定从基本医疗保险基金中支付。

12. 基本医疗保险关系是否可以转移？

根据《中华人民共和国社会保险法》第三十二条规定，个人跨统筹地区就业的，其基本医疗保险关系可以随本人转移，缴费年限累计计算。

13. 哪些单位和个人必须参加基本医疗保险？

根据《中华人民共和国社会保险法》第二十三条规定，职工应当参加职工基本医疗保险，由用人单位和职工按照国家规定共同缴纳基本医疗保险费。

无雇工的个体工商户、未在用人单位参加职工基本医疗保险的非全日制从业人员以及其他灵活就业人员可以参加职工基本医疗保险，由个人按照国家规定缴纳基本医疗保险费。

根据《国务院关于建立城镇职工基本医疗保险制度的决定》(国发〔1998〕44号文)规定，城镇所有用人单位，包括企业(国有企业、集体企业、外商投资企业、私营企业等)、机关、事业单位、社会团体、民办非企业单位及其职工，都要参加基本医疗保险。乡镇企业及其职工、城镇个体经济组织业主及其从业人员是否参加基本医疗保险，由各省、自治区、直辖市人民政府决定。

14. 基本医疗保险应按照什么费率进行缴纳？

根据《国务院关于建立城镇职工基本医疗保险制度的决定》规定，基本医疗保险费由用人单位和职工共同缴纳。用人单位缴费率应控制在职工工资总额的6%左右，职工缴费率一般为本人工资收入的2%。随着经济发展，用人单位和职工缴费率可做相应调整。

目前，大部分地区现行用人单位缴费率是职工工资总额的8%左右，不同地区比例不同。

15. 各用人单位和职工如何缴纳基本医疗保险？

根据《中华人民共和国社会保险法》第六十条规定，用人单位应当自行申报、按时足额缴纳社会保险费，非因不可抗力等法定事由不得缓缴、减免。职工应当缴纳的社会保险费由用人单位代扣代缴，用人单位应当按月将缴纳社会保险费的明细情况告知本人。

无雇工的个体工商户、未在用人单位参加社会保险的非全日制从业人员以及其他灵活就业人员，可以直接向社会保险费征收机构缴纳社会保险费。

16. 没有工作的城镇居民可以参加基本医疗保险吗？

根据《中华人民共和国社会保险法》第二十五条规定，国家建立和完善城镇居民基本医疗保险制度。城镇居民基本医疗保险实行个人缴费和政府补贴相结合。

享受最低生活保障的人、丧失劳动能力的残疾人、低收入家庭 60 周岁以上的老年人和未成年人等所需个人缴费部分，由政府给予补贴。

17. 退休人员需要缴纳基本医疗保险吗？

根据《中华人民共和国社会保险法》第二十七条规定，参加职工基本医疗保险的个人，达到法定退休年龄时累计缴费达到国家规定年限的，退休后不再缴纳基本医疗保险费，按照国家规定享受基本医疗保险待遇；未达到国家规定年限的，可以缴费至国家规定年限。

18. 个人跨统筹地区就业的，其基本医疗保险关系可以转移吗？

根据《中华人民共和国社会保险法》第三十二条规定，个人跨统筹地区就业的，其基本医疗保险关系随本人转移，缴费年限累计。

19. 生育保险待遇包含哪些？

根据《中华人民共和国社会保险法》第五十四条规定，用人单位已经缴纳生育保险费的，其职工享受生育保险待遇；职工未就业配偶按照国家规定享受生育医疗费用待遇。所需资金从生育保险基金中支付。

生育保险待遇包括生育医疗费用和生育津贴。

20. 生育医疗费项目包含哪些？

根据《中华人民共和国社会保险法》第五十五条规定，生育医疗费用包括下列各项：

(1)生育的医疗费用。

(2)计划生育的医疗费用。

(3)法律、法规规定的其他项目费用。

21. 哪些情形可以享受生育津贴？

根据《中华人民共和国社会保险法》第五十六条，职工有下列情形之一的，可以按照国家规定享受生育津贴：

①女职工生育享受产假。

②享受计划生育手术休假。

③法律、法规规定的其他情形。

生育津贴按照职工所在用人单位上年度职工月平均工资计发。

22. 生育保险和基本医疗保险是否已合并？

是。为贯彻落实党的十八届五中全会精神和《中华人民共和国国民经济和社会发展第十三个五年规划纲要》，根据《全国人民代表大会常务委员会关于授权国务院在河北省邯郸市等 12 个试点城市行政区域暂时调整适用〈中华人民共和国社会保险法〉有关规定的决定》，2017 年 1 月 29 日，国务院办公厅印发《生育保险和职工基本医疗保险合并实施试点方案》，提出按照保留险种、保障待遇、统一管理、降低成本的思路，在河北省邯郸市等12个城市开展两项保险合并实施试点。详细信息参见《国务院办公厅关于印发生育保险和职工基本医疗保险合并实施试点方案的通知》(2017年1月19日国办发〔2017〕6号)。

按照国办发〔2019〕10号文件明确的指导思想、主要政策、保障措施，精心部署，全面推进，重点是严格落实"四统一，两确保"政策，即：统一参保登记，统一基金征缴和管理，统一医疗服务管理，统一经办和信息服务，确保职工生育期间生育保险待遇不变，确保制度可持续。

23. 生育保险不予支付的范围有哪些？

根据湖北省医疗保障局、湖北省财政厅、湖北省人力资源和社会保障厅、湖北省卫生健康委员会、国家税务总局湖北省税务局联合发布《湖北省全面推进生育保险和职工基本医疗保险合并实施意见》(鄂医保发〔2019〕42号)文件中规定，生育保险不予支付范围：违反国家生育法律、法规、规章规定发生的医疗费用，实施人类辅助生殖技术发生的费用，应在其他保险或其他赔付责任范围(如兼有人身伤害、交通事故、医疗事故等致害方)支付的费用等。

24. 员工取得生育津贴是否缴纳个人所得税？

生育妇女按照县级以上人民政府根据国家有关规定制定的生育保险办法，取得的生育津贴、生育医疗费或其他属于生育保险性质的津贴、补贴，免征个人所得税。

(三)实操总结

1. 孕产哺三期女职工及医疗期员工劳动关系的处理方式

用人单位在对孕产哺三期女职工进行管理时，首先应做到严格依据法律的相关规定，给予女职工依法应享受的待遇，不得因女职工怀孕而降低其工资待遇或者解除劳动合同，否则，用人单位将承担支付克扣的工资及相应的赔偿金或者用人单位违法解除劳动合同的赔偿金等风险。其次，对于在怀孕期间严重违反用人单位相关规章制度规定的女职工，用人单位可以适用过错性解除劳动合同的规定解除劳动关系，但同时需要注意解除劳动合同的依据如《员工手册》《纪律处分管理办法》等单位内部相关规章制度文件制定是否合理合法。最后，如果女职工在怀孕期间劳动合同期限届满，应按照法律规定自动延续，用人单位不得解除劳动合同，也不得在未与职工协商一致的情况下进行调岗、降薪。

对于符合享受医疗期的员工，用人单位应出于人道主义精神，保障其享有相关的医疗期待遇。同时在医疗期内，用人单位不得随意解除与员工的劳动合同，但医疗期满后，用人单位可以根据劳动者能否胜任原岗位工作的情况进行调岗，调岗后仍不能胜任工作的可以依法单方解除劳动合同，但需要支付经济补偿。

而对于恶意请病假的员工，用人单位首先应建立完善的规章制度和请假制度防范此类行为，一旦发生则应保留相关的证据，并按照公司内部规章制度进行处理。

2. 医疗期期限及计算方法(见表2-12)

表 2-12   医疗期期限及计算方法

实际工作年限	在本单位工作年限	医疗期	计算周期	医疗期待遇
10 年以下	5 年以下	3 个月	6 个月	在医疗期内，停止工作医疗累计在 6 个月以下，按现行规定发放病假工资
	5 年以上 10 年以下	6 个月	12 个月	
10 年以上	5 年以下	6 个月	12 个月	在医疗期内，停止工作医疗累计在 6 个月以上，按现行规定发放疾病救济费
	5 年以上 10 年以下	9 个月	15 个月	
	10 年以上 15 年以下	12 个月	18 个月	
	15 年以上 20 年以下	18 个月	24 个月	
	20 年以上	24 个月	30 个月	

注：某些特殊疾病（如癌症、精神病、瘫痪等），经企业和劳动主管部门批准，医疗期可适当延长。

3. 生育津贴报销标准

表 2-13   生育津贴报销标准

类型	计算公式	依　据
生育津贴	生育津贴＝用人单位上年度职工月平均工资/30×产假天数	《中华人民共和国社会保险法》第五十六条
产假工资	生育津贴≥产假工资，企业不用再为员工重复支付工资 生育津贴<产假工资，采用就高原则，用人单位需要补差额发给员工	《湖北省全面推进生育保险和职工基本医疗保险合并实施意见》（鄂医保发〔2019〕42 号）

具体实施情况以各地市政策为准。

4. 生育保险待遇一览表（见表 2-14）

表 2-14   生育保险待遇一览表

生育医疗费用	生育医疗费用	产前检查费	实操中通常采取定额、限额、按项目付费等多种支付方式
		接生费、手术费、住院费、药费	
		因生育引起疾病的医疗费	
	计划生育医疗费用	计划生育手术费、药费	
生育津贴	产假期间	正常产假	《中华人民共和国社会保险法》第五十六条规定：生育津贴按照职工所在用人单位上年度职工月平均工资计发
		难产、多胞胎等特殊假	
		晚育假	
	计划生育手术假期间	计划生育手术假	

注：1. 具体实施情况以各地市政策为准。

2. 除以上情形外，还包含法律、法规规定的其他情形。

5. 生育津贴申请流程

具体流程以湖北省为例：女职工生育无需备案登记，男职工配偶（未参保）的男职工需办理生育备案登记，登记后其配偶生产时可直接结算生育医疗费。

参保人员可通过线上、线下两种方式办理生育就医备案登记。

线上办理：参保职工本人通过"湖北医保服务平台"（ybj. hubei. gov. cn）进行申请。

线下办理：用人单位经办人员或职工本人可携带结婚证原件及复印件到参保单位所属辖区医保经办机构办理。

一般情况下生育津贴是等待职工生产结束或终止妊娠后，由用人单位向登记参保的社会保险机构申领生育津贴。生育津贴报销资料包括：

（1）结婚证复印件一份。

（2）出院小结或出院记录复印件。

（3）医保卡（正反两面）复印件或身份证（正反两面）复印件。

（4）社保机构审核通过后将生育津贴支付到用人单位。一般情况下，用人单位会在女职工产假期间支付产假工资，待生育津贴报销到账后，生育津贴高于产假工资的，将高出部分支付给员工；低于产假工资的，生育津贴直接归单位所有。

（四）典型案例

☞ **案例1：劳动者患特殊疾病，可以依法延长医疗期**①

【案情简介】

2020年4月，梅某至某物业公司工作，双方签订了至当年年底的劳动合同。2020年10月，梅某突发疾病而入院治疗，被诊断为"脑干梗死恢复期""四肢瘫"，处于植物人状态。2021年1月，物业公司认为梅某在国家规定的3个月医疗期满后未能从事原工作及其他工作，于当月为梅某办理停保手续。梅某因此无法向医疗保险基金申请停保期间的医疗费。梅某的法定代理人请求物业公司支付未报销的医疗费及病假工资。

【处理结果】

物业公司向梅某支付医保未予报销的医疗费及病假工资。

【争议焦点】

物业公司停止梅某社会保险的行为是否合法？

【裁判观点】

根据医疗机构诊断意见，梅某所患病情属于特殊疾病，依法应享受不少于24个月的医疗期。物业公司在未核查清楚梅某病情的情况下，按照普通疾病确定梅某的医疗期，停止其社会保险，缺乏事实和法律依据。

【典型意义】

企业职工因患病或非因工负伤，需要停止工作而医疗的，根据工作年限，给予3个月到24个月的医疗期。对某些患特殊疾病（如癌症、精神病、瘫痪等）的职工，在24个月内尚不能痊愈的，经企业和劳动主管部门批准，可以适当延长。本案的依法处理，保护了

---

① 摘自南通市劳动争议十大典型案例（2022年2月23日发布）。

患病劳动者医疗期内的合法权益。

☞ **案例 2：孕期女职工合法劳动权益应得到法律保护**①

【案情简介】

2017 年 8 月，韩某入职某设计公司，双方签订《劳动合同书》《劳动合同补充协议》，合同期限自 2017 年 8 月 15 日至 2020 年 8 月 14 日。在劳动合同履行期间，韩某怀孕，孕期请假产检。2019 年 1 月起，韩某通过微信、QQ 等方式向某设计公司相关人员请产假并填写《员工请假单》，此后韩某未到岗工作。2019 年 3 月，韩某生育一女。2019 年 5 月某设计公司向韩某发出《解除劳动合同通知书》，以其自 2019 年 2 月 1 日起未上班且未办理任何请假手续，按无故缺勤旷工处理为由，解除双方劳动合同。韩某向天津市河东区劳动人事争议仲裁委员会申请仲裁，要求某设计公司支付违法解除劳动合同赔偿金等，仲裁委部分支持了韩某的仲裁申请。双方当事人均向法院提起诉讼。

【处理结果】

某设计公司与韩某解除劳动合同为违法解除，应当支付违法解除劳动合同赔偿金。

【争议焦点】

某设计公司与韩某解除劳动合同是否合法？

【裁判观点】

韩某作为女职工，依法享受产假。韩某在职期间，其怀孕并多次向公司请假进行产检，某设计公司应当对其怀孕知情并合理预估到韩某必然面临分娩、休产假的情况。某设计公司以旷工为由与韩某解除劳动合同，并抗辩此前韩某的请假方式不符合公司规定的流程，但即便如此，某设计公司亦应及时敦促韩某按流程履行请假手续，而不是放任此种状态直至 3 个月后径行与劳动者解除劳动合同。

【典型意义】

本案是保护孕期女职工合法劳动权益的典型案例。《妇女权益保障法》《劳动法》等法律法规规定，女职工在孕期、产期、哺乳期内享受特殊劳动保护。《劳动合同法》第四十二条第一款第四项明确规定，女职工在孕期、产期、哺乳期，禁止用人单位无正当理由随意解除劳动关系。人民法院通过司法裁判，保护了女职工的合法权益，判令用人单位依法承担了违反女职工权益保护强制性规定的法律责任。

☞ **案例 3：员工与他人打架，公司不赔偿医疗费**②

【案情简介】

吴某于 2015 年 7 月 13 日进入东莞市某机械设备有限公司处任铣床学徒。2015 年 7 月 27 日 0 时，吴某在公司宿舍被舍友陶某打伤，后吴某被送到医院进行住院治疗至 2015 年 8 月 7 日出院。吴某主张其本次受到伤害有通过报警处理，经过新和派出所法医鉴定，吴

---

① 摘自天津市高级人民法院发布劳动争议典型案例（2022 年 4 月 29 日）。

② 该案件由"北大法宝"于 2017 年 5 月 10 日发布：东莞中院公布 2016 年度劳动争议十大典型案例之五：吴某与东莞市某机械设备有限公司医疗保险待遇纠纷案。

某本次受伤为轻微伤，吴某本次受伤的所有医疗费、误工费均由陶某负责。

吴某主张在本次事故中支付了医疗费 15300 元，东莞市某机械设备有限公司为吴某购买社会保险的时间是 2015 年 7 月 30 日，东莞市某机械设备有限公司是在吴某受伤后购买的医疗保险，因此医疗费 15300 元应由东莞市某机械设备有限公司负担。

【裁判结果】

根据《社会保险法》第三十条第一款、《社会保险基金先行支付暂行办法》第二条第一款的规定，参加基本医疗保险的劳动者因第三人的侵权行为造成伤病的，其医疗费用应由第三人按照确定的责任大小依法承担。超过第三人责任部分的医疗费，由基本医疗保险基金按照国家规定支付。本案中，吴某本次受伤的所有医疗费均由陶某负责，因此吴某的医疗费不纳入基本医疗保险支付范围。

根据《社会保险法》第三十条第二款、《社会保险基金先行支付暂行办法》第二条第二款的规定，医疗费用依法应当由第三人负担，但第三人不负担或无法确定第三人的，由基本医疗保险基金先行支付。根据《东莞市基本医疗保险规定》第十九条的规定，参保人连续参保并足额缴费满 2 个月的，从参保缴费第 3 个月起可按规定享受社区门诊、住院及特定门诊基本医疗保险待遇。吴某于 2015 年 7 月 13 日入职，如果吴某入职即参加了基本医疗保险，该公司为吴某按时足额购买了基本医疗保险，吴某也不可以享受基本医疗保险待遇。因此吴某要求东莞市某机械设备有限公司赔偿基本医疗保险待遇损失即医疗费，法院不予支持。

【法官说法】

劳动者要享受基本医疗保险待遇，需要具备以下三个条件：一是劳动者参加了基本医疗保险；二是劳动者的医疗费属于基本医疗保险支付范围；三是达到基本医疗保险可享受待遇时间（储备期）。如果用人单位没有按时足额为劳动者参加基本医疗保险，导致劳动者未能享受基本医疗保险待遇，劳动者可要求用人单位赔偿基本医疗保险待遇损失。

☞ **案例 4：生育津贴低于本人工资标准，企业须补足差额**①

【案情简介】

2010 年 1 月 1 日，原告张小姐与被告某公司签订期限自 2010 年 1 月 1 日至 2016 年 10 月 31 日的劳动合同。被告公司未按实际月工资 4500 元的标准为张小姐申报缴纳生育保险，而是按 2500 元的标准为张小姐缴纳生育保险。2014 年 8 月 19 日，张小姐生育一女。社会保险经办部门《生育津贴支付审批表》显示，核定月缴费基数为 2500 元，享受生育津贴月数为 4 个月，金额共计 10000 元。张小姐向我院起诉要求被告公司支付产假工资差额。

【法官说法】

生育津贴制度设立的目的是为了保障女职工生育子女休产假期间工资收入不降低，《北京市企业职工生育保险规定》第十五条规定，生育津贴为女职工产假期间的工资，生

---

① 本案件由"北大法宝"于 2016 年 4 月 26 日发布：北京市西城区法院发布"纵深化劳动者权益保护"典型案例之八——张小姐与某公司生育保险待遇纠纷案。

育津贴低于本人工资标准的，差额部分由企业补足。被告公司为张小姐缴纳生育保险的缴费基数低于张小姐的实际工资，致使张小姐享受生育津贴的数额低于其实际工资，被告作为用人单位应将差额予以补足。最终，我院判令被告公司支付张小姐产假工资差额。

☞ **案例 5：生育津贴无需缴纳个人所得税**

某单位在职女员工张某怀孕后已完成生育备案，生产完后第 7 个月申报生育津贴，报销资料齐全，根据该员工缴费基数及缴费年限医保报销生育津贴 2 万元。根据《财政部、国家税务总局关于生育津贴和生育医疗费有关个人所得税政策的通知》（财税〔2008〕8 号）规定：生育妇女按照县级以上人民政府根据国家有关规定制定的生育保险办法取得的生育津贴、生育医疗费或其他属于生育保险性质的津贴、补贴免征个人所得税，因此张某的生育津贴无需缴纳个人所得税。

三、专题 3：福利津贴

（一）相关概念

【高温津贴】指劳动者从事高温作业依法享受的岗位津贴。

【团体人身意外伤害保险】是指以团体的方式投保的人身意外保险，因外来的、非本意的、突发的、非疾病的客观事件为直接且单独的原因致使身体受到伤害，用一张保单为一个团体的成员提供人身意外保障的保险。

【雇主责任保险】是指被保险人即雇主的雇员在受雇期间从事业务时因遭受意外导致伤、残、死亡或患有与职业有关的职业性疾病而依法或根据雇佣合同应由被保险人承担的经济赔偿责任为承保风险的一种责任保险。

（二）常见问答

1. 高温津贴的支付对象和支付标准具体是什么？

根据《防暑降温措施管理办法》第十七条规定，劳动者从事高温作业的，依法享受岗位津贴。用人单位安排劳动者在 35℃ 以上高温天气从事室外露天作业以及不能采取有效措施将工作场所温度降低至 33℃ 以下的，应当向劳动者发放高温津贴，并纳入工资总额。

除高温天气从事露天工作的劳动者享受高温津贴外，工作场所温度高于 33℃ 的劳动者，同样享受高温津贴。

高温津贴并无全国范围内统一适用的标准，根据《防暑降温措施管理办法》规定，高温津贴标准由省级人力资源社会保障行政部门会同有关部门制定，并根据社会经济发展状况适时调整。如湖北省高温津贴发放标准为每人每天 12 元，按 6、7、8、9 月 4 个月计发；广东省高温津贴发放标准为 150 元/月，按 6、7、8、9、10 月 5 个月发放；江苏省高温津贴发放标准为 300 元/月，按 6、7、8、9 月 4 个月发放（以上数据为 2021 年的标准），用人单位应实时跟进了解当地人力资源社会保障局的相关政策文件。

2. 高温津贴和防暑降温费有什么区别？

在实际中，很多人误以为高温津贴就是防暑降温费，但从性质和发放条件来看，二者并不可以等同。防暑降温费是用人单位提供的一种福利，用人单位可以根据自身情况自主决定是否发放，发放方式可以选择实物或现金形式；而高温补贴具有工资属性，是国家规定在温度较高工作环境下的额外补偿，属于用人单位支付的法定义务，且支付方式不得以发放防暑降温饮料等进行冲抵。

3. 因高温天气缩短了劳动者工作时间，用人单位能否以发放了津贴为由降低员工工资？

不可以。根据《防暑降温措施管理办法规定》第八条的规定，因高温天气停止工作、缩短工作时间的，用人单位不得扣除或降低劳动者工资。

4. 免税的福利津贴有哪些？

(1) 按国家统一规定发放的补贴、津贴：根据《中华人民共和国个人所得税法实施条例》第十三条规定：国家统一规定发给的补贴、津贴，是指按照国务院规定发给的政府特殊津贴、院士津贴、资深院士津贴，以及国务院规定免纳个人所得税的其他补贴、津贴。

(2) 延长离退休年龄的高级专家从所在单位取得的补贴：根据《财政部、国家税务总局关于个人所得税若干政策问题的通知》(财税字〔1994〕20号)规定：达到离休、退休年龄，但确因工作需要，适当延长离休退休年龄的高级专家(指享受国家发放的政府特殊津贴的专家、学者和中国科学院、中国工程院院士)，其在延长离休退休期间的工资、薪金所得，视同退休金、离休工资免征个人所得税。

(3) 独生子女补贴、托儿补助费：根据《国家税务总局关于印发〈征收个人所得税若干问题的规定〉的通知》(国税发〔1994〕089号)规定：个人按规定标准取得独生子女补贴和托儿补助费，不征收个人所得税。但超过规定标准发放的部分应当并入工资薪金所得。独生子女补贴、托儿补助费具体标准根据当地规定。

(4) 生活补贴：按照国家统一规定发给的补贴、津贴免纳个人所得税。根据《国家税务总局关于生活补助费范围确定问题的通知》(国税发〔1998〕155号)规定，生活补助费，是指由于某些特定事件或原因而给纳税人本人或其家庭的正常生活造成一定困难，其任职单位按国家规定从提留的福利费或者工会经费中向其支付的临时性生活困难补助。

(5) 救济金：救济金免纳个人所得税。根据《中华人民共和国个人所得税法实施条例》第十四条，救济金，是指各级人民政府民政部门支付给个人的生活困难补助费。

(6) 抚恤金：根据《个人所得税法》第四条第四项的规定：抚恤金免纳个人所得税。

(7) 工伤补贴：根据《财政部　国家税务总局关于工伤职工取得的工伤保险待遇有关个人所得税政策的通知》(财税〔2012〕40号)规定："(1) 对工伤职工及其近亲属按照《工伤保险条例》(国务院令第586号)规定取得的工伤保险待遇，免征个人所得税。(2) 本通知第一条所称的工伤保险待遇，包括工伤职工按照《工伤保险条例》(国务院令第586号)规定取得的一次性伤残补助金、伤残津贴、一次性工伤医疗补助金、一次性伤残就业补助金、工伤医疗待遇、住院伙食补助费、外地就医交通食宿费用、工伤康复费用、辅助器具费用、生活护理费等，以及职工因工死亡，其近亲属按照《工伤保险条例》(国务院令第586号)规定取得的丧葬补助金、供养亲属抚恤金和一次性工亡补助金等。"

（8）差旅费津贴：根据《国家税务总局关于修订〈征收个人所得税若干问题的规定〉的公告》（国税发〔1994〕089号）第二条的规定，"差旅费津贴"不属于工资、薪金性质的补贴、津贴或者不属于纳税人本人工资、薪金所得项目的收入，不征个人所得税。具体免征额标准，参考当地规定。

（9）误餐费：根据《财政部国家税务总局关于误餐补助范围确定问题的通知》（财税字〔1995〕82号）规定：按财政部门规定个人因公在城区、郊区工作，不能在工作单位或返回就餐，确实需要在外就餐的，根据实际误餐顿数，按规定的标准领取的误餐费，不征个人所得税。而一些单位以误餐补助名义发给职工的补贴、津贴，应当并入当月工资、薪金所得计征个人所得税。

（10）离、退休人员生活补助：根据《个人所得税法》第四条第七项的规定：按照国家统一规定发给干部、职工的安家费、退职费、退休金、离休工资、离休生活补助费免征个人所得税。

（11）公务用车、通讯补贴收入：根据《国家税务总局关于个人所得税有关政策问题的通知》（国税发〔1999〕58号）规定：个人因公务用车和通讯制度改革而取得的公务用车、通讯补贴收入，扣除一定标准的公务费用后，按照"工资、薪金"所得项目计算和代扣代缴个人所得税。之所以要扣除一定标准，是因为公务用车补贴在内的公务交通补贴中包含一定比例的公务费用，这部分公务费用应由公司承担，不构成员工的个人所得，也不征收个人所得税。

（12）生育津贴：根据《财政部、国家税务总局关于生育津贴和生育医疗费有关个人所得税政策的通知》（财税〔2008〕8号）规定：生育妇女按照县级以上人民政府根据国家有关规定制定的生育保险办法取得的生育津贴、生育医疗费或其他属于生育保险性质的津贴、补贴免征个人所得税。

（13）商业健康保险：《关于将商业健康保险个人所得税试点政策推广到全国范围实施的通知》（财税〔2017〕39号）规定，单位统一组织为员工购买或者单位和个人共同负担购买符合规定的商业健康保险产品，单位负担部分应当实名计入个人工资薪金明细清单，视同个人购买，并自购买产品次月起，在不超过200元/月的标准内按月扣除。

（14）供暖费补贴：按照当地标准在个税税前扣除，其中北京市等没有标准，全额合并工资薪金缴纳个税，内蒙古、黑龙江、辽宁、河北等省及自治区都有相关标准。

（15）个人举报、协查各种违法、犯罪行为而获得的奖金。

（三）实操总结

1. 高温津贴作为一项法定的福利补贴，用人单位对于符合领取标准的劳动者应及时足额发放，这一方面是对国家政策规定的响应，另一方面是出于公司人性化管理的需要，用人单位在考虑经济利益的同时，也应当对员工给予人文关怀。对于高温津贴的具体支付标准，用人单位应留意当地的实时政策，以避免少发、漏发的情形，同时在发放该笔款项后，不应对劳动者的其他待遇进行减少。

2. 雇主责任险、团体意外险和工伤保险的区别（见表2-15）。

表 2-15　　　　　　　　　　雇主责任险、团体意外险和工伤保险的区别

项目	雇主责任险	团体意外险	工伤保险
是否强制	否	否	是
保障对象	雇主	员工	员工
是否记名投保	实名，以工种类别分别投保	实名，以工种类别分别投保	实名，以社保账户工种类别参保
保障时间	工作时间内(包括上下班途中)，可扩展非工作时间保障(24 小时)	24 小时	工作时间(包括上下班途中)
保额	以保单为准，以保单赔付需求、工种、人数等条件商定保额	以保单为准，以保单赔付需求、工种、人数等条件商定保额	以实际工资总额、社保基数、社平工资为待遇享受依据
赔付对象	用于赔付雇主对员工的雇主责任	员工福利	无单位垫付时医保费和其他相关待遇直接赔付予员工；有单位垫付时直接赔付予单位
责任范围	按照合同约定赔付应由雇主或企业承担的经济赔偿责任，包括误工费等。雇主法律责任即雇主依法履行经济赔偿责任(从保险公司取得经济赔偿)，不再承担法律责任。具体如：死亡、伤残、医疗费用、误工费、伤残津贴、法律诉讼费用、职业性疾病给付等	各种意外事故造成的身故和残疾	《工伤保险条例》中规定的员工依法可享受的工伤保险待遇。比如丧葬补助金、亲属抚恤金、生活护理等都可以支付。误工费、诉讼费用、一次性伤残就业补助金等是工伤以外的责任，需要企业来额外自行承担
医疗费	按照《医疗保险药品目录》标准，由商业保险公司支付，有限额，有免赔额	按照《医疗保险药品目录》标准，由商业保险公司支付，有限额，有免赔额	按照《工伤保险药品目录》标准，由工伤保险基金支付，无限额，无免赔额
伤残等级	按照商业保险《人身保险伤残评定标准》(行业标准)进行伤残等级司法鉴定	按照商业保险《人身保险伤残评定标准》(行业标准)进行伤残等级司法鉴定	按照《劳动能力鉴定职工工伤与职业病致残等级》(GB/T16180—2014)标准判定伤残等级
责任角度	代替雇主履行其应尽的赔偿责任的部分或全部	不能免除或减少雇主对被保险人应尽的赔偿责任，员工及其家属获得保险公司的赔偿后，仍可要求雇主赔偿并完全得到法律支持	保障员工在受到工伤伤害而无法自救的情况下获得赔偿
定性	员工责任规划——可作为工伤保险的补充，减轻公司的经济压力	企业福利计划——作为职工的福利待遇	国家强制性要求企业为员工购买的社会保险

（四）典型案例

☞ **案例 1：企业给员工投保团体意外险，但它真的有用吗？**①

【案例简介】

企业为了转移用工风险，很多时候都会为员工购买团体意外保险。但是，团体意外险真的有用吗？可以通过一起贵州黔南的真实案例来进行判断：

贵州黔南某建筑公司为工人投保了建工团体意外保险。在保险期间内，泥工熊某在建筑工地意外摔伤，建筑公司赔付了工人的医疗费、残疾赔偿金等各项损失 52 万元。建筑公司能向保险公司主张该工人建工团意险保单的保险金来弥补公司的赔偿损失吗？

（1）案情回顾。

投保过程：

2018 年 6 月，J 建筑公司与黔南某投资开发有限公司签订建设工程承包合同，由 J 建筑公司承建项目，实际施工人为黄某。

2018 年 6 月 7 日，J 建筑公司向某保险公司投保建筑工程施工人员团体人身意外伤害险，约定身故伤残保额 50 万元，附加意外伤害医疗保险保额 5 万元。被保险人共 15 人，不记名。

2018 年 8 月 15 日，泥工熊某在该工地工作时不慎从三楼跌落至一楼受伤，被送至医院治疗，发生医疗费及各项损失，后被鉴定为三级伤残，各项损失费用合计为 747230.36 元。

熊某就损失赔偿问题，将 J 建筑公司及黄某起诉至法院。法院审理后认为，根据 J 建筑公司与熊某双方各应承担的责任比例，J 建筑公司应承担 70% 即 523061.25 元，熊某自行承担 30%，各方已对该赔偿责任达成共识。

（2）建筑公司索赔诉讼过程。

一审判决保险公司赔付：

由于 J 建筑公司向保险公司投保了建工团意险 50 万元身故伤残保额，附加 5 万元意外医疗。公司向伤者赔付 52 万元后，向法院申请，要求保险公司按照合同赔付损失 52 万余元。

一审法院审理后认为：

J 建筑公司是团意险保单的投保人，其向伤者承担责任后，即取得向保险公司主张保险金的权利；保险事故发生在保险期限内，赔偿伤者的损失 523061.25 元在保险限额 55 万元之内，保险公司应当向建筑公司进行赔付。

因 J 建筑公司只赔偿了熊某 52 万余元，故判决保险公司理赔 52 万余元。

了解保险的人很容易可以看出，该一审判决有几个问题：第一，J 建筑公司并非该保单的受益人；第二，理赔金额与合同约定不符，意外伤害保险的赔付属于给付型，赔付金额需根据购买保额与被保险人的伤残等级确定，而不应根据建筑公司实际产生的赔偿损失来确定。

终审改判：

---

① 案例来源于裁判文书网，判决书编号：贵州省黔南布依族苗族自治州中级人民法院（2020）黔 27 民终 2073 号民事判决书。

由于保险公司对一审判决不服，向法院提起二审。

二审法院审理后认为，该案件的事实认定清晰，而案件的争议焦点在于 J 建筑公司是否享有保险金请求权问题。

根据《中华人民共和国保险法》第三十九条，"人身保险的受益人由被保险人或者投保人指定。投保人指定受益人时须经被保险人同意。投保人为与其具有劳动关系的劳动者投保人身保险，不得指定被保险人及其近亲属以外的人为受益人"。

一方面，人身保险具有专属性，本案投保时并未指定保险受益人，按照法律规定，受益人应为被保险人，显然，J 建筑公司不是本案人身保险合同的受益人，不享有案涉保险金请求权。

另一方面，J 建筑公司对伤者的赔偿属于雇佣关系承担的雇主责任，是法定责任。

最后，二审法院改判驳回 J 建筑公司的全部诉讼请求，且该判决为终审判决。

（3）观点与建议。

发生意外事故，保险公司要不要赔？

本案发生的意外事故，显然属于建工团体意外伤害保险合同的保障范围，属于保险事故，保险公司需要按照合同赔付保险金。由于被保险人（即伤者）仍生存，保险公司应直接向被保险人理赔。

理赔金额为意外医疗保险金 5 万元(需提供就医发票)，以及三级伤残保险金(50 万元乘以伤残赔付比例，三级一般为 80%)，即 40 万元，合计 45 万元。

保险金请求权可以依法转让。

《最高人民法院关于适用〈中华人民共和国保险法〉若干问题的解释（三）》第十三条规定，保险事故发生后，受益人将与本次保险事故相对应的全部或者部分保险金请求权转让给第三人的，当事人主张该转让行为有效的，人民法院应予支持。

本案中如果伤者本人签署权益转让书，将保险金的请求权转让给 J 建筑公司，则 J 建筑公司就可以向保险公司索赔。

在实际的操作中，经常会遇到员工并不同意签署权益转让书，尤其是事故发生以后，更不太可能签署。

所以，现在越来越多的建筑公司开始意识到，建工团意险并不能真正解决公司的用工风险，一旦发生伤亡事故，公司依然需要承担较大的赔偿损失。

能真正为企业转移用工风险的首选是雇主责任险。

与建工团体意外险不同，建工团意险的被保险人为员工，受益人为被保险人或直系亲属，而雇主责任险的被保险人和受益人均为企业，保障责任在于企业作为雇主，依法需要向员工承担的责任。

☞ 案例 2：团体意外险和雇主责任险①

【案例简介】

如果意外事故属于工伤，意外险的赔偿并不能代替雇主的法律赔偿责任，雇员在获得

---

① 案例来源于江西省南昌高新技术产业开发区人民法院，案号：（2016）赣 0191 民初 544 号。

意外险赔偿的同时，仍然可以要求公司按法律规定另行赔偿。

南昌某物业公司为员工购买工伤保险、团体意外险。2014 年 7 月，员工周某在上班途中遭遇车祸受伤，伤残等级为十级，交通事故认定肇事方全责，员工无责。事故发生后，企业为员工申请了工伤补助 26939 元，同时意外险赔付 12000 元。当年 10 月，员工提出离职，要求企业赔偿伤残就业补助金 32890 元，而且申请劳动仲裁成功。企业认为，该买的保险都买了，该申请的赔款也都申请了，员工拿了车辆保险赔款、工伤补偿、意外险赔偿，还要 3 万多元实属不公平，最起码应该抵扣掉意外险的 12000 元，加之企业为员工购买保险，员工没花一分钱。决定上诉开发区法院。

法院判决：

原告败诉，原告赔偿被告 32890 元，并承担诉讼费。

法理评析：

法院的判决是合理合法的。

本案是一起典型的雇员受害赔偿纠纷案件。《最高人民法院关于审理人身损害赔偿案件适用法律若干问题的解释》明确规定："雇员在从事雇佣活动中遭受人身损害，雇主应当承担赔偿责任。"此条规定的雇主责任是一种严格的责任、无过错责任，即只要雇员在从事雇佣活动过程中(包含上下班途中)遭受了人身损害，而不问雇员存在过错与否，雇主均要对雇员的损害承担赔偿责任。意外险的标的是员工，员工是保单被保险人也是保单受益人，员工依法获得保险补偿金的权利，企业仅仅作为投保人，所以这部分保险赔款和企业没有直接关联，也就不能豁免企业应当承担的责任。

【案例重点分析】

(1)伤残就业补助金是什么？

伤残就业补助金是指工伤职工因工致残被鉴定为五、六级伤残，经工伤职工本人提出，与用人单位解除或者终止劳动关系的，以及工伤职工因工致残被鉴定为七至十级伤残，劳动合同期满终止，或者职工本人提出解除劳动合同的，由用人单位一次性支付的伤残就业补助金额。

伤残就业补助金工伤保险无法赔付，需要企业自己承担。各省的标准不一致，2023 年江苏省工伤就业补助金的标准如下：五级伤残需要赔偿 36 个月，十级为 6 个月，江西的标准要高于江苏的标准。

(2)雇主责任险的覆盖范围是什么？

雇主责任险是指被保险人所雇佣的员工，在受雇过程中从事保险单所载明的与被保险人的业务有关的工作时，因遭受意外事故而受伤、残废或因患有与业务有关的职业性疾病，所致伤残或死亡，被保险人根据法律或雇佣合同，需负担医药费用及经济赔偿责任，包括应支出的诉讼费用，由保险人在规定的赔偿限额内负责赔偿的一种保险。

(3)购买团体意外险的意义是什么？

团体意外险本质上是一种企业给员工的福利，为此很多企业的团体意外险的保费是直接从员工的工资中划转的。团体意外险本身不能豁免企业责任。

【本期总结】

通过南昌某物业公司员工交通事故受伤的处理发现，意外险本身不能豁免企业的赔偿责任；如果企业想尽可能减少企业经营活动中的风险，我们依然建议企业为员工购买雇主责任险。

☞ **案例3：用人单位能否根据实际温度按天发放高温津贴**

【案情简介】①

周某系某公司员工，从事秩序维护员工作，2018年6—9月，某公司以每月200元标准折合出勤天数向周某实际发放高温费360元。2018年7月，周某以2018年夏季高温，公司未采取任何降温降暑措施，且实际发放高温津贴360元(6月129.6元、7月144元、8月57.6元、9月28.8元)远低于规定数额为由申请仲裁，请求某公司支付2018年高温津贴差额840元。仲裁裁决载明高温津贴按实际高温天气出勤天数折算支付符合规定，公司应向周某支付高温津贴差额219.3元。周某不服，遂向法院提起诉讼。庭审查明，某公司制定的《职工薪资待遇管理办法》备注2载明"公司根据国家高温津贴月度标准结合员工个人当月实际出勤高温天数以现金形式在工资中发放高温津贴"等内容，周某等职工予以签字确认。2018年6—9月，周某实际出勤高温天数42天。自2018年6月1日起，江苏省高温津贴标准提高至每月300元。

【处理结果】

判决被告补足原告高温津贴差额219.3元。

【争议焦点】

用人单位能否根据实际温度按天发放高温津贴？

【裁判观点】②

用人单位安排劳动者在高温期间作业的，应当支付高温津贴。高温津贴原则按月计发，但用人单位可以通过开展民主集体协商，依法制定规章制度等方式，明确发放的具体岗位工种、支付办法。本案被告某公司按劳动者当月实际出勤且从事高温天气作业时间折算支付高温津贴，并无不当，但应以每月300元标准计发。原告共计出勤42天，折算合计为579.3元。扣除已发放的360元，被告还应补足原告高温津贴差额219.3元。

【典型意义】

对于高温津贴的支付条件、支付标准和计算方式，全国并无统一适用的标准。从上述案例可见，在江苏地区用人单位原则上按月计发劳动者高温津贴，但用人单位通过集体合同、规章制度等明确按劳动者当月实际出勤且从事高温天气作业时间折算支付高温津贴

---

① 参见周明祥与无锡红豆物业有限公司镇江市分公司劳动争议案(2019)苏1102民初778号。

② 适用法条如下：《防暑降温措施管理办法》第十七条："劳动者从事高温作业的，依法享受岗位津贴。用人单位安排劳动者在35℃以上高温天气从事室外露天作业以及不能采取有效措施将工作场所温度降低到33℃以下的，应当向劳动者发放高温津贴，并纳入工资总额。高温津贴标准由省级人力资源社会保障行政部门会同有关部门制定，并根据社会经济发展状况适时调整。"江苏省《关于做好高温津贴支付有关工作的通知》第三条："用人单位原则上按月计发劳动者高温津贴。用人单位应当通过开展集体协商、签订集体合同、依法制定规章制度等方式，明确本单位高温津贴发放的具体岗位工种、支付办法等。用人单位集体合同、规章制度等明确按劳动者当月实际出勤且从事高温天气作业时间折算支付高温津贴的，应按照本通知规定的月标准依法予以折算。"

的，是可以根据实际温度按天发放高温津贴的，对此上海市、浙江省等地区则无明文规定。因此，用人单位在适用高温津贴时建议密切关注当地规定和司法裁判口径，选择合适的高温津贴计算方式，并约定在规章制度、劳动合同中。

☞ **案例4：生活补助费无需缴纳个人所得税**

A公司某员工工作勤恳努力，因家庭突发变故致使生活举步维艰，因此A公司经充分讨论后决定，当即从工会经费中向其支付临时性生活困难补助金。按照国家统一规定发给的补贴、津贴免纳个人所得税。根据《国家税务总局关于生活补助费范围确定问题的通知》（国税发〔1998〕155号）规定，生活补助费，是指由于某些特定事件或原因而给纳税人本人或其家庭的正常生活造成一定困难，其任职单位按国家规定从提留的福利费或者工会经费中向其支付的临时性生活困难补助。因此该员工取得的生活补助费无需缴纳个人所得税。

四、专题4：其他待遇

（一）相关概念

【住房公积金】根据《住房公积金管理条例》（中华人民共和国国务院令第350号）第一章第二条规定，住房公积金，是指国家机关、国有企业、城镇集体企业、外商投资企业、城镇私营企业及其他城镇企业、事业单位、民办非企业单位、社会团体（以下统称单位）及其在职职工缴存的长期住房储金。

（二）常见问答

1. 住房公积金提取的条件是什么？

根据《住房公积金管理条例》第二十四条规定，职工有下列情形之一的，可以提取职工住房公积金账户内的存储余额：

（1）购买、建造、翻建、大修自住住房的；

（2）离休、退休的；

（3）完全丧失劳动能力，并与单位终止劳动关系的；

（4）出境定居的；

（5）偿还购房贷款本息的；

（6）房租超出家庭工资收入的规定比例的。

依照前款第二、三、四项规定，提取职工住房公积金的，应当同时注销职工住房公积金账户。

职工死亡或者被宣告死亡的，职工的继承人、受遗赠人可以提取职工住房公积金账户内的存储余额；无继承人也无受遗赠人的，职工住房公积金账户内的存储余额纳入住房公积金的增值收益。

2. 住房公积金的缴存覆盖范围包含哪些？

下列单位及其在职职工应当缴存住房公积金：

(1)国家机关、事业单位；

(2)国有企业、城镇集体企业、外商投资企业、港澳台投资企业、城镇私营企业及其它城镇企业或经济组织；

(3)民办非企业单位、社会团体；

(4)外国及港澳台企业和其他经济组织常驻地区代表机构。

3. 缴存住房公积金的职工在哪种情况下可以申请住房公积金？

根据《住房公积金管理条例》第二十六条规定，缴存住房公积金的职工，在购买、建造、翻建、大修自住住房时，可以向住房公积金管理中心申请住房公积金贷款。

4. 住房公积金的月缴存额如何计算？

住房公积金月缴存额为职工住房公积金月缴存额与单位为职工缴存的住房公积金月缴存额之和。

根据《住房公积金管理条例》第十六条规定，职工住房公积金的月缴存额为职工本人上一年度月平均工资乘以职工住房公积金缴存比例。

单位为职工缴存的住房公积金的月缴存额为职工本人上一年度月平均工资乘以单位住房公积金缴存比例。

根据《住房公积金管理条例》第十七条规定，新参加工作的职工从参加工作的第 2 个月开始缴存住房公积金，月缴存额为职工本人当月工资乘以职工住房公积金缴存比例。

单位新调入的职工从调入单位发放工资之日起缴存住房公积金，月缴存额为职工本人当月工资乘以职工住房公积金缴存比例。

5. 住房公积金、社会保险费是否缴纳个人所得税？

《中华人民共和国个人所得税法实施条例》规定：单位为个人缴付和个人缴付的基本养老保险费、基本医疗保险费、失业保险费、住房公积金，从纳税义务人的应纳税所得额中扣除。值得注意的是，允许免税和税前扣除的"三险一金"是有规定标准的，对于超过标准缴付的部分，需并入职工的当月工资薪金中合并纳税。

6. 员工体检费是否缴纳个人所得税？

根据个人所得税的征税原则，对于发给个人的福利，不论是现金还是实物，均应缴纳个人所得税。但是如果是集体享受的、不可分割的、未向个人量化的非现金方式的福利，原则上不征收个人所得税。

在实际情况中，体检费若属于员工开展工作的必要支出或者是集体性的员工体检，企业为员工承担的相关费用，不属于个人所得税征税范围。如果是作为发放给个人的福利，则应按照支付给体检机构的相应费用标准为员工代扣代缴个人所得税。

7. 租房补贴是否缴纳个人所得税？

企业以现金形式发给个人的住房补贴、医疗补助费，应全额计入领取人的当期工资、薪金收入计征个人所得税。但对外籍个人以实报实销形式取得的住房补贴，仍按照《财政部、国家税务总局关于个人所得税若干政策问题的通知》(财税字[1994]020 号)的规定，暂免征收个人所得税。

8. 交通补贴、餐费补贴是否缴纳个人所得税？

根据《关于企业加强职工福利费财务管理的通知》第二条的规定，企业为职工提供的交通、住房、通讯待遇，已经实行货币化改革的，按月按标准发放或支付的住房补贴、交通补贴或者车改补贴、通讯补贴，应当纳入职工工资总额，不再纳入职工福利费管理。所以，交通补贴在个人所得税上应并入"工资、薪金"所得计算缴纳个人所得税。

企业内部设有职工餐厅，餐厅不收取职工餐费，此时的餐厅属于福利餐厅，餐厅食材、厨师工资等开支属于职工福利费的核算范畴，但由于这些开支无法量化到每个职工，所以这种情况下，发生的职工福利费按照税法规定在企业所得税前限额扣除即可，员工个人无需缴纳个人所得税。

但若企业每月向员工支付一定的餐补，属于量化到个人的补贴，需要并入员工的"工资薪金所得"缴纳个人所得税。

9. 差旅补贴、误餐补助是否缴纳个人所得税？

根据国税发〔1994〕89号文件规定，差旅费津贴不属于工资薪金性质的补贴津贴，不征收个人所得税。因差旅费的标准由财政部门制定，目前对企业无具体标准，仅对机关事业单位有明确的规定。对行政机关和事业单位按照财政部门制定的差旅费津贴标准发放给出差人员的差旅费津贴，不征收个人所得税，超过标准的部分，并入职工工资薪金计征个人所得税。

根据《财政部、国家税务总局关于误餐补助范围确定问题的通知》（财税字〔1995〕82号）的规定，按财政部门规定，个人因公在城区、郊区工作，不能在工作单位或返回就餐，确实需要在外就餐的，根据实际误餐顿数，按规定的标准领取的误餐费免征个人所得税。

（三）实操总结

1. 住房公积金贷款

住房公积金贷款额度计算公式：

（1）不高于按照贷款还款能力确定的贷款额度：

贷款额度=（借款人公积金月缴存额/单位和个人缴存比例之和+配偶公积金月缴存额/单位和个人缴存比例之和）×35%×12个月×贷款期限。

（2）不高于按照公积金缴存时间和缴存余额综合确定的贷款额度：

贷款额度=（借款人公积金缴存余额+配偶公积金缴存余额）×20倍×缴存时间系数。

具体缴存时间系数详见表2-16。

表2-16　　　　　　　　　　　　　　住房公积金缴存时间系数

借款人缴存时间	缴存时间系数
6≤缴存时间≤12（月）	0.5
12<缴存时间≤24（月）	0.8
24<缴存时间≤36（月）	1
36<缴存时间≤60（月）	1.2

借款人缴存时间	缴存时间系数
缴存时间>60（月）	1.5

注：以武汉市住房公积金为例。

2. 借款人贷款

借款人贷款期限计算公式：

借款人最长贷款期限=（借款人法定退休年龄+5）-系统计算的借款人年龄；

系统计算的借款人年龄=借款人已满周岁年龄+1，借款人生日当天申请的，按已满周岁年龄认定；

借款人年龄以公积金系统中登记的身份证信息为准。

（四）典型案例

☞ **案例1：首次购房公积金贷款额度**

【案情简介】

武汉地区员工小张最近准备购买一套新房，为首次购买，准备使用公积金贷款，他已缴纳两年半的公积金，账户余额2.4万元，现在每月缴纳公积金公司和个人之和为800元，其中缴存比例为公司和个人各承担8%，准备贷款30年。小张最高可以贷款多少元？

贷款额度=（小张公积金月缴存额800元/单位和个人缴存比例之和16%）×35%×12个月×贷款期限30年=630000元

贷款额度=小张公积金缴存余额24000元×20倍×小张缴存时间系数1=480000元

贷款额度考虑以上因素后，取最小值确定可贷额度。所以小张可贷48万元。

☞ **案例2：工资及补贴应缴纳个人所得税**

张某是A公司员工，2021年10月应发工资合计16900元，其中基本工资6000元，绩效工资5500元，加班工资500元，餐费补贴400元，驻外租房补贴3000元，交通补贴1500元，张某应计入工资薪金所得计算个税的应纳税所得额是多少元？

张某应计入工资薪金所得计算个人所得税的应纳税所得额一共16900元。

工资、薪金所得，是指个人因任职或受雇而取得的工资、薪金、奖金、年终加薪、劳动分红、津贴、补贴以及与任职或受雇有关的其他所得。因此上述案例中所有的工资及补贴都应并入员工的"工资薪金所得"缴纳个人所得税。

第三章　劳动关系的终止——离职管理

一、专题1：解除劳动关系

(一)相关概念

【协商解除劳动关系】是指用人单位和劳动者在完全自愿的情况下，相互协商，在彼此达成一致意见的基础上提前终止劳动合同的行为。

【过失性解除劳动关系】是指用人单位在劳动者存在一定过失的情况下，无须事先通知即可以解除劳动合同的行为。

【无过失性解除劳动关系】是指用人单位在劳动者不存在主观过错但基于某些客观原因，用人单位可以解除劳动合同的行为。

【经济性裁员】是指用人单位由于经营不善、面临严重困难时，为改善生产经营状况而依法进行的集中辞退员工的行为。

【社保减员】是指因参保人辞职、辞退、调动、合同期满等原因，与单位解除劳动关系后，到社会保险经办机构办理停止参保手续，即停止缴纳社保费用。

【社保转移-转出】是指跨统筹区域流动就业的参保人员，再次就业后，就社会保险关系进行转移的过程。社保转移由参保人申请，转出地与转入地两地社保部门进行对接转移。

转出地相关部门办理的手续即为社保关系转出。

在进行跨地区全国统一联网后，有望实现自动一网通，无须再办理社保转移，在退休时实现统筹一体化办理。

【公积金减员】是指因参保人辞职、辞退、调动、合同期满等原因，与单位解除劳动关系后，到公积金中心办理停止参保手续，即停止缴纳公积金费用。

(二)常见问答

1. 协商一致解除劳动合同是否需要支付经济补偿？

用人单位是否支付经济补偿金则视具体解除情况而定。双方协商一致解除劳动合同分为两种情况，第一种是劳动者主动提出解除劳动合同并与用人单位协商一致，该情况类似劳动者主动离职，故用人单位不需要支付经济补偿或赔偿；第二种情况是用人单位主动提出解除劳动合同，并与劳动者协商一致。在这种情况下，劳动者处于被动且无过错的状态，法律规定用人单位应当支付劳动者相应的经济补偿，但又因不属于违法解除的情形，故不需要支付赔偿金。

2. 解除/终止劳动合同协议书应当具备哪些条款？

解除/终止劳动合同协议书是双方在解除或终止劳动关系时签订的明确双方权利义务关系的协议。在劳动合同协议书中除了应有适格的双方主体之外，还需要注明被解除的劳动合同的具体编号及原劳动合同的期限、解除或终止劳动合同的原因，并根据相应的原因确定双方权利义务，对于双方权利义务是否均履行完毕及具体情况进行注明。对未结清款项进行说明，已结清的相关费用在协议书中注明清楚已经结算的款项名称和金额，如工资、社会保险、住房公积金、经济补偿以及其他福利待遇等。最后经双方签字盖章之后生效。

3. 过失性解除劳动合同的情形有哪些？

根据《劳动合同法》第三十九条的规定，用人单位可以进行过失性解除劳动合同的情形有如下几种：

(1)劳动者在试用期间被证明不符合录用条件的；

(2)劳动者严重违反用人单位规章制度的；

(3)劳动者严重失职，营私舞弊，给用人单位造成重大损害的；

(4)劳动者同时与其他用人单位建立劳动关系，对完成本单位的工作任务造成严重影响，或者经用人单位提出，拒不改正的；

(5)劳动者以欺诈、胁迫的手段或者乘人之危，使用人单位在违背真实意思的情况下订立劳动合同而致使劳动合同无效的；

(6)劳动者被依法追究刑事责任的。

4. 过失性解除劳动合同的程序是怎么样的？

(1)经过工会程序。

根据《劳动合同法》的规定，用人单位应当在解除劳动合同前，将解除理由通知工会。如果用人单位违反法律、行政法规规定或者劳动合同约定的，工会有权要求用人单位纠正。用人单位应当研究工会的意见，并将处理结果书面通知工会。此处须注意，用人单位解除劳动合同时未通知工会，但在劳动者起诉仲裁前已补正相关程序的，可不用再承担违法解除的责任。

(2)向劳动者说明理由，并送达解除决定。

在过错性解除劳动合同的情形下，用人单位无需提前通知劳动者即可解除。至于解除的形式，法律没有做出强制性规定，建议用人单位采用书面形式，告知劳动者解约理由，并将该解除决定或通知送达给劳动者本人，以避免员工日后主张劳动合同尚未解除的法律风险。

5. 无过失性解除劳动合同的情形有哪些？

根据《劳动合同法》第四十条的规定，有下列情形之一的，用人单位提前30日以书面形式通知劳动者本人或者额外支付劳动者1个月工资后，可以解除劳动合同：

(1)劳动者患病或者非因工负伤，在规定的医疗期满后不能从事原工作，也不能从事由用人单位另行安排的工作的；

(2)劳动者不能胜任工作，经过培训或者调整工作岗位，仍不能胜任工作的；

(3)劳动合同订立时所依据的客观情况发生重大变化，致使劳动合同无法履行，经用人单位与劳动者协商，未能就变更劳动合同内容达成协议的。

上述三种解除情形同时也需注意：（1）对于不能胜任工作的员工，仅凭 1 次不胜任工作就得出不能从事原工作的结论，是不能解除劳动合同的，首先应当安排调岗或培训，对同一员工应至少做出 2 次不胜任工作的结论，才能解除劳动合同。（2）对于医疗期届满或不能胜任工作的员工，用人单位可以单方调岗，虽没有必须与劳动者协商一致的法定义务，但调岗的理由必须合理，同时调整后的岗位不应比原岗位的劳动强度或绩效标准更高。（3）对客观情况发生重大变化而导致劳动合同解除的，需要同时具备 3 个构成要件：①劳动合同订立时所依据的客观情况发生重大变化。②该重大变化致使原劳动合同无法继续履行。③经用人单位与劳动者协商，未能就变更劳动合同内容达成协议。

6. 无过失性解除劳动合同的程序是怎么样的？

（1）经过工会程序。

根据《劳动合同法》的规定，用人单位应当在解除劳动合同前，将解除理由通知工会。如果用人单位违反法律、行政法规规定或者劳动合同约定的，工会有权要求用人单位纠正。用人单位应当研究工会的意见，并将处理结果书面通知工会。此处须注意，用人单位解除劳动合同时未通知工会，但在劳动者起诉仲裁前已补正相关程序的，可不用再承担违法解除的责任。

（2）通知劳动者，并送达解除决定。

对于符合解除条件的无过失性解除劳动合同，用人单位还必须提前 30 日以书面形式通知劳动者本人或者额外支付劳动者 1 个月工资后，方能解除。这里，提前 30 日以书面形式通知劳动者本人是法定程序，否则，用人单位就只能以额外支付劳动者 1 个月工资作为补救，因此，这 1 个月工资也被称作"代通知金"。

7. 过失性解除劳动关系/无过失性解除劳动关系是否需要支付经济补偿？

过失性解除劳动关系不需要支付经济补偿。由于劳动者存在过错在先，用人单位单方解除劳动合同既无须提前通知，也无须支付经济补偿。

无过失性解除劳动关系须支付经济补偿。根据《劳动合同法》的规定，用人单位非因劳动者过错而单方解除劳动合同，如果未提前 30 日以书面形式通知劳动者本人的，那么应当支付经济补偿和额外 1 个月的工资。

经济补偿按劳动者在本单位工作的年限，每满 1 年支付 1 个月工资的标准向劳动者支付。6 个月以上不满 1 年的，按 1 年计算；不满 6 个月的，向劳动者支付半个月工资的经济补偿。这里的"月工资"是指劳动者在劳动合同解除或者终止前 12 个月的平均工资。但是，作为"代通知金"的额外 1 个月的工资的计算标准，则不是前述的"月工资"，而是按照劳动合同解除前劳动者上 1 个月的工资标准确定。如果用人单位已提前 30 日向劳动者送达解除通知的，那么仅按上述规定支付经济补偿金即可。

8. 经济性裁员的实质要求和程序要求有哪些？

实质要件要求经济性裁员需符合下述四种情形之一：（1）依照企业破产法规定进行重整的。（2）生产经营发生严重困难的。（3）企业转产、重大技术革新或者经营方式调整，经变更劳动合同后，仍需裁减人员的。（4）其他因劳动合同订立时所依据的客观经济情况发生重大变化，致使劳动合同无法履行的。

程序要件要求需同时满足下述三个条件：（1）裁减人员 20 人以上或者裁减人员不足 20 人但占企业职工总数 10% 以上的。（2）应提前 30 日向工会或者全体职工说明情况，听取工会或者职工的意见。（3）裁减人员方案向劳动行政部门报告。

9. 经济性裁员的限制人员有哪些？

（1）优先留用主体。

根据劳动合同法的相关规定，经济性裁员裁减人员时，应当优先留用下列人员：与本单位订立较长期限的固定期限劳动合同的；与本单位订立无固定期限劳动合同的；家庭无其他就业人员，有需要扶养的老人或者未成年人的。用人单位在 6 个月内重新招用人员的，应当通知被裁减的人员，并在同等条件下优先招用被裁减的人员。

从法条表述来看，固定期限劳动合同的"较长期限"如何理解？"同等条件优先招用"的对比范围是什么？这些内容并没有进行详细的界定，因此难免造成用人单位故意或过失地裁减掉本应优先留用的员工。在诉讼过程中，"是否符合优先留用人员"应由用人单位举证还是劳动者举证？各地法院判决不尽相同，但统一的是各地法院审查的重心更多的是企业裁员是否符合实质要件和程序要件，因此企业在实施经济性裁员时必须优先满足实质要件和程序要件，同时在裁员方案中设定明确的裁员标准。

同时此处需注意，从"应当优先留用"的表述可见其属于法律强制性条款，因此用人单位若在经济性裁员中解除了优先留用的职工，可能涉及违法解除劳动合同，进而承担支付赔偿的风险。因此在裁员过程中应更多利用协商调解的途径来将潜在风险降至最低。

（2）不得裁员主体。

根据《中华人民共和国劳动合同法》第四十二条的规定，劳动者有下列情形之一的，用人单位不得进行经济性裁员：从事接触职业病危害作业的劳动者未进行离岗前职业健康检查，或者疑似职业病病人在诊断或者医学观察期间的；在本单位患职业病或者因工负伤并被确认丧失或者部分丧失劳动能力的；患病或者非因工负伤，在规定的医疗期内的；女职工在孕期、产期、哺乳期的；在本单位连续工作满 15 年，且距法定退休年龄不足 5 年的；法律、行政法规规定的其他情形。

相较于优先规则中的劳动者群体，企业尚留有一定的自主空间，而上述不得进行经济性裁员的劳动者群体则属于法律严令禁止裁员的对象。因此在实施经济性裁员的时候，需将符合上述条件的劳动者群体排除出裁员名单。

10. 经济性裁员是否需要支付经济补偿？

需要。按照《中华人民共和国劳动合同法》第四十六条的规定，用人单位按照经济性裁员解除劳动合同的，应当向劳动者支付经济补偿。经济补偿按照劳动者在本单位工作的年限，每满 1 年支付 1 个月工资的标准向劳动者支付。6 个月以上不满 1 年的，按 1 年计算；不满 6 个月的，向劳动者支付半个月工资的经济补偿。

11. 个人跨统筹地区就业的，其基本养老保险、基本医疗保险、失业保险关系可以转移吗？

根据《中华人民共和国社会保险法》第十九条规定，个人跨统筹地区就业的，其基本养老保险关系随本人转移，缴费年限累计计算。个人达到法定退休年龄时，基本养老金分段计算、统一支付。具体办法由国务院规定。

根据《中华人民共和国社会保险法》第三十二条规定，个人跨统筹地区就业的，其基本医疗保险关系随本人转移，缴费年限累计计算。

根据《中华人民共和国社会保险法》第五十二条规定，职工跨统筹地区就业的，其失业保险关系随本人转移，缴费年限累计计算。

12. 员工解除劳动关系后，企业是否可以不再为该员工申报个人所得税？

一般情况下，员工解除劳动关系（即离职）后企业不会再申报个人所得税，如若员工离职后仍旧有综合所得未发放和申报，企业则会在发放的次月 15 日内向主管税务机关进行申报。

（三）实操总结

1. 解除劳动关系的处理方式

双方协商一致解除劳动合同逐渐成为用人单位和劳动者常见的解除方式，在签订解除劳动合同协议书时，用人单位应注意尽量将双方享有或待履行的权利义务关系明确化，如工资加班费结算问题、劳动者是否需要继续履行竞业限制义务问题等。同时对于协议的内容，应避免出现明显有失公平的条款进而导致协议无效。签订完解除协议后，用人单位不得随意扣押劳动者的证件、工资等，还需将劳动合同、解除劳动合同协议书归档并保存 2 年以上进行备查。

过失性解除劳动合同是用人单位最低成本辞退员工的方式，但在解除过程中也极易产生纠纷，用人单位涉诉的概率较大。因此，在实务过程中，用人单位若以员工存在过错为由单方解除劳动合同，首先应当收集、固定和保存好劳动者存有过错的相关证明材料，事先做好相应的制度规范和合同约定，以免因举证不能而败诉；其次在程序上，用人单位应充分注意解除的程序，尤其是有工会的企业，避免因程序不当而导致解除行为违法。

无过失性解除劳动合同仍是要支付经济补偿，且需要提前 30 天书面通知劳动者。因此在实务过程中，若用人单位适用此条解除劳动者，切忌生搬硬套，任意解释法条，进而导致将经济补偿变成经济赔偿（2 倍经济补偿）的后果，建议用人单位在面临此种解除情形时，首先尽量跟劳动者协商解除，通过协议书形式将解除成本和涉诉风险降至最低。若协商不成，用人单位也应严格按照解除条件和解除程序来处理。如对于医疗期满员工，用人单位需要先进行合理调岗再考虑按照不能胜任原工作为由进行解除等，以避免因认定证据或解除程序的瑕疵导致更多的用工风险。

2. 解除劳动合同后，企业在个人所得税申报系统中的减员操作时间及流程

企业一般在最后一次有数据的申报完成后的次月 15 日内，对上一期离职人员做离职处理，具体操作流程为：

登录个人所得税申报系统—首页—人员信息采集—点击需做离职处理的员工姓名—选择人员状态为"非正常"、选择具体的离职日期—勾选离职人员—点击报送（注：操作成功后员工状态为非正常，系统显示报送成功、验证通过）

（四）典型案例

☞ **案例 1：以严重违反用人单位规章制度为由解除劳动合同①**

【案情简介】

2013 年 9 月 23 日，原告吴某入职被告某公司从事生产工作。双方签订的最后一期劳动合同期限至 2019 年 9 月 30 日，约定工作地点为某大道 159 号某公司，涉及劳动者切身利益的条款内容或重大事项变更时，应协商一致。

2017 年 5 月 4 日，被告某公司召开职工代表大会，审议修订员工手册。其中规定，连续旷工 3 个工作日者，或连续 12 个月内累计旷工 5 个工作日者，给予解除合同处分。原告吴某签收了员工手册。

2019 年 3 月，被告某公司因经营需要决定由原办公地点某大道 159 号整体搬迁至某大道 529 号。包括原告吴某在内的员工得知后，以距离太远为由拒绝到新厂址上班。2019 年 3 月 9 日，某公司组织人员拆除生产线时，包括吴某在内的员工大面积停工，自此每日到原厂址打卡后，不再提供劳动。2019 年 3 月 11 日，某公司发布《关于厂区搬迁的通知》，要求员工通过合理渠道沟通，必须于 2019 年 3 月 12 日 8:30 回岗正常劳动。员工拒绝返岗。2019 年 3 月 13 日，某公司再次发布公告，员工仍然拒绝返岗。2019 年 3 月 15 日，某公司向吴某发出《督促回岗通知》，告知吴某其行为已严重违反规章制度，扰乱破坏生产秩序，要求吴某于 2019 年 3 月 18 日 8:30 到生产主管处报到，逾期未报到将解除劳动合同。吴某未按要求报到。2019 年 3 月 18 日，某公司在通知工会后，以严重违反规章制度为由决定与吴某解除劳动合同。

2019 年 3 月 25 日，原告吴某向南京市江宁区劳动人事争议仲裁委员会申诉，仲裁请求与本案诉讼请求一致。2019 年 5 月 6 日，仲裁委员会作出裁决，驳回了吴某的仲裁请求。被告某公司服从裁决。吴某不服裁决，提起诉讼。

【处理结果】

驳回原告吴某的诉讼请求。

【争议焦点】

某公司与吴某解除劳动合同是否合法。

【裁判观点】

被告某公司拟将厂区整体迁移，是基于生产运作情况作出的经营决策，不改变劳动者的岗位和待遇，并非滥用用工权利刻意为难劳动者的行为。厂区迁移后，确实可能对劳动者产生一定的通勤压力，但搬迁距离并不遥远，也在公共交通、共享单车可达之处，某大道本身具备较好的通行条件，某公司也承诺增发交通补助，总体而言，迁移对劳动者的影响是有限的，不构成双方继续履行劳动合同的根本障碍。同时，争议发生后，双方均应当采取正当手段维护自身权利。原告吴某不愿意调整工作地点，可以提出相关诉求，但其自身仍然负有继续遵守规章制度、继续履行劳动合同的义务。吴某在某公司的再三催告下，仍然拒绝返回原岗位工作，已经构成旷工，违反基本的劳动纪律，并且达到员工手册中规

---

①　来源于：《最高人民法院公报》2020 年第 9 期（总第 287 期），第 47-48 页。

定的可被解除劳动合同的严重程度，故某公司在通知工会后作出的解除劳动合同决定，并无违法之处，故对吴某要求某公司支付违法解除劳动合同赔偿金的请求不予支持。

☞ 案例 2：离职员工如何扣缴个人所得税

周某某系甲公司一名普通员工，2022 年 5 月 16 日，周某某办理完离职交接手续，经核算，周某某 5 月份工资为 3200 元。据悉，甲公司工资发放制度为当月工资次月 10 日发放；则甲公司最后一次申报周某某的个人所得税为几月？甲公司何时在税务局系统对周某某进行离职处理？

因扣缴义务人需在代扣税款的次月 15 日内，向主管税务机关申报税费，故甲公司最后一次申报周某某的个人所得税为 7 月；待 7 月申报完毕之后的次月，即 8 月做离职(非正常)处理。

二、专题 2：经济补偿金

(一) 相关概念

【经济补偿金】是指用人单位或劳动者按照法律规定合法解除或终止劳动合同，用人单位根据劳动者在本单位工作的年限给予劳动者相应的经济补偿数额。其在性质上具有补偿性和保障性功能。

【经济赔偿金】是指用人单位违法解除或终止劳动合同，用人单位根据劳动者在本单位工作的年限给予劳动者相应的赔偿。其在性质上具有惩罚性功能。

(二) 常见问答

1. 经济补偿金的支付标准

用人单位支付劳动者经济补偿标准，按照劳动者在本单位工作的年限，每工作满 1 年向劳动者支付 1 个月的工资。6 个月以上不满 1 年的，按 1 年计算；不满 6 个月的，向劳动者支付半个月工资的经济补偿。

此处的工作年限需注意，如果劳动者非因本人原因从原用人单位被安排到新用人单位工作的，劳动者在原用人单位的工作年限合并计算为新用人单位的工作年限。原用人单位已经向劳动者支付经济补偿的，新用人单位在计算支付经济补偿的工作年限时，不再计算劳动者在原用人单位的工作年限。

此处的工资标准需注意，按照劳动者在劳动合同解除或者终止前 12 个月的平均工资计算；劳动者工作不满 12 个月的，按照实际工作的月数计算平均工资。月工资为应得工资，根据《劳动合同法实施条例》第二十七条规定，月工资包括计时工资或者计件工资以及奖金、津贴和补贴等货币性收入。而加班工资是否计算在上述工资标准内，各地法院认定不同。劳动者月工资高于本地区上季度职工月平均工资 3 倍的，向其支付经济补偿的标准按职工月平均工资 3 倍的数额支付，向其支付经济补偿的年限最高不超过 12 年。计算经济补偿金的月工资标准，劳动者低于本地区上年度职工最低工资标准的，按照本地区最低工资标准计算。

2. 经济补偿金的支付情形汇总

根据相关法条汇总用人单位在解除或终止劳动关系中需要支付经济补偿的情形如下：

（1）用人单位未按照劳动合同约定提供劳动保护，劳动者单方面解除劳动合同的。

（2）用人单位未按照劳动合同的约定提供劳动条件，劳动者单方面解除劳动合同的。

（3）用人单位未及时足额支付劳动报酬，劳动者单方面解除劳动合同的。

（4）用人单位未依法为劳动者缴纳社会保险费，劳动者单方面解除劳动合同的。

（5）用人单位的规章制度违反法律、法规的规定损害劳动者权益，劳动者单方面解除劳动合同的。

（6）用人单位以欺诈、胁迫的手段或者乘人之危，使劳动者在违背真实意思的情况下订立或者变更劳动合同致使劳动合同无效的。

（7）用人单位免除自己的法定责任、排除劳动者权利致使劳动合同无效的。

（8）用人单位违反法律、行政法规强制性规定致使劳动合同无效的。

（9）用人单位以暴力、胁迫或者非法限制人身自由的手段强迫劳动者劳动，劳动者单方面解除劳动合同的。

（10）用人单位违章指挥、强令冒险作业危及劳动者人身安全，劳动者单方面解除劳动合同的。

（11）用人单位向劳动者提出并与劳动者协商一致解除劳动合同的。

（12）劳动者患病或者非因工负伤，在规定医疗期满后不能从事原工作，也不能从事由用人单位另行安排的工作，用人单位单方面解除劳动合同的。

（13）劳动者不能胜任工作，经过培训或者调整工作岗位，仍不能胜任工作，用人单位单方面解除劳动合同的。

（14）劳动合同订立时所依据的客观情况发生重大变化，致使劳动合同无法履行，经用人单位与劳动者协商，未能就变更劳动合同内容达成协议，用人单位单方面解除劳动合同的。

（15）用人单位依法实施经济性裁员，单方面解除劳动者劳动合同的。

（16）劳动合同期满，用人单位终止劳动合同的（用人单位维持或者提高劳动合同约定条件续订劳动合同，劳动者不同意续订劳动合同的除外）。

（17）以完成一定工作任务为期限的劳动合同因任务完成而终止的。

（18）用人单位被依法宣告破产，终止劳动合同的。

（19）用人单位被吊销营业执照、责令关闭、撤销或者用人单位决定提前解散，终止劳动合同的。

（20）法律、行政法规规定的劳动合同解除或终止，用人单位应当支付经济补偿金的其他情形。

3. 不需要支付经济补偿金的情形汇总

根据相关法条汇总用人单位在解除或终止劳动关系中不需要支付经济补偿金的情形如下：

（1）劳动者在试用期间被证明不符合录用条件的。

（2）劳动者严重违反用人单位的规章制度的。

（3）劳动者严重失职，营私舞弊，给用人单位造成重大损害的。

（4）劳动者同时与其他用人单位建立劳动关系，对完成本单位的工作任务造成严重影响，或者经用人单位提出，拒不改正的。

（5）劳动者以欺诈、胁迫的手段或者乘人之危，使用人单位在违背真实意思的情况下订立或者变更劳动合同，致使劳动合同无效。

（6）劳动者被追究刑事责任的。

4. 员工离职取得经济补偿金是否缴纳个人所得税

《财政部　税务总局关于个人所得税法修改后有关优惠政策衔接问题的通知》（财税〔2018〕164号）规定，个人与用人单位解除劳动关系取得一次性补偿收入（包括用人单位发放的经济补偿金、生活补助费和其他补助费），在当地上年职工平均工资3倍数额以内的部分，免征个人所得税；离职经济补偿金超过当地上年职工平均工资3倍数额的部分，不并入当年综合所得，单独适用综合所得税率表，计算纳税。

注：按解除劳动合同一次性补偿金项目申报个税。

（三）实操总结

近年来，随着劳动法律制度的不断完善，劳动者的维权意识日益提升，用人单位所涉劳资纠纷也与日俱增。在处理劳动争议过程中，经济补偿是劳动者常见的诉求，而用人单位在日常用工中稍处理不慎则会面临支付经济补偿的问题。因此，在处理解除或终止劳动关系过程中，用人单位首先应尽量引导劳动者主动提出离职，或者完善内部规章制度，因劳动者过错原因终止劳动关系的应注意收集、保留相关有效证明材料。在涉及经济补偿金的情形时，尽可能通过双方协商终止劳动关系，以降低企业人工成本费用及用工风险。

（四）典型案例

☞ **案例1：用人单位违法解除劳动合同须支付赔偿金**[①]

【案情简介】

2005年7月，被告王某进入原告某通信公司工作，劳动合同约定王某从事销售工作，基本工资为每月3840元。该公司的《员工绩效管理办法》规定：员工半年、年度绩效考核分别为S、A、C1、C2四个等级，分别代表优秀、良好、价值观不符、业绩待改进；S、A、C（C1、C2）等级的比例分别为20%、70%、10%；不胜任工作原则上考核为C2。王某原在该公司分销科从事销售工作，2009年1月后因分销科解散等原因，转岗至华东区从事销售工作。2008年下半年、2009年上半年及2010年下半年，王某的考核结果均为C2。某通信公司认为，王某不能胜任工作，经转岗后，仍不能胜任工作，故在支付了部分经济补偿金的情况下解除了劳动合同。

2011年7月27日，王某提起劳动仲裁。同年10月8日，仲裁委作出裁决：某通信公

---

① 最高法指导性案例第5批第18号案例。

司支付王某违法解除劳动合同的赔偿金余额 36596.28 元。某通信公司认为其不存在违法解除劳动合同的行为，故于同年 11 月 1 日诉至法院，请求判令不予支付解除劳动合同赔偿金余额。

【处理结果】

原告某通信公司于本判决生效之日起 15 日内一次性支付被告王某违法解除劳动合同的赔偿金余额 36596.28 元。

【争议焦点】

某通信公司与王某解除劳动合同是否是违法解除。

【裁判观点】

为了保护劳动者的合法权益，构建和发展和谐稳定的劳动关系，《劳动法》《劳动合同法》对用人单位单方解除劳动合同的条件进行了明确限定。原告某通信公司以被告王某不胜任工作，经转岗后仍不胜任工作为由，解除劳动合同，对此应负举证责任。根据《员工绩效管理办法》的规定，"C（C1、C2）考核等级的比例为 10%"，虽然王某曾经考核结果为 C2，但是 C2 等级并不完全等同于"不能胜任工作"，某通信公司仅凭该限定考核等级比例的考核结果，不能证明劳动者不能胜任工作，不符合据此单方解除劳动合同的法定条件。虽然 2009 年 1 月王某从分销科转岗，但是转岗前后均从事销售工作，并存在分销科解散导致王某转岗这一根本原因，故不能证明王某系因不能胜任工作而转岗。因此，某通信公司主张王某不胜任工作，经转岗后仍然不胜任工作的依据不足，存在违法解除劳动合同的情形，应当依法向王某支付经济补偿标准 2 倍的赔偿金。

☞ **案例 2：解除劳动合同需足额支付赔偿金①**

【案情简介】

孟某某与某某销售有限公司河北分公司（以下简称某某公司河北分公司）劳动争议一案，唐山中院于 2020 年 12 月 28 日作出（2020）冀 02 民终 6934 号民事判决书，判决某某公司河北分公司给付孟某某违法解除劳动合同赔偿金 641363.1 元。2021 年 2 月 9 日，某某公司河北分公司向税务机关代扣代缴孟某某个人所得税 76936.09 元，完税证明显示税种为个人所得税，品目名称为工资薪金所得。除代缴税金外的剩余赔偿金 570233.54 元某某公司河北分公司已向孟某某支付完毕。孟某某认为某某公司河北分公司未按判决足额给付赔偿金，遂向唐山中院申请强制执行，要求某某公司河北分公司支付剩余未给付金额 76936.1 元。

【裁判观点】

本案的争议焦点为经人民法院判决确认的用工单位需向劳动者支付的违法解除劳动合同赔偿金是否需缴纳税金以及用工单位是否有代缴税金的义务。根据财政部、税务总局《关于个人所得税法修改后有关优惠政策衔接问题的通知》的规定，个人与用人单位解除劳动关系取得一次性补偿收入，在当地上年职工平均工资 3 倍数额以内的部分，免征个人

---

① 本案例来源于中国裁判文书网 2021 年 12 月 31 日发布的执行裁定书，案号：（2021）冀执复 519 号。

所得税；超过 3 倍数额的部分，不并入当年综合所得，单独适用综合所得税率表，计算纳税。同时，国家税务总局丰南区税务局答复唐山中院的丰南税函（2021）22 号函中明确表示，经人民法院判决确认的用工单位需向劳动者支付的违法解除劳动合同赔偿金需要缴纳税金、用工单位在向劳动者支付违法解除劳动合同赔偿金时负有代替劳动者缴纳税金的义务。本案中，当事人双方虽然已解除劳动合同关系，但法院判决某某公司河北分公司给付孟某某赔偿金是基于双方曾存在劳动合同关系而产生的，复议申请人所称双方已经解除劳动合同关系，是否应代缴个人所得税，应由判决确定而非主动代缴的理由不能成立。故某某公司河北分公司向税务机关代扣代缴孟某某个人所得税 76936.09 元符合法律规定。

三、专题 3：离职待遇享受

（一）相关概念

【失业保险待遇】是指参加失业保险的劳动者因失业而暂时中断生活来源由失业保险基金提供的各种帮助，其中包含失业保险金、基本医疗保险、就业机会等。

【失业保险金】是指经社会保险经办机构审核，由失业保险基金按规定以现金形式支付给符合条件的失业者的最基本的失业保险待遇。

【退休】是指劳动者因年老、因病致残或因工，部分丧失劳动能力或完全丧失劳动能力，按照国家法律法规终止劳动关系，退出工作岗位。

（二）常见问答

1. 享受基本养老保险退休待遇的条件是什么？

根据《中华人民共和国社会保险法》第二章第十六条规定，参加基本养老保险的个人，达到法定退休年龄时累计缴费满 15 年的，按月领取基本养老金。参加基本养老保险的个人，达到法定退休年龄时累计缴费不足 15 年的，可以缴费至满 15 年，按月领取基本养老金；也可以转入新型农村社会养老保险或者城镇居民社会养老保险，按照国务院规定享受相应的养老保险待遇。

2. 我国现行的退休年龄是多少岁？

根据全国人民代表大会常务委员会关于批准《国务院关于工人退休、退职的暂行办法》的决议第一条规定：全民所有制企业、事业单位和党政机关、群众团体的工人，符合下列条件之一的，应该退休。

（1）男年满六十周岁，女年满五十周岁，连续工龄满十年的。

（2）从事井下、高空、高温、特别繁重体力劳动或者其他有害身体健康的工作，男年满五十五周岁、女年满四十五周岁，连续工龄满十年的。

本项规定也适用于工作条件与工人相同的基层干部。

（3）男年满五十周岁，女年满四十五周岁，连续工龄满十年，由医院证明，并经劳动鉴定委员会确认，完全丧失劳动能力的。

（4）因工致残，由医院证明，并经劳动鉴定委员会确定，完全丧失劳动能力的。

3. 退休可以享受哪些养老保险待遇？

根据《中华人民共和国社会保险法》第二章第十六条规定，参加基本养老保险的个人，达到法定退休年龄时累计缴费满15年的，按月领取基本养老金。

参加基本养老保险的个人，达到法定退休年龄时累计缴费不足15年的，可以缴费至满15年，按月领取基本养老金；也可以转入新型农村社会养老保险或者城镇居民社会养老保险，按照国务院规定享受相应的养老保险待遇。

4. 领取失业保险金需满足哪些条件？

根据《中华人民共和国社会保险法》第五章第四十五条，失业人员符合下列条件的，从失业保险基金中领取失业保险金：

(1)失业前用人单位和本人已经缴纳失业保险费满1年的。

(2)非因本人意愿中断就业的。

(3)已经进行失业登记，并有求职要求的。

5. 失业保险待遇有哪些？

根据《中华人民共和国社会保险法》第五章第四十八条规定，失业人员在领取失业保险金期间，参加职工基本医疗保险，享受基本医疗保险待遇。失业人员应当缴纳的基本医疗保险费从失业保险基金中支付，个人不缴纳基本医疗保险费。

根据《中华人民共和国社会保险法》第五章第四十九条规定，失业人员在领取失业保险金期间死亡的，参照当地对在职职工死亡的规定，向其遗属发给一次性丧葬补助金和抚恤金。所需资金从失业保险基金中支付。个人死亡同时符合领取基本养老保险丧葬补助金、工伤保险丧葬补助金和失业保险丧葬补助金条件的，其遗属只能选择领取其中的一项。

6. 领取失业保险金的期限如何计算？

根据《失业保险条例》第十七条规定，失业人员失业前所在单位和本人按照规定累计缴费时间满1年不足5年的，领取失业保险金的期限最长为12个月；累计缴费时间满5年不足10年的，领取失业保险金的期限最长为18个月；累计缴费时间10年以上的，领取失业保险金的期限最长为24个月。重新就业后，再次失业的，缴费时间重新计算：再次失业领取失业保险金的期限可以与前次失业应领取而尚未领取的失业保险金的期限合并计算，但是最长不得超过24个月。

7. 失业保险关系可以转移吗？

可以。根据《失业保险条例》第二十二条规定，城镇企业事业单位成建制跨统筹地区转移，失业人员跨统筹地区流动的，失业保险关系随之转迁。

8. 失业人员可以享受基本医疗保险待遇吗？还需要缴费吗？

可以，不需要缴费。根据《中华人民共和国社会保险法》第四十八条规定："失业人员在领取失业保险金期间，参加职工基本医疗保险，享受基本医疗保险待遇。失业人员应当缴纳的基本医疗保险费从失业保险基金中支付，个人不缴纳基本医疗保险费。"

9. 失业保险金的领取标准是什么？

失业保险金的领取标准按照低于当地最低工资、高于城市居民最低生活保障标准的水平，由省、自治区、直辖市人民政府确定。

10. 失业人员在领取失业保险金期间死亡的，可以享受哪些待遇？

根据《中华人民共和国社会保险法》第四十九条规定，失业人员在领取失业保险金期间死亡的，参照当地对在职职工死亡的规定，向其遗属发给一次性丧葬补助金和抚恤金。所需资金从失业保险基金中支付。

个人死亡同时符合领取基本养老保险丧葬补助金、工伤保险丧葬补助金和失业保险丧葬补助金条件的，其遗属只能选择领取其中的一项。

11. 停止失业保险待遇的情形有哪些？

根据《中华人民共和国社会保险法》第五十一条规定，失业人员在领取失业保险金期间有下列情形之一的，停止领取失业保险金，并同时停止享受其他失业保险待遇：

(1)重新就业的。

(2)应征服兵役的。

(3)移居境外的。

(4)享受基本养老保险待遇的。

(5)无正当理由，拒不接受当地人民政府指定部门或者机构介绍的适当工作或者提供的培训的。

12. 员工离职之后可以享受哪些工伤待遇？

根据《工伤保险条例》第三十六条规定，职工因工致残被鉴定为五级、六级伤残的，享受以下待遇：

(1)从工伤保险基金按伤残等级支付一次性伤残补助金，标准为：五级伤残为 18 个月的本人工资，六级伤残为 16 个月的本人工资。

(2)保留与用人单位的劳动关系，由用人单位安排适当工作。难以安排工作的，由用人单位按月发给伤残津贴，标准为：五级伤残为本人工资的 70%，六级伤残为本人工资的 60%，并由用人单位按照规定为其缴纳应缴纳的各项社会保险费。伤残津贴实际金额低于当地最低工资标准的，由用人单位补足差额。

经工伤职工本人提出，该职工可以与用人单位解除或者终止劳动关系，由工伤保险基金支付一次性工伤医疗补助金，由用人单位支付一次性伤残就业补助金。一次性工伤医疗补助金和一次性伤残就业补助金的具体标准由省、自治区、直辖市人民政府规定。

根据《工伤保险条例》第三十七条规定，职工因工致残被鉴定为七级至十级伤残的，享受以下待遇：

(1)从工伤保险基金按伤残等级支付一次性伤残补助金，标准为：七级伤残为 13 个月的本人工资，八级伤残为 11 个月的本人工资，九级伤残为 9 个月的本人工资，十级伤残为 7 个月的本人工资。

(2)劳动、聘用合同期满终止，或者职工本人提出解除劳动、聘用合同的，由工伤保险基金支付一次性工伤医疗补助金，由用人单位支付一次性伤残就业补助金。一次性工伤医疗补助金和一次性伤残就业补助金的具体标准由省、自治区、直辖市人民政府规定。

13. 个人提前退休取得的补贴收入是否缴纳个人所得税？

个人办理提前退休手续而取得的一次性补贴收入，应按照办理提前退休手续至法定离退休年龄之间实际年度数平均分摊，确定适用税率和速算扣除数，单独适用综合所得税率表，计算纳税。计算公式如下：

应纳税额={〔（一次性补贴收入÷办理提前退休手续至法定退休年龄的实际年度数）-费用扣除标准〕×适用税率-速算扣除数}×办理提前退休手续至法定退休年龄的实际年度数。

个人办理内部退养手续而取得的一次性补贴收入，按照《国家税务总局关于个人所得税有关政策问题的通知》（国税发〔1999〕58 号）规定计算纳税。

（政策依据：财税〔2018〕164 号《财政部税务总局关于个人所得税法修改后有关优惠政策衔接问题的通知》）

注：按提前退休一次性补贴项目申报个税。

14. 办理补充养老保险退保的保费是否缴纳个人所得税？

根据《财政部　国家税务总局关于个人所得税有关问题的批复》（财税〔2005〕94 号）第一条规定："单位为职工个人购买商业性补充养老保险等，在办理投保手续时应作为个人所得税的'工资、薪金所得'项目，按税法规定缴纳个人所得税；因各种原因退保，个人未取得实际收入的，已缴纳的个人所得税应予以退回。"

（三）实操总结

1. 养老金的缴纳与计算（见表 3-1）

表 3-1　　　　　　　　　　　　　　　**养老金计算标准**

项目	计算公式/规定	依据
（一）养老金计算公式	基本养老金计算公式：月基本养老金 = 基础养老金+个人账户养老金+过渡性养老金	《国务院关于完善企业职工基本养老保险制度的决定》（国发〔2005〕38 号文）
（二）基础性养老金	基础性养老金 =（职工退休时上一年度全省在岗职工月平均工资+本人指数化月平均工资）÷2×缴费年限(含视同缴费年限)×1%	
（三）本人指数化月平均缴费工资	本人指数化月平均缴费工资 = 职工退休时上一年度全省在岗职工月平均工资×职工本人平均缴费工资指数	
（四）职工当年缴费工资指数	职工当年缴费工资指数 = 职工当年缴费工资÷全省在岗职工年平均工资	
（五）个人账户养老金	个人账户养老金 = 退休时个人账户储存额÷本人退休年龄相对应的计发月数	
（六）过渡性养老金	过渡性养老金 = 职工退休时上一年度全省在岗职工月平均工资×职工本人平均缴费工资指数×视同缴费年限×1.2%（或 1%） PS：缴费年限满 15 年以上(指全部缴费年限)计 1.2%；缴费年限满 10 年不满 15 年(指全部缴费年限)计 1%	

2. 多地区缴纳基本养老保险申领图（见图 3-1）

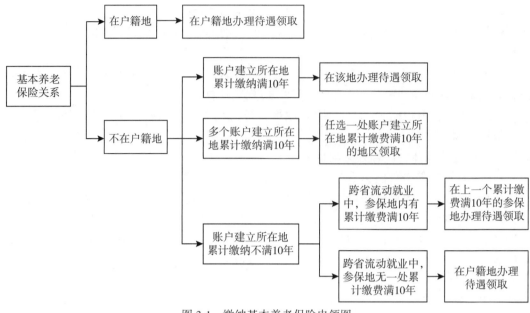

图 3-1 缴纳基本养老保险申领图

3. 失业保险金申请流程(见图 3-2)

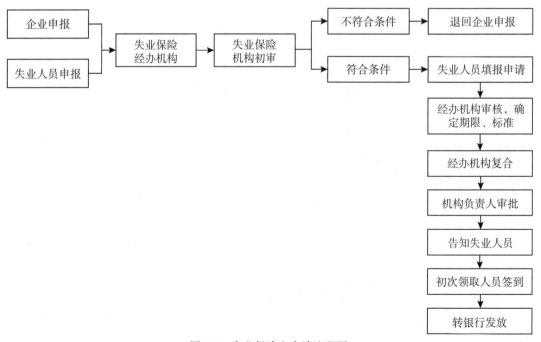

图 3-2 失业保险金申请流程图

（四）典型案例

☞ **案例1：用人单位违法解除劳动合同的，应赔偿职工经济补偿金、失业保险金等①**
【案例简介】

陶某2000年7月进入淮南某药业公司工作。2015年2月3日，淮南某药业公司更名为淮南某某药业公司。淮南某药业公司从2000年7月起为陶某缴纳社会保险。2014年2月8日，陶某离岗未再上班，淮南某药业公司未向陶某发放2014年1、2月工资。2014年5月，淮南某药业公司为陶某办理了社会保险减员手续。2014年7月17日，某药业公司在淮南日报刊登通告，以陶某不服工作安排，至今未到岗上班，旷工已达15天以上，严重违反了劳动法和企业规章制度为由，解除与陶某的劳动合同。陶某提起劳动争议仲裁后，诉至法院，请求判令淮南某某药业公司支付：（1）违法解除劳动合同赔偿金53650元。（2）2014年1、2月工资2469.37元及工资报酬25%的经济补偿金617.34元。（3）2014年2—12月生活费7280元。（4）未休年休假工资报酬26041元。（5）失业赔偿金20904元。（6）未签订无固定期限劳动合同的双倍工资88800元。

【裁判结果】

淮南市大通区人民法院判决：淮南某某药业公司给付陶某赔偿金47187.84元、2014年1、2月工资2223.32元、生活费2184元、失业保险金8788元。陶某、淮南某某药业公司均不服，提出上诉。

淮南市中级人民法院审理认为，解除劳动合同应由某某药业负举证责任，但其未能提供该公司规章制度，且在上诉状中认可相关规章制度尚未制定完毕，故某某药业公司解除与陶某的劳动关系违法，应支付违法解除劳动合同的赔偿金。因双方均未能提供证据证明劳动合同解除前陶某12个月的平均工资，陶某主张的数额低于其应发工资标准，按其主张的数额计算赔偿金。《劳动合同法》实施后，用人单位具有《劳动合同法》第八十五条规定情形的，劳动者依据《违反和解除劳动合同的经济补偿办法》主张额外经济补偿金的，不予支持。某某药业公司于2014年5月解除与陶某的劳动关系后，并未及时向陶某送达解除劳动关系的证明，造成陶某无法办理失业保险金领取手续，原审判决关于陶某失业保险金的认定并无不当。陶某主张的未休年休假工资，自2008年以后的部分予以支持。故改判：某某药业公司支付陶某赔偿金51800元、未休年休假工资报酬5972.40元，对2014年1、2月工资、生活费、失业保险金等权利争议，维持原审判决。

☞ **案例2：到法定退休年龄时仍未缴满养老保险，是否可以办理退休？**
【案例简介】

员工李某，男，1962年5月出生，截至2022年5月，其社保缴费14年零1个月。李某到法定退休年龄60岁时，养老保险缴费未满15年，请问这种情况李某可以办理退

---

① 该案件由微信公众号"北大法宝"于2017年6月28日发布，https：//www.pkulaw.com/pfnl/a6bdb3332ec0adc4ff86638ea9172907167758e51dac1881bdfb.html？keyword＝%E5%A4%B1%E4%B8%9A%E4%BF%9D%E9%99%A9。

休吗?

根据《实施〈中华人民共和国社会保险法〉若干规定》(人力资源和社会保障部令13号)第二条规定:参加职工基本养老保险的个人达到法定退休年龄时,累计缴费不足15年的,可以延长缴费至满15年。社会保险法实施前参保、延长缴费5年后仍不足15年的,可以一次性缴费至满15年。

根据《实施〈中华人民共和国社会保险法〉若干规定》(人力资源和社会保障部令13号)第三条规定,参加职工基本养老保险的个人达到法定退休年龄后,累计缴费不足15年(含依照第二条规定延长缴费)的,可以申请转入户籍所在地新型农村社会养老保险或者城镇居民社会养老保险,享受相应的养老保险待遇。

参加职工基本养老保险的个人达到法定退休年龄后,累计缴费不足15年(含依照第二条规定延长缴费),且未转入新型农村社会养老保险或者城镇居民社会养老保险的,个人可以书面申请终止职工基本养老保险关系。社会保险经办机构收到申请后,应当书面告知其转入新型农村社会养老保险或者城镇居民社会养老保险的权利以及终止职工基本养老保险关系的后果,经本人书面确认后,终止其职工基本养老保险关系,并将个人账户储存额一次性支付给本人。

综上,像李某这种情况,参保人员达到法定退休年龄时,缴费年限不足15年,且希望享受企业职工基本养老保险退休待遇的参保人,可按照第二条规定进行处理,延缴11个月后就可以办理退休手续了,从退休审批的次月开始领取养老保险待遇。

☞ 案例3:退休一次性补偿收入缴纳个人所得税

杨某某系甲公司一名普通员工,于2022年5月前退休,并取得一次性补偿收入21万元,其从办理退休手续到法定退休年龄还有3个纳税年度,费用扣除标准为6万元,计算杨某某应就该项一次性补偿收入缴纳多少个人所得税?

应纳税额={〔(一次性补贴收入÷办理提前退休手续至法定退休年龄的实际年度数)-费用扣除标准〕×适用税率-速算扣除数}×办理提前退休手续至法定退休年龄的实际年度数

应纳税额={〔(21÷3)-6〕×3%-0}×3=900(元)。

故杨某某应该就该项一次性补偿收入缴纳的个人所得税为900元。

参 考 文 献

[1]李旭旦，吴文艳．员工招聘与甄选[M]．上海：华东理工大学出版社，2009.

[2]朱庆阳．人力资源服务与咨询[M]．上海：华东理工大学出版社，2010.

[3]罗毅．现代人力资源管理实战宝典[M]．北京：电子工业出版社，2018.

[4]宋艳红．员工招聘与配置[M]．北京：北京理工大学出版社，2014.

[5]彭荣模．慧眼识才：高效甄别求职者的实用招聘策略[M]．北京：北京大学出版社，2012.

[6]孙宗虎，李艳．招聘、面试与录用管理实务手册[M]．北京：人民邮电出版社，2009.

[7]王玉姣．人力资源管理(普通高校十二五规划教材．工商管理系列)[M]．北京：清华大学出版社，2013.

[8]王丽娟．员工招聘与配置[M]．第2版．上海：复旦大学出版社，2012.

附　　录

中华人民共和国劳动合同法

（2007 年 6 月 29 日第十届全国人民代表大会常务委员会第二十八次会议通过　根据 2012 年 12 月 28 日第十一届全国人民代表大会常务委员会第三十次会议《关于修改〈中华人民共和国劳动合同法〉的决定》修正）

目　　录

第一章　总则
第二章　劳动合同的订立
第三章　劳动合同的履行和变更
第四章　劳动合同的解除和终止
第五章　特别规定
　　第一节　集体合同
　　第二节　劳务派遣
　　第三节　非全日制用工
第六章　监督检查
第七章　法律责任
第八章　附则

第一章　总　则

第一条　为了完善劳动合同制度，明确劳动合同双方当事人的权利和义务，保护劳动者的合法权益，构建和发展和谐稳定的劳动关系，制定本法。

第二条　中华人民共和国境内的企业、个体经济组织、民办非企业单位等组织（以下称用人单位）与劳动者建立劳动关系，订立、履行、变更、解除或者终止劳动合同，适用本法。

国家机关、事业单位、社会团体和与其建立劳动关系的劳动者，订立、履行、变更、解除或者终止劳动合同，依照本法执行。

第三条　订立劳动合同，应当遵循合法、公平、平等自愿、协商一致、诚实信用的原则。

依法订立的劳动合同具有约束力，用人单位与劳动者应当履行劳动合同约定的义务。

第四条　用人单位应当依法建立和完善劳动规章制度，保障劳动者享有劳动权利、履行劳动义务。

用人单位在制定、修改或者决定有关劳动报酬、工作时间、休息休假、劳动安全卫生、保险福利、职工培训、劳动纪律以及劳动定额管理等直接涉及劳动者切身利益的规章制度或者重大事项时，应当经职工代表大会或者全体职工讨论，提出方案和意见，与工会或者职工代表平等协商确定。

在规章制度和重大事项决定实施过程中，工会或者职工认为不适当的，有权向用人单位提出，通过协商予以修改完善。

用人单位应当将直接涉及劳动者切身利益的规章制度和重大事项决定公示，或者告知劳动者。

第五条　县级以上人民政府劳动行政部门会同工会和企业方面代表，建立健全协调劳动关系三方机制，共同研究解决有关劳动关系的重大问题。

第六条　工会应当帮助、指导劳动者与用人单位依法订立和履行劳动合同，并与用人单位建立集体协商机制，维护劳动者的合法权益。

第二章　劳动合同的订立

第七条　用人单位自用工之日起即与劳动者建立劳动关系。用人单位应当建立职工名册备查。

第八条　用人单位招用劳动者时，应当如实告知劳动者工作内容、工作条件、工作地点、职业危害、安全生产状况、劳动报酬，以及劳动者要求了解的其他情况；用人单位有权了解劳动者与劳动合同直接相关的基本情况，劳动者应当如实说明。

第九条　用人单位招用劳动者，不得扣押劳动者的居民身份证和其他证件，不得要求劳动者提供担保或者以其他名义向劳动者收取财物。

第十条　建立劳动关系，应当订立书面劳动合同。

已建立劳动关系，未同时订立书面劳动合同的，应当自用工之日起1个月内订立书面劳动合同。

用人单位与劳动者在用工前订立劳动合同的，劳动关系自用工之日起建立。

第十一条　用人单位未在用工的同时订立书面劳动合同，与劳动者约定的劳动报酬不明确的，新招用的劳动者的劳动报酬按照集体合同规定的标准执行；没有集体合同或者集体合同未规定的，实行同工同酬。

第十二条　劳动合同分为固定期限劳动合同、无固定期限劳动合同和以完成一定工作任务为期限的劳动合同。

第十三条　固定期限劳动合同，是指用人单位与劳动者约定合同终止时间的劳动合同。

用人单位与劳动者协商一致，可以订立固定期限劳动合同。

第十四条　无固定期限劳动合同，是指用人单位与劳动者约定无确定终止时间的劳动合同。

用人单位与劳动者协商一致，可以订立无固定期限劳动合同。有下列情形之一，劳动者提出或者同意续订、订立劳动合同的，除劳动者提出订立固定期限劳动合同外，应当订立无固定期限劳动合同：

（一）劳动者在该用人单位连续工作满十年的；

（二）用人单位初次实行劳动合同制度或者国有企业改制重新订立劳动合同时，劳动者在该用人单位连续工作满十年且距法定退休年龄不足十年的；

（三）连续订立二次固定期限劳动合同，且劳动者没有本法第三十九条和第四十条第一项、第二项规定的情形，续订劳动合同的。

用人单位自用工之日起满一年不与劳动者订立书面劳动合同的，视为用人单位与劳动者已订立无固定期限劳动合同。

第十五条　以完成一定工作任务为期限的劳动合同，是指用人单位与劳动者约定以某项工作的完成为合同期限的劳动合同。

用人单位与劳动者协商一致，可以订立以完成一定工作任务为期限的劳动合同。

第十六条　劳动合同由用人单位与劳动者协商一致，并经用人单位与劳动者在劳动合同文本上签字或者盖章生效。

劳动合同文本由用人单位和劳动者各执一份。

第十七条　劳动合同应当具备以下条款：

（一）用人单位的名称、住所和法定代表人或者主要负责人；

（二）劳动者的姓名、住址和居民身份证或者其他有效身份证件号码；

（三）劳动合同期限；

（四）工作内容和工作地点；

（五）工作时间和休息休假；

（六）劳动报酬；

（七）社会保险；

（八）劳动保护、劳动条件和职业危害防护；

（九）法律、法规规定应当纳入劳动合同的其他事项。

劳动合同除前款规定的必备条款外，用人单位与劳动者可以约定试用期、培训、保守秘密、补充保险和福利待遇等其他事项。

第十八条　劳动合同对劳动报酬和劳动条件等标准约定不明确，引发争议的，用人单位与劳动者可以重新协商；协商不成的，适用集体合同规定；没有集体合同或者集体合同未规定劳动报酬的，实行同工同酬；没有集体合同或者集体合同未规定劳动条件等标准的，适用国家有关规定。

第十九条　劳动合同期限三个月以上不满一年的，试用期不得超过一个月；劳动合同期限一年以上不满三年的，试用期不得超过二个月；三年以上固定期限和无固定期限的劳动合同，试用期不得超过六个月。

同一用人单位与同一劳动者只能约定一次试用期。

以完成一定工作任务为期限的劳动合同或者劳动合同期限不满三个月的，不得约定试用期。

试用期包含在劳动合同期限内。劳动合同仅约定试用期的，试用期不成立，该期限为劳动合同期限。

第二十条　劳动者在试用期的工资不得低于本单位相同岗位最低档工资或者劳动合同约定工资的百分之八十，并不得低于用人单位所在地的最低工资标准。

第二十一条　在试用期中，除劳动者有本法第三十九条和第四十条第一项、第二项规定的情形外，用人单位不得解除劳动合同。用人单位在试用期解除劳动合同的，应当向劳动者说明理由。

第二十二条　用人单位为劳动者提供专项培训费用，对其进行专业技术培训的，可以与该劳动者订立协议，约定服务期。

劳动者违反服务期约定的，应当按照约定向用人单位支付违约金。违约金的数额不得超过用人单位提供的培训费用。用人单位要求劳动者支付的违约金不得超过服务期尚未履行部分所应分摊的培训费用。

用人单位与劳动者约定服务期的，不影响按照正常的工资调整机制提高劳动者在服务期期间的劳动报酬。

第二十三条　用人单位与劳动者可以在劳动合同中约定保守用人单位的商业秘密和与知识产权相关的保密事项。

对负有保密义务的劳动者，用人单位可以在劳动合同或者保密协议中与劳动者约定竞业限制条款，并约定在解除或者终止劳动合同后，在竞业限制期限内按月给予劳动者经济补偿。劳动者违反竞业限制约定的，应当按照约定向用人单位支付违约金。

第二十四条　竞业限制的人员限于用人单位的高级管理人员、高级技术人员和其他负有保密义务的人员。竞业限制的范围、地域、期限由用人单位与劳动者约定，竞业限制的约定不得违反法律、法规的规定。

在解除或者终止劳动合同后，前款规定的人员到与本单位生产或者经营同类产品、从事同类业务的有竞争关系的其他用人单位，或者自己开业生产或者经营同类产品、从事同类业务的竞业限制期限，不得超过二年。

第二十五条　除本法第二十二条和第二十三条规定的情形外，用人单位不得与劳动者约定由劳动者承担违约金。

第二十六条　下列劳动合同无效或者部分无效：

（一）以欺诈、胁迫的手段或者乘人之危，使对方在违背真实意思的情况下订立或者变更劳动合同的；

（二）用人单位免除自己的法定责任、排除劳动者权利的；

（三）违反法律、行政法规强制性规定的。

对劳动合同的无效或者部分无效有争议的，由劳动争议仲裁机构或者人民法院确认。

第二十七条　劳动合同部分无效，不影响其他部分效力的，其他部分仍然有效。

第二十八条　劳动合同被确认无效，劳动者已付出劳动的，用人单位应当向劳动者支付劳动报酬。劳动报酬的数额，参照本单位相同或者相近岗位劳动者的劳动报酬确定。

第三章　劳动合同的履行和变更

第二十九条　用人单位与劳动者应当按照劳动合同的约定，全面履行各自的义务。

第三十条　用人单位应当按照劳动合同约定和国家规定，向劳动者及时足额支付劳动报酬。

用人单位拖欠或者未足额支付劳动报酬的，劳动者可以依法向当地人民法院申请支付令，人民法院应当依法发出支付令。

第三十一条　用人单位应当严格执行劳动定额标准，不得强迫或者变相强迫劳动者加班。用人单位安排加班的，应当按照国家有关规定向劳动者支付加班费。

第三十二条　劳动者拒绝用人单位管理人员违章指挥、强令冒险作业的，不视为违反劳动合同。

劳动者对危害生命安全和身体健康的劳动条件，有权对用人单位提出批评、检举和控告。

第三十三条　用人单位变更名称、法定代表人、主要负责人或者投资人等事项，不影响劳动合同的履行。

第三十四条　用人单位发生合并或者分立等情况，原劳动合同继续有效，劳动合同由承继其权利和义务的用人单位继续履行。

第三十五条　用人单位与劳动者协商一致，可以变更劳动合同约定的内容。变更劳动合同，应当采用书面形式。

变更后的劳动合同文本由用人单位和劳动者各执一份。

第四章　劳动合同的解除和终止

第三十六条　用人单位与劳动者协商一致，可以解除劳动合同。

第三十七条　劳动者提前三十日以书面形式通知用人单位，可以解除劳动合同。劳动者在试用期内提前三日通知用人单位，可以解除劳动合同。

第三十八条　用人单位有下列情形之一的，劳动者可以解除劳动合同：

(一)未按照劳动合同约定提供劳动保护或者劳动条件的；

(二)未及时足额支付劳动报酬的；

(三)未依法为劳动者缴纳社会保险费的；

(四)用人单位的规章制度违反法律、法规的规定，损害劳动者权益的；

(五)因本法第二十六条第一款规定的情形致使劳动合同无效的；

(六)法律、行政法规规定劳动者可以解除劳动合同的其他情形。

用人单位以暴力、威胁或者非法限制人身自由的手段强迫劳动者劳动的，或者用人单位违章指挥、强令冒险作业危及劳动者人身安全的，劳动者可以立即解除劳动合同，不需事先告知用人单位。

第三十九条　劳动者有下列情形之一的，用人单位可以解除劳动合同：

(一)在试用期间被证明不符合录用条件的；

(二)严重违反用人单位的规章制度的；

(三)严重失职，营私舞弊，给用人单位造成重大损害的；

(四)劳动者同时与其他用人单位建立劳动关系，对完成本单位的工作任务造成严重影响，或者经用人单位提出，拒不改正的；

（五）因本法第二十六条第一款第一项规定的情形致使劳动合同无效的；

（六）被依法追究刑事责任的。

第四十条　有下列情形之一的，用人单位提前三十日以书面形式通知劳动者本人或者额外支付劳动者一个月工资后，可以解除劳动合同：

（一）劳动者患病或者非因工负伤，在规定的医疗期满后不能从事原工作，也不能从事由用人单位另行安排的工作的；

（二）劳动者不能胜任工作，经过培训或者调整工作岗位，仍不能胜任工作的；

（三）劳动合同订立时所依据的客观情况发生重大变化，致使劳动合同无法履行，经用人单位与劳动者协商，未能就变更劳动合同内容达成协议的。

第四十一条　有下列情形之一，需要裁减人员二十人以上或者裁减不足二十人但占企业职工总数百分之十以上的，用人单位提前三十日向工会或者全体职工说明情况，听取工会或者职工的意见后，裁减人员方案经向劳动行政部门报告，可以裁减人员：

（一）依照企业破产法规定进行重整的；

（二）生产经营发生严重困难的；

（三）企业转产、重大技术革新或者经营方式调整，经变更劳动合同后，仍需裁减人员的；

（四）其他因劳动合同订立时所依据的客观经济情况发生重大变化，致使劳动合同无法履行的。

裁减人员时，应当优先留用下列人员：

（一）与本单位订立较长期限的固定期限劳动合同的；

（二）与本单位订立无固定期限劳动合同的；

（三）家庭无其他就业人员，有需要扶养的老人或者未成年人的。

用人单位依照本条第一款规定裁减人员，在六个月内重新招用人员的，应当通知被裁减的人员，并在同等条件下优先招用被裁减的人员。

第四十二条　劳动者有下列情形之一的，用人单位不得依照本法第四十条、第四十一条的规定解除劳动合同：

（一）从事接触职业病危害作业的劳动者未进行离岗前职业健康检查，或者疑似职业病病人在诊断或者医学观察期间的；

（二）在本单位患职业病或者因工负伤并被确认丧失或者部分丧失劳动能力的；

（三）患病或者非因工负伤，在规定的医疗期内的；

（四）女职工在孕期、产期、哺乳期的；

（五）在本单位连续工作满十五年，且距法定退休年龄不足五年的；

（六）法律、行政法规规定的其他情形。

第四十三条　用人单位单方解除劳动合同，应当事先将理由通知工会。用人单位违反法律、行政法规规定或者劳动合同约定的，工会有权要求用人单位纠正。用人单位应当研究工会的意见，并将处理结果书面通知工会。

第四十四条　有下列情形之一的，劳动合同终止：

（一）劳动合同期满的；

（二）劳动者开始依法享受基本养老保险待遇的；

（三）劳动者死亡，或者被人民法院宣告死亡或者宣告失踪的；

（四）用人单位被依法宣告破产的；

（五）用人单位被吊销营业执照、责令关闭、撤销或者用人单位决定提前解散的；

（六）法律、行政法规规定的其他情形。

第四十五条　劳动合同期满，有本法第四十二条规定情形之一的，劳动合同应当续延至相应的情形消失时终止。但是，本法第四十二条第二项规定丧失或者部分丧失劳动能力劳动者的劳动合同的终止，按照国家有关工伤保险的规定执行。

第四十六条　有下列情形之一的，用人单位应当向劳动者支付经济补偿：

（一）劳动者依照本法第三十八条规定解除劳动合同的；

（二）用人单位依照本法第三十六条规定向劳动者提出解除劳动合同并与劳动者协商一致解除劳动合同的；

（三）用人单位依照本法第四十条规定解除劳动合同的；

（四）用人单位依照本法第四十一条第一款规定解除劳动合同的；

（五）除用人单位维持或者提高劳动合同约定条件续订劳动合同，劳动者不同意续订的情形外，依照本法第四十四条第一项规定终止固定期限劳动合同的；

（六）依照本法第四十四条第四项、第五项规定终止劳动合同的；

（七）法律、行政法规规定的其他情形。

第四十七条　经济补偿按劳动者在本单位工作的年限，每满一年支付一个月工资的标准向劳动者支付。六个月以上不满一年的，按一年计算；不满六个月的，向劳动者支付半个月工资的经济补偿。

劳动者月工资高于用人单位所在直辖市、设区的市级人民政府公布的本地区上年度职工月平均工资三倍的，向其支付经济补偿的标准按职工月平均工资三倍的数额支付，向其支付经济补偿的年限最高不超过十二年。

本条所称月工资是指劳动者在劳动合同解除或者终止前十二个月的平均工资。

第四十八条　用人单位违反本法规定解除或者终止劳动合同，劳动者要求继续履行劳动合同的，用人单位应当继续履行；劳动者不要求继续履行劳动合同或者劳动合同已经不能继续履行的，用人单位应当依照本法第八十七条规定支付赔偿金。

第四十九条　国家采取措施，建立健全劳动者社会保险关系跨地区转移接续制度。

第五十条　用人单位应当在解除或者终止劳动合同时出具解除或者终止劳动合同的证明，并在十五日内为劳动者办理档案和社会保险关系转移手续。

劳动者应当按照双方约定，办理工作交接。用人单位依照本法有关规定应当向劳动者支付经济补偿的，在办结工作交接时支付。

用人单位对已经解除或者终止的劳动合同的文本，至少保存二年备查。

第五章　特别规定

第一节　集体合同

第五十一条　企业职工一方与用人单位通过平等协商，可以就劳动报酬、工作时间、休息休假、劳动安全卫生、保险福利等事项订立集体合同。集体合同草案应当提交职工代表大会或者全体职工讨论通过。

集体合同由工会代表企业职工一方与用人单位订立；尚未建立工会的用人单位，由上级工会指导劳动者推举的代表与用人单位订立。

第五十二条　企业职工一方与用人单位可以订立劳动安全卫生、女职工权益保护、工资调整机制等专项集体合同。

第五十三条　在县级以下区域内，建筑业、采矿业、餐饮服务业等行业可以由工会与企业方面代表订立行业性集体合同，或者订立区域性集体合同。

第五十四条　集体合同订立后，应当报送劳动行政部门；劳动行政部门自收到集体合同文本之日起十五日内未提出异议的，集体合同即行生效。

依法订立的集体合同对用人单位和劳动者具有约束力。行业性、区域性集体合同对当地本行业、本区域的用人单位和劳动者具有约束力。

第五十五条　集体合同中劳动报酬和劳动条件等标准不得低于当地人民政府规定的最低标准；用人单位与劳动者订立的劳动合同中劳动报酬和劳动条件等标准不得低于集体合同规定的标准。

第五十六条　用人单位违反集体合同，侵犯职工劳动权益的，工会可以依法要求用人单位承担责任；因履行集体合同发生争议，经协商解决不成的，工会可以依法申请仲裁、提起诉讼。

第二节　劳务派遣

第五十七条　经营劳务派遣业务应当具备下列条件：

(一)注册资本不得少于人民币二百万元；

(二)有与开展业务相适应的固定的经营场所和设施；

(三)有符合法律、行政法规规定的劳务派遣管理制度；

(四)法律、行政法规规定的其他条件。

经营劳务派遣业务，应当向劳动行政部门依法申请行政许可；经许可的，依法办理相应的公司登记。未经许可，任何单位和个人不得经营劳务派遣业务。

第五十八条　劳务派遣单位是本法所称用人单位，应当履行用人单位对劳动者的义务。劳务派遣单位与被派遣劳动者订立的劳动合同，除应当载明本法第十七条规定的事项外，还应当载明被派遣劳动者的用工单位以及派遣期限、工作岗位等情况。

劳务派遣单位应当与被派遣劳动者订立二年以上的固定期限劳动合同，按月支付劳动报酬；被派遣劳动者在无工作期间，劳务派遣单位应当按照所在地人民政府规定的最低工资标准，向其按月支付报酬。

第五十九条　劳务派遣单位派遣劳动者应当与接受以劳务派遣形式用工的单位(以下称用工单位)订立劳务派遣协议。劳务派遣协议应当约定派遣岗位和人员数量、派遣期限、劳动报酬和社会保险费的数额与支付方式以及违反协议的责任。

用工单位应当根据工作岗位的实际需要与劳务派遣单位确定派遣期限，不得将连续用工期限分割订立数个短期劳务派遣协议。

第六十条　劳务派遣单位应当将劳务派遣协议的内容告知被派遣劳动者。

劳务派遣单位不得克扣用工单位按照劳务派遣协议支付给被派遣劳动者的劳动报酬。

劳务派遣单位和用工单位不得向被派遣劳动者收取费用。

第六十一条　劳务派遣单位跨地区派遣劳动者的，被派遣劳动者享有的劳动报酬和劳动条件，按照用工单位所在地的标准执行。

第六十二条　用工单位应当履行下列义务：

（一）执行国家劳动标准，提供相应的劳动条件和劳动保护；

（二）告知被派遣劳动者的工作要求和劳动报酬；

（三）支付加班费、绩效奖金，提供与工作岗位相关的福利待遇；

（四）对在岗被派遣劳动者进行工作岗位所必需的培训；

（五）连续用工的，实行正常的工资调整机制。

用工单位不得将被派遣劳动者再派遣到其他用人单位。

第六十三条　被派遣劳动者享有与用工单位的劳动者同工同酬的权利。用工单位应当按照同工同酬原则，对被派遣劳动者与本单位同类岗位的劳动者实行相同的劳动报酬分配办法。用工单位无同类岗位劳动者的，参照用工单位所在地相同或者相近岗位劳动者的劳动报酬确定。

劳务派遣单位与被派遣劳动者订立的劳动合同和与用工单位订立的劳务派遣协议，载明或者约定的向被派遣劳动者支付的劳动报酬应当符合前款规定。

第六十四条　被派遣劳动者有权在劳务派遣单位或者用工单位依法参加或者组织工会，维护自身的合法权益。

第六十五条　被派遣劳动者可以依照本法第三十六条、第三十八条的规定与劳务派遣单位解除劳动合同。

被派遣劳动者有本法第三十九条和第四十条第一项、第二项规定情形的，用工单位可以将劳动者退回劳务派遣单位，劳务派遣单位依照本法有关规定，可以与劳动者解除劳动合同。

第六十六条　劳动合同用工是我国的企业基本用工形式。劳务派遣用工是补充形式，只能在临时性、辅助性或者替代性的工作岗位上实施。

前款规定的临时性工作岗位是指存续时间不超过六个月的岗位；辅助性工作岗位是指为主营业务岗位提供服务的非主营业务岗位；替代性工作岗位是指用工单位的劳动者因脱产学习、休假等原因无法工作的一定期间内，可以由其他劳动者替代工作的岗位。

用工单位应当严格控制劳务派遣用工数量，不得超过其用工总量的一定比例，具体比例由国务院劳动行政部门规定。

第六十七条　用人单位不得设立劳务派遣单位向本单位或者所属单位派遣劳动者。

第三节　非全日制用工

第六十八条　非全日制用工，是指以小时计酬为主，劳动者在同一用人单位一般平均每日工作时间不超过四小时，每周工作时间累计不超过二十四小时的用工形式。

第六十九条　非全日制用工双方当事人可以订立口头协议。

从事非全日制用工的劳动者可以与一个或者一个以上用人单位订立劳动合同；但是，后订立的劳动合同不得影响先订立的劳动合同的履行。

第七十条 非全日制用工双方当事人不得约定试用期。

第七十一条 非全日制用工双方当事人任何一方都可以随时通知对方终止用工。终止用工，用人单位不向劳动者支付经济补偿。

第七十二条 非全日制用工小时计酬标准不得低于用人单位所在地人民政府规定的最低小时工资标准。

非全日制用工劳动报酬结算支付周期最长不得超过十五日。

第六章 监督检查

第七十三条 国务院劳动行政部门负责全国劳动合同制度实施的监督管理。

县级以上地方人民政府劳动行政部门负责本行政区域内劳动合同制度实施的监督管理。

县级以上各级人民政府劳动行政部门在劳动合同制度实施的监督管理工作中，应当听取工会、企业方面代表以及有关行业主管部门的意见。

第七十四条 县级以上地方人民政府劳动行政部门依法对下列实施劳动合同制度的情况进行监督检查：

（一）用人单位制定直接涉及劳动者切身利益的规章制度及其执行的情况；

（二）用人单位与劳动者订立和解除劳动合同的情况；

（三）劳务派遣单位和用工单位遵守劳务派遣有关规定的情况；

（四）用人单位遵守国家关于劳动者工作时间和休息休假规定的情况；

（五）用人单位支付劳动合同约定的劳动报酬和执行最低工资标准的情况；

（六）用人单位参加各项社会保险和缴纳社会保险费的情况；

（七）法律、法规规定的其他劳动监察事项。

第七十五条 县级以上地方人民政府劳动行政部门实施监督检查时，有权查阅与劳动合同、集体合同有关的材料，有权对劳动场所进行实地检查，用人单位和劳动者都应当如实提供有关情况和材料。

劳动行政部门的工作人员进行监督检查，应当出示证件，依法行使职权，文明执法。

第七十六条 县级以上人民政府建设、卫生、安全生产监督管理等有关主管部门在各自职责范围内，对用人单位执行劳动合同制度的情况进行监督管理。

第七十七条 劳动者合法权益受到侵害的，有权要求有关部门依法处理，或者依法申请仲裁、提起诉讼。

第七十八条 工会依法维护劳动者的合法权益，对用人单位履行劳动合同、集体合同的情况进行监督。用人单位违反劳动法律、法规和劳动合同、集体合同的，工会有权提出意见或者要求纠正；劳动者申请仲裁、提起诉讼的，工会依法给予支持和帮助。

第七十九条 任何组织或者个人对违反本法的行为都有权举报，县级以上人民政府劳动行政部门应当及时核实、处理，并对举报有功人员给予奖励。

第七章 法律责任

第八十条 用人单位直接涉及劳动者切身利益的规章制度违反法律、法规规定的，由劳动行政部门责令改正，给予警告；给劳动者造成损害的，应当承担赔偿责任。

第八十一条　用人单位提供的劳动合同文本未载明本法规定的劳动合同必备条款或者用人单位未将劳动合同文本交付劳动者的，由劳动行政部门责令改正；给劳动者造成损害的，应当承担赔偿责任。

第八十二条　用人单位自用工之日起超过一个月不满一年未与劳动者订立书面劳动合同的，应当向劳动者每月支付二倍的工资。

用人单位违反本法规定不与劳动者订立无固定期限劳动合同的，自应当订立无固定期限劳动合同之日起向劳动者每月支付二倍的工资。

第八十三条　用人单位违反本法规定与劳动者约定试用期的，由劳动行政部门责令改正；违法约定的试用期已经履行的，由用人单位以劳动者试用期满月工资为标准，按已经履行的超过法定试用期的期间向劳动者支付赔偿金。

第八十四条　用人单位违反本法规定，扣押劳动者居民身份证等证件的，由劳动行政部门责令限期退还劳动者本人，并依照有关法律规定给予处罚。

用人单位违反本法规定，以担保或者其他名义向劳动者收取财物的，由劳动行政部门责令限期退还劳动者本人，并以每人五百元以上二千元以下的标准处以罚款；给劳动者造成损害的，应当承担赔偿责任。

劳动者依法解除或者终止劳动合同，用人单位扣押劳动者档案或者其他物品的，依照前款规定处罚。

第八十五条　用人单位有下列情形之一的，由劳动行政部门责令限期支付劳动报酬、加班费或者经济补偿；劳动报酬低于当地最低工资标准的，应当支付其差额部分；逾期不支付的，责令用人单位按应付金额百分之五十以上百分之一百以下的标准向劳动者加付赔偿金：

（一）未按照劳动合同的约定或者国家规定及时足额支付劳动者劳动报酬的；

（二）低于当地最低工资标准支付劳动者工资的；

（三）安排加班不支付加班费的；

（四）解除或者终止劳动合同，未依照本法规定向劳动者支付经济补偿的。

第八十六条　劳动合同依照本法第二十六条规定被确认无效，给对方造成损害的，有过错的一方应当承担赔偿责任。

第八十七条　用人单位违反本法规定解除或者终止劳动合同的，应当依照本法第四十七条规定的经济补偿标准的二倍向劳动者支付赔偿金。

第八十八条　用人单位有下列情形之一的，依法给予行政处罚；构成犯罪的，依法追究刑事责任；给劳动者造成损害的，应当承担赔偿责任：

（一）以暴力、威胁或者非法限制人身自由的手段强迫劳动的；

（二）违章指挥或者强令冒险作业危及劳动者人身安全的；

（三）侮辱、体罚、殴打、非法搜查或者拘禁劳动者的；

（四）劳动条件恶劣、环境污染严重，给劳动者身心健康造成严重损害的。

第八十九条　用人单位违反本法规定未向劳动者出具解除或者终止劳动合同的书面证明，由劳动行政部门责令改正；给劳动者造成损害的，应当承担赔偿责任。

第九十条　劳动者违反本法规定解除劳动合同，或者违反劳动合同中约定的保密义务或者竞业限制，给用人单位造成损失的，应当承担赔偿责任。

第九十一条　用人单位招用与其他用人单位尚未解除或者终止劳动合同的劳动者，给其他用人单位造成损失的，应当承担连带赔偿责任。

第九十二条　违反本法规定，未经许可，擅自经营劳务派遣业务的，由劳动行政部门责令停止违法行为，没收违法所得，并处违法所得一倍以上五倍以下的罚款；没有违法所得的，可以处五万元以下的罚款。

劳务派遣单位、用工单位违反本法有关劳务派遣规定的，由劳动行政部门责令限期改正；逾期不改正的，以每人五千元以上一万元以下的标准处以罚款，对劳务派遣单位，吊销其劳务派遣业务经营许可证。用工单位给被派遣劳动者造成损害的，劳务派遣单位与用工单位承担连带赔偿责任。

第九十三条　对不具备合法经营资格的用人单位的违法犯罪行为，依法追究法律责任；劳动者已经付出劳动的，该单位或者其出资人应当依照本法有关规定向劳动者支付劳动报酬、经济补偿、赔偿金；给劳动者造成损害的，应当承担赔偿责任。

第九十四条　个人承包经营违反本法规定招用劳动者，给劳动者造成损害的，发包的组织与个人承包经营者承担连带赔偿责任。

第九十五条　劳动行政部门和其他有关主管部门及其工作人员玩忽职守、不履行法定职责，或者违法行使职权，给劳动者或者用人单位造成损害的，应当承担赔偿责任；对直接负责的主管人员和其他直接责任人员，依法给予行政处分；构成犯罪的，依法追究刑事责任。

第八章　附　则

第九十六条　事业单位与实行聘用制的工作人员订立、履行、变更、解除或者终止劳动合同，法律、行政法规或者国务院另有规定的，依照其规定；未作规定的，依照本法有关规定执行。

第九十七条　本法施行前已依法订立且在本法施行之日存续的劳动合同，继续履行；本法第十四条第二款第三项规定连续订立固定期限劳动合同的次数，自本法施行后续订固定期限劳动合同时开始计算。

本法施行前已建立劳动关系，尚未订立书面劳动合同的，应当自本法施行之日起一个月内订立。

本法施行之日存续的劳动合同在本法施行后解除或者终止，依照本法第四十六条规定应当支付经济补偿的，经济补偿年限自本法施行之日起计算；本法施行前按照当时有关规定，用人单位应当向劳动者支付经济补偿的，按照当时有关规定执行。

第九十八条　本法自 2008 年 1 月 1 日起施行。

中华人民共和国就业促进法

（2007 年 8 月 30 日第十届全国人民代表大会常务委员会第二十九次会议通过　根据 2015 年 4 月 24 日第十二届全国人民代表大会常务委员会第十四次会议《关于修改〈中华人民共和国电力法〉等六部法律的决定》修正）

目　录

第一章　总则
第二章　政策支持
第三章　公平就业
第四章　就业服务和管理
第五章　职业教育和培训
第六章　就业援助
第七章　监督检查
第八章　法律责任
第九章　附则

第一章　总　则

第一条　为了促进就业，促进经济发展与扩大就业相协调，促进社会和谐稳定，制定本法。

第二条　国家把扩大就业放在经济社会发展的突出位置，实施积极的就业政策，坚持劳动者自主择业、市场调节就业、政府促进就业的方针，多渠道扩大就业。

第三条　劳动者依法享有平等就业和自主择业的权利。

劳动者就业，不因民族、种族、性别、宗教信仰等不同而受歧视。

第四条　县级以上人民政府把扩大就业作为经济和社会发展的重要目标，纳入国民经济和社会发展规划，并制定促进就业的中长期规划和年度工作计划。

第五条　县级以上人民政府通过发展经济和调整产业结构、规范人力资源市场、完善就业服务、加强职业教育和培训、提供就业援助等措施，创造就业条件，扩大就业。

第六条　国务院建立全国促进就业工作协调机制，研究就业工作中的重大问题，协调推动全国的促进就业工作。国务院劳动行政部门具体负责全国的促进就业工作。

省、自治区、直辖市人民政府根据促进就业工作的需要，建立促进就业工作协调机制，协调解决本行政区域就业工作中的重大问题。

县级以上人民政府有关部门按照各自的职责分工，共同做好促进就业工作。

第七条　国家倡导劳动者树立正确的择业观念，提高就业能力和创业能力；鼓励劳动者自主创业、自谋职业。

各级人民政府和有关部门应当简化程序，提高效率，为劳动者自主创业、自谋职业提供便利。

第八条　用人单位依法享有自主用人的权利。

用人单位应当依照本法以及其他法律、法规的规定，保障劳动者的合法权益。

第九条　工会、共产主义青年团、妇女联合会、残疾人联合会以及其他社会组织，协助人民政府开展促进就业工作，依法维护劳动者的劳动权利。

第十条　各级人民政府和有关部门对在促进就业工作中作出显著成绩的单位和个人，给予表彰和奖励。

第二章　政策支持

第十一条　县级以上人民政府应当把扩大就业作为重要职责，统筹协调产业政策与就业政策。

第十二条　国家鼓励各类企业在法律、法规规定的范围内，通过兴办产业或者拓展经营，增加就业岗位。

国家鼓励发展劳动密集型产业、服务业，扶持中小企业，多渠道、多方式增加就业岗位。

国家鼓励、支持、引导非公有制经济发展，扩大就业，增加就业岗位。

第十三条　国家发展国内外贸易和国际经济合作，拓宽就业渠道。

第十四条　县级以上人民政府在安排政府投资和确定重大建设项目时，应当发挥投资和重大建设项目带动就业的作用，增加就业岗位。

第十五条　国家实行有利于促进就业的财政政策，加大资金投入，改善就业环境，扩大就业。

县级以上人民政府应当根据就业状况和就业工作目标，在财政预算中安排就业专项资金用于促进就业工作。

就业专项资金用于职业介绍、职业培训、公益性岗位、职业技能鉴定、特定就业政策和社会保险等的补贴，小额贷款担保基金和微利项目的小额担保贷款贴息，以及扶持公共就业服务等。就业专项资金的使用管理办法由国务院财政部门和劳动行政部门规定。

第十六条　国家建立健全失业保险制度，依法确保失业人员的基本生活，并促进其实现就业。

第十七条　国家鼓励企业增加就业岗位，扶持失业人员和残疾人就业，对下列企业、人员依法给予税收优惠：

（一）吸纳符合国家规定条件的失业人员达到规定要求的企业；

（二）失业人员创办的中小企业；

（三）安置残疾人员达到规定比例或者集中使用残疾人的企业；

（四）从事个体经营的符合国家规定条件的失业人员；

（五）从事个体经营的残疾人；

（六）国务院规定给予税收优惠的其他企业、人员。

第十八条　对本法第十七条第四项、第五项规定的人员，有关部门应当在经营场地等方面给予照顾，免除行政事业性收费。

第十九条　国家实行有利于促进就业的金融政策，增加中小企业的融资渠道；鼓励金融机构改进金融服务，加大对中小企业的信贷支持，并对自主创业人员在一定期限内给予小额信贷等扶持。

第二十条　国家实行城乡统筹的就业政策，建立健全城乡劳动者平等就业的制度，引导农业富余劳动力有序转移就业。

县级以上地方人民政府推进小城镇建设和加快县域经济发展，引导农业富余劳动力就地就近转移就业；在制定小城镇规划时，将本地区农业富余劳动力转移就业作为重要内容。

县级以上地方人民政府引导农业富余劳动力有序向城市异地转移就业；劳动力输出地和输入地人民政府应当互相配合，改善农村劳动者进城就业的环境和条件。

第二十一条　国家支持区域经济发展，鼓励区域协作，统筹协调不同地区就业的均衡增长。

国家支持民族地区发展经济，扩大就业。

第二十二条　各级人民政府统筹做好城镇新增劳动力就业、农业富余劳动力转移就业和失业人员就业工作。

第二十三条　各级人民政府采取措施，逐步完善和实施与非全日制用工等灵活就业相适应的劳动和社会保险政策，为灵活就业人员提供帮助和服务。

第二十四条　地方各级人民政府和有关部门应当加强对失业人员从事个体经营的指导，提供政策咨询、就业培训和开业指导等服务。

第三章　公平就业

第二十五条　各级人民政府创造公平就业的环境，消除就业歧视，制定政策并采取措施对就业困难人员给予扶持和援助。

第二十六条　用人单位招用人员、职业中介机构从事职业中介活动，应当向劳动者提供平等的就业机会和公平的就业条件，不得实施就业歧视。

第二十七条　国家保障妇女享有与男子平等的劳动权利。

用人单位招用人员，除国家规定的不适合妇女的工种或者岗位外，不得以性别为由拒绝录用妇女或者提高对妇女的录用标准。

用人单位录用女职工，不得在劳动合同中规定限制女职工结婚、生育的内容。

第二十八条　各民族劳动者享有平等的劳动权利。

用人单位招用人员，应当依法对少数民族劳动者给予适当照顾。

第二十九条　国家保障残疾人的劳动权利。

各级人民政府应当对残疾人就业统筹规划，为残疾人创造就业条件。

用人单位招用人员，不得歧视残疾人。

第三十条　用人单位招用人员，不得以是传染病病原携带者为由拒绝录用。但是，经医学鉴定传染病病原携带者在治愈前或者排除传染嫌疑前，不得从事法律、行政法规和国务院卫生行政部门规定禁止从事的易使传染病扩散的工作。

第三十一条　农村劳动者进城就业享有与城镇劳动者平等的劳动权利，不得对农村劳动者进城就业设置歧视性限制。

第四章 就业服务和管理

第三十二条 县级以上人民政府培育和完善统一开放、竞争有序的人力资源市场，为劳动者就业提供服务。

第三十三条 县级以上人民政府鼓励社会各方面依法开展就业服务活动，加强对公共就业服务和职业中介服务的指导和监督，逐步完善覆盖城乡的就业服务体系。

第三十四条 县级以上人民政府加强人力资源市场信息网络及相关设施建设，建立健全人力资源市场信息服务体系，完善市场信息发布制度。

第三十五条 县级以上人民政府建立健全公共就业服务体系，设立公共就业服务机构，为劳动者免费提供下列服务：

（一）就业政策法规咨询；

（二）职业供求信息、市场工资指导价位信息和职业培训信息发布；

（三）职业指导和职业介绍；

（四）对就业困难人员实施就业援助；

（五）办理就业登记、失业登记等事务；

（六）其他公共就业服务。

公共就业服务机构应当不断提高服务的质量和效率，不得从事经营性活动。

公共就业服务经费纳入同级财政预算。

第三十六条 县级以上地方人民政府对职业中介机构提供公益性就业服务的，按照规定给予补贴。

国家鼓励社会各界为公益性就业服务提供捐赠、资助。

第三十七条 地方各级人民政府和有关部门不得举办或者与他人联合举办经营性的职业中介机构。

地方各级人民政府和有关部门、公共就业服务机构举办的招聘会，不得向劳动者收取费用。

第三十八条 县级以上人民政府和有关部门加强对职业中介机构的管理，鼓励其提高服务质量，发挥其在促进就业中的作用。

第三十九条 从事职业中介活动，应当遵循合法、诚实信用、公平、公开的原则。

用人单位通过职业中介机构招用人员，应当如实向职业中介机构提供岗位需求信息。

禁止任何组织或者个人利用职业中介活动侵害劳动者的合法权益。

第四十条 设立职业中介机构应当具备下列条件：

（一）有明确的章程和管理制度；

（二）有开展业务必备的固定场所、办公设施和一定数额的开办资金；

（三）有一定数量具备相应职业资格的专职工作人员；

（四）法律、法规规定的其他条件。

设立职业中介机构应当在工商行政管理部门办理登记后，向劳动行政部门申请行政许可。

未经依法许可和登记的机构，不得从事职业中介活动。

国家对外商投资职业中介机构和向劳动者提供境外就业服务的职业中介机构另有规定的，依照其规定。

第四十一条　职业中介机构不得有下列行为：

(一)提供虚假就业信息；

(二)为无合法证照的用人单位提供职业中介服务；

(三)伪造、涂改、转让职业中介许可证；

(四)扣押劳动者的居民身份证和其他证件，或者向劳动者收取押金；

(五)其他违反法律、法规规定的行为。

第四十二条　县级以上人民政府建立失业预警制度，对可能出现的较大规模的失业，实施预防、调节和控制。

第四十三条　国家建立劳动力调查统计制度和就业登记、失业登记制度，开展劳动力资源和就业、失业状况调查统计，并公布调查统计结果。

统计部门和劳动行政部门进行劳动力调查统计和就业、失业登记时，用人单位和个人应当如实提供调查统计和登记所需要的情况。

第五章　职业教育和培训

第四十四条　国家依法发展职业教育，鼓励开展职业培训，促进劳动者提高职业技能，增强就业能力和创业能力。

第四十五条　县级以上人民政府根据经济社会发展和市场需求，制定并实施职业能力开发计划。

第四十六条　县级以上人民政府加强统筹协调，鼓励和支持各类职业院校、职业技能培训机构和用人单位依法开展就业前培训、在职培训、再就业培训和创业培训；鼓励劳动者参加各种形式的培训。

第四十七条　县级以上地方人民政府和有关部门根据市场需求和产业发展方向，鼓励、指导企业加强职业教育和培训。

职业院校、职业技能培训机构与企业应当密切联系，实行产教结合，为经济建设服务，培养实用人才和熟练劳动者。

企业应当按照国家有关规定提取职工教育经费，对劳动者进行职业技能培训和继续教育培训。

第四十八条　国家采取措施建立健全劳动预备制度，县级以上地方人民政府对有就业要求的初高中毕业生实行一定期限的职业教育和培训，使其取得相应的职业资格或者掌握一定的职业技能。

第四十九条　地方各级人民政府鼓励和支持开展就业培训，帮助失业人员提高职业技能，增强其就业能力和创业能力。失业人员参加就业培训的，按照有关规定享受政府培训补贴。

第五十条　地方各级人民政府采取有效措施，组织和引导进城就业的农村劳动者参加技能培训，鼓励各类培训机构为进城就业的农村劳动者提供技能培训，增强其就业能力和创业能力。

第五十一条　国家对从事涉及公共安全、人身健康、生命财产安全等特殊工种的劳动者，实行职业资格证书制度，具体办法由国务院规定。

第六章　就业援助

第五十二条　各级人民政府建立健全就业援助制度，采取税费减免、贷款贴息、社会保险补贴、岗位补贴等办法，通过公益性岗位安置等途径，对就业困难人员实行优先扶持和重点帮助。

就业困难人员是指因身体状况、技能水平、家庭因素、失去土地等原因难以实现就业，以及连续失业一定时间仍未能实现就业的人员。就业困难人员的具体范围，由省、自治区、直辖市人民政府根据本行政区域的实际情况规定。

第五十三条　政府投资开发的公益性岗位，应当优先安排符合岗位要求的就业困难人员。被安排在公益性岗位工作的，按照国家规定给予岗位补贴。

第五十四条　地方各级人民政府加强基层就业援助服务工作，对就业困难人员实施重点帮助，提供有针对性的就业服务和公益性岗位援助。

地方各级人民政府鼓励和支持社会各方面为就业困难人员提供技能培训、岗位信息等服务。

第五十五条　各级人民政府采取特别扶助措施，促进残疾人就业。

用人单位应当按照国家规定安排残疾人就业，具体办法由国务院规定。

第五十六条　县级以上地方人民政府采取多种就业形式，拓宽公益性岗位范围，开发就业岗位，确保城市有就业需求的家庭至少有一人实现就业。

法定劳动年龄内的家庭人员均处于失业状况的城市居民家庭，可以向住所地街道、社区公共就业服务机构申请就业援助。街道、社区公共就业服务机构经确认属实的，应当为该家庭中至少一人提供适当的就业岗位。

第五十七条　国家鼓励资源开采型城市和独立工矿区发展与市场需求相适应的产业，引导劳动者转移就业。

对因资源枯竭或者经济结构调整等原因造成就业困难人员集中的地区，上级人民政府应当给予必要的扶持和帮助。

第七章　监督检查

第五十八条　各级人民政府和有关部门应当建立促进就业的目标责任制度。县级以上人民政府按照促进就业目标责任制的要求，对所属的有关部门和下一级人民政府进行考核和监督。

第五十九条　审计机关、财政部门应当依法对就业专项资金的管理和使用情况进行监督检查。

第六十条　劳动行政部门应当对本法实施情况进行监督检查，建立举报制度，受理对违反本法行为的举报，并及时予以核实、处理。

第八章　法律责任

第六十一条　违反本法规定，劳动行政等有关部门及其工作人员滥用职权、玩忽职守、徇私舞弊的，对直接负责的主管人员和其他直接责任人员依法给予处分。

第六十二条　违反本法规定，实施就业歧视的，劳动者可以向人民法院提起诉讼。

第六十三条　违反本法规定，地方各级人民政府和有关部门、公共就业服务机构举办经营性的职业中介机构，从事经营性职业中介活动，向劳动者收取费用的，由上级主管机关责令限期改正，将违法收取的费用退还劳动者，并对直接负责的主管人员和其他直接责任人员依法给予处分。

第六十四条　违反本法规定，未经许可和登记，擅自从事职业中介活动的，由劳动行政部门或者其他主管部门依法予以关闭；有违法所得的，没收违法所得，并处一万元以上五万元以下的罚款。

第六十五条　违反本法规定，职业中介机构提供虚假就业信息，为无合法证照的用人单位提供职业中介服务，伪造、涂改、转让职业中介许可证的，由劳动行政部门或者其他主管部门责令改正；有违法所得的，没收违法所得，并处一万元以上五万元以下的罚款；情节严重的，吊销职业中介许可证。

第六十六条　违反本法规定，职业中介机构扣押劳动者居民身份证等证件的，由劳动行政部门责令限期退还劳动者，并依照有关法律规定给予处罚。

违反本法规定，职业中介机构向劳动者收取押金的，由劳动行政部门责令限期退还劳动者，并以每人五百元以上二千元以下的标准处以罚款。

第六十七条　违反本法规定，企业未按照国家规定提取职工教育经费，或者挪用职工教育经费的，由劳动行政部门责令改正，并依法给予处罚。

第六十八条　违反本法规定，侵害劳动者合法权益，造成财产损失或者其他损害的，依法承担民事责任；构成犯罪的，依法追究刑事责任。

第九章　附　则

第六十九条　本法自 2008 年 1 月 1 日起施行。

中华人民共和国社会保险法

（2010 年 10 月 28 日第十一届全国人民代表大会常务委员会第十七次会议通过　根据 2018 年 12 月 29 日第十三届全国人民代表大会常务委员会第七次会议《关于修改〈中华人民共和国社会保险法〉的决定》修正）

目　录

第一章　总则
第二章　基本养老保险
第三章　基本医疗保险
第四章　工伤保险
第五章　失业保险
第六章　生育保险
第七章　社会保险费征缴
第八章　社会保险基金
第九章　社会保险经办
第十章　社会保险监督
第十一章　法律责任
第十二章　附则

第一章　总　则

第一条　为了规范社会保险关系，维护公民参加社会保险和享受社会保险待遇的合法权益，使公民共享发展成果，促进社会和谐稳定，根据宪法，制定本法。

第二条　国家建立基本养老保险、基本医疗保险、工伤保险、失业保险、生育保险等社会保险制度，保障公民在年老、疾病、工伤、失业、生育等情况下依法从国家和社会获得物质帮助的权利。

第三条　社会保险制度坚持广覆盖、保基本、多层次、可持续的方针，社会保险水平应当与经济社会发展水平相适应。

第四条　中华人民共和国境内的用人单位和个人依法缴纳社会保险费，有权查询缴费记录、个人权益记录，要求社会保险经办机构提供社会保险咨询等相关服务。

个人依法享受社会保险待遇，有权监督本单位为其缴费情况。

第五条　县级以上人民政府将社会保险事业纳入国民经济和社会发展规划。

国家多渠道筹集社会保险资金。县级以上人民政府对社会保险事业给予必要的经费支持。

国家通过税收优惠政策支持社会保险事业。

第六条　国家对社会保险基金实行严格监管。

国务院和省、自治区、直辖市人民政府建立健全社会保险基金监督管理制度，保障社会保险基金安全、有效运行。

县级以上人民政府采取措施，鼓励和支持社会各方面参与社会保险基金的监督。

第七条 国务院社会保险行政部门负责全国的社会保险管理工作，国务院其他有关部门在各自的职责范围内负责有关的社会保险工作。

县级以上地方人民政府社会保险行政部门负责本行政区域的社会保险管理工作，县级以上地方人民政府其他有关部门在各自的职责范围内负责有关的社会保险工作。

第八条 社会保险经办机构提供社会保险服务，负责社会保险登记、个人权益记录、社会保险待遇支付等工作。

第九条 工会依法维护职工的合法权益，有权参与社会保险重大事项的研究，参加社会保险监督委员会，对与职工社会保险权益有关的事项进行监督。

第二章 基本养老保险

第十条 职工应当参加基本养老保险，由用人单位和职工共同缴纳基本养老保险费。

无雇工的个体工商户、未在用人单位参加基本养老保险的非全日制从业人员以及其他灵活就业人员可以参加基本养老保险，由个人缴纳基本养老保险费。

公务员和参照公务员法管理的工作人员养老保险的办法由国务院规定。

第十一条 基本养老保险实行社会统筹与个人账户相结合。

基本养老保险基金由用人单位和个人缴费以及政府补贴等组成。

第十二条 用人单位应当按照国家规定的本单位职工工资总额的比例缴纳基本养老保险费，记入基本养老保险统筹基金。

职工应当按照国家规定的本人工资的比例缴纳基本养老保险费，记入个人账户。

无雇工的个体工商户、未在用人单位参加基本养老保险的非全日制从业人员以及其他灵活就业人员参加基本养老保险的，应当按照国家规定缴纳基本养老保险费，分别记入基本养老保险统筹基金和个人账户。

第十三条 国有企业、事业单位职工参加基本养老保险前，视同缴费年限期间应当缴纳的基本养老保险费由政府承担。

基本养老保险基金出现支付不足时，政府给予补贴。

第十四条 个人账户不得提前支取，记账利率不得低于银行定期存款利率，免征利息税。个人死亡的，个人账户余额可以继承。

第十五条 基本养老金由统筹养老金和个人账户养老金组成。

基本养老金根据个人累计缴费年限、缴费工资、当地职工平均工资、个人账户金额、城镇人口平均预期寿命等因素确定。

第十六条 参加基本养老保险的个人，达到法定退休年龄时累计缴费满 15 年的，按月领取基本养老金。

参加基本养老保险的个人，达到法定退休年龄时累计缴费不足 15 年的，可以缴费至满 15 年，按月领取基本养老金；也可以转入新型农村社会养老保险或者城镇居民社会养老保险，按照国务院规定享受相应的养老保险待遇。

第十七条　参加基本养老保险的个人，因病或者非因工死亡的，其遗属可以领取丧葬补助金和抚恤金；在未达到法定退休年龄时因病或者非因工致残完全丧失劳动能力的，可以领取病残津贴。所需资金从基本养老保险基金中支付。

第十八条　国家建立基本养老金正常调整机制。根据职工平均工资增长、物价上涨情况，适时提高基本养老保险待遇水平。

第十九条　个人跨统筹地区就业的，其基本养老保险关系随本人转移，缴费年限累计计算。个人达到法定退休年龄时，基本养老金分段计算、统一支付。具体办法由国务院规定。

第二十条　国家建立和完善新型农村社会养老保险制度。

新型农村社会养老保险实行个人缴费、集体补助和政府补贴相结合。

第二十一条　新型农村社会养老保险待遇由基础养老金和个人账户养老金组成。

参加新型农村社会养老保险的农村居民，符合国家规定条件的，按月领取新型农村社会养老保险待遇。

第二十二条　国家建立和完善城镇居民社会养老保险制度。

省、自治区、直辖市人民政府根据实际情况，可以将城镇居民社会养老保险和新型农村社会养老保险合并实施。

第三章　基本医疗保险

第二十三条　职工应当参加职工基本医疗保险，由用人单位和职工按照国家规定共同缴纳基本医疗保险费。

无雇工的个体工商户、未在用人单位参加职工基本医疗保险的非全日制从业人员以及其他灵活就业人员可以参加职工基本医疗保险，由个人按照国家规定缴纳基本医疗保险费。

第二十四条　国家建立和完善新型农村合作医疗制度。

新型农村合作医疗的管理办法，由国务院规定。

第二十五条　国家建立和完善城镇居民基本医疗保险制度。

城镇居民基本医疗保险实行个人缴费和政府补贴相结合。

享受最低生活保障的人、丧失劳动能力的残疾人、低收入家庭60周岁以上的老年人和未成年人等所需个人缴费部分，由政府给予补贴。

第二十六条　职工基本医疗保险、新型农村合作医疗和城镇居民基本医疗保险的待遇标准按照国家规定执行。

第二十七条　参加职工基本医疗保险的个人，达到法定退休年龄时累计缴费达到国家规定年限的，退休后不再缴纳基本医疗保险费，按照国家规定享受基本医疗保险待遇；未达到国家规定年限的，可以缴费至国家规定年限。

第二十八条　符合基本医疗保险药品目录、诊疗项目、医疗服务设施标准以及急诊、抢救的医疗费用，按照国家规定从基本医疗保险基金中支付。

第二十九条　参保人员医疗费用中应当由基本医疗保险基金支付的部分，由社会保险经办机构与医疗机构、药品经营单位直接结算。

社会保险行政部门和卫生行政部门应当建立异地就医医疗费用结算制度，方便参保人员享受基本医疗保险待遇。

第三十条　下列医疗费用不纳入基本医疗保险基金支付范围：

（一）应当从工伤保险基金中支付的；

（二）应当由第三人负担的；

（三）应当由公共卫生负担的；

（四）在境外就医的。

医疗费用依法应当由第三人负担，第三人不支付或者无法确定第三人的，由基本医疗保险基金先行支付。基本医疗保险基金先行支付后，有权向第三人追偿。

第三十一条　社会保险经办机构根据管理服务的需要，可以与医疗机构、药品经营单位签订服务协议，规范医疗服务行为。

医疗机构应当为参保人员提供合理、必要的医疗服务。

第三十二条　个人跨统筹地区就业的，其基本医疗保险关系随本人转移，缴费年限累计计算。

第四章　工伤保险

第三十三条　职工应当参加工伤保险，由用人单位缴纳工伤保险费，职工不缴纳工伤保险费。

第三十四条　国家根据不同行业的工伤风险程度确定行业的差别费率，并根据使用工伤保险基金、工伤发生率等情况在每个行业内确定费率档次。行业差别费率和行业内费率档次由国务院社会保险行政部门制定，报国务院批准后公布施行。

社会保险经办机构根据用人单位使用工伤保险基金、工伤发生率和所属行业费率档次等情况，确定用人单位缴费费率。

第三十五条　用人单位应当按照本单位职工工资总额，根据社会保险经办机构确定的费率缴纳工伤保险费。

第三十六条　职工因工作原因受到事故伤害或者患职业病，且经工伤认定的，享受工伤保险待遇；其中，经劳动能力鉴定丧失劳动能力的，享受伤残待遇。

工伤认定和劳动能力鉴定应当简捷、方便。

第三十七条　职工因下列情形之一导致本人在工作中伤亡的，不认定为工伤：

（一）故意犯罪；

（二）醉酒或者吸毒；

（三）自残或者自杀；

（四）法律、行政法规规定的其他情形。

第三十八条　因工伤发生的下列费用，按照国家规定从工伤保险基金中支付：

（一）治疗工伤的医疗费用和康复费用；

（二）住院伙食补助费；

（三）到统筹地区以外就医的交通食宿费；

（四）安装配置伤残辅助器具所需费用；

（五）生活不能自理的，经劳动能力鉴定委员会确认的生活护理费；

（六）一次性伤残补助金和一至四级伤残职工按月领取的伤残津贴；

（七）终止或者解除劳动合同时，应当享受的一次性医疗补助金；

（八）因工死亡的，其遗属领取的丧葬补助金、供养亲属抚恤金和因工死亡补助金；

（九）劳动能力鉴定费。

第三十九条　因工伤发生的下列费用，按照国家规定由用人单位支付：

（一）治疗工伤期间的工资福利；

（二）五级、六级伤残职工按月领取的伤残津贴；

（三）终止或者解除劳动合同时，应当享受的一次性伤残就业补助金。

第四十条　工伤职工符合领取基本养老金条件的，停发伤残津贴，享受基本养老保险待遇。基本养老保险待遇低于伤残津贴的，从工伤保险基金中补足差额。

第四十一条　职工所在用人单位未依法缴纳工伤保险费，发生工伤事故的，由用人单位支付工伤保险待遇。用人单位不支付的，从工伤保险基金中先行支付。

从工伤保险基金中先行支付的工伤保险待遇应当由用人单位偿还。用人单位不偿还的，社会保险经办机构可以依照本法第六十三条的规定追偿。

第四十二条　由于第三人的原因造成工伤，第三人不支付工伤医疗费用或者无法确定第三人的，由工伤保险基金先行支付。工伤保险基金先行支付后，有权向第三人追偿。

第四十三条　工伤职工有下列情形之一的，停止享受工伤保险待遇：

（一）丧失享受待遇条件的；

（二）拒不接受劳动能力鉴定的；

（三）拒绝治疗的。

第五章　失业保险

第四十四条　职工应当参加失业保险，由用人单位和职工按照国家规定共同缴纳失业保险费。

第四十五条　失业人员符合下列条件的，从失业保险基金中领取失业保险金：

（一）失业前用人单位和本人已经缴纳失业保险费满1年的；

（二）非因本人意愿中断就业的；

（三）已经进行失业登记，并有求职要求的。

第四十六条　失业人员失业前用人单位和本人累计缴费满1年不足5年的，领取失业保险金的期限最长为12个月；累计缴费满5年不足10年的，领取失业保险金的期限最长为18个月；累计缴费10年以上的，领取失业保险金的期限最长为24个月。重新就业后，再次失业的，缴费时间重新计算，领取失业保险金的期限与前次失业应当领取而尚未领取的失业保险金的期限合并计算，最长不超过24个月。

第四十七条　失业保险金的标准，由省、自治区、直辖市人民政府确定，不得低于城市居民最低生活保障标准。

第四十八条　失业人员在领取失业保险金期间，参加职工基本医疗保险，享受基本医疗保险待遇。

失业人员应当缴纳的基本医疗保险费从失业保险基金中支付，个人不缴纳基本医疗保险费。

第四十九条　失业人员在领取失业保险金期间死亡的，参照当地对在职职工死亡的规定，向其遗属发给一次性丧葬补助金和抚恤金。所需资金从失业保险基金中支付。

个人死亡同时符合领取基本养老保险丧葬补助金、工伤保险丧葬补助金和失业保险丧葬补助金条件的，其遗属只能选择领取其中的一项。

第五十条　用人单位应当及时为失业人员出具终止或者解除劳动关系的证明，并将失业人员的名单自终止或者解除劳动关系之日起 15 日内告知社会保险经办机构。

失业人员应当持本单位为其出具的终止或者解除劳动关系的证明，及时到指定的公共就业服务机构办理失业登记。

失业人员凭失业登记证明和个人身份证明，到社会保险经办机构办理领取失业保险金的手续。失业保险金领取期限自办理失业登记之日起计算。

第五十一条　失业人员在领取失业保险金期间有下列情形之一的，停止领取失业保险金，并同时停止享受其他失业保险待遇：

（一）重新就业的；

（二）应征服兵役的；

（三）移居境外的；

（四）享受基本养老保险待遇的；

（五）无正当理由，拒不接受当地人民政府指定部门或者机构介绍的适当工作或者提供的培训的。

第五十二条　职工跨统筹地区就业的，其失业保险关系随本人转移，缴费年限累计计算。

第六章　生育保险

第五十三条　职工应当参加生育保险，由用人单位按照国家规定缴纳生育保险费，职工不缴纳生育保险费。

第五十四条　用人单位已经缴纳生育保险费的，其职工享受生育保险待遇；职工未就业配偶按照国家规定享受生育医疗费用待遇。所需资金从生育保险基金中支付。

生育保险待遇包括生育医疗费用和生育津贴。

第五十五条　生育医疗费用包括下列各项：

（一）生育的医疗费用；

（二）计划生育的医疗费用；

（三）法律、法规规定的其他项目费用。

第五十六条　职工有下列情形之一的，可以按照国家规定享受生育津贴：

（一）女职工生育享受产假；

（二）享受计划生育手术休假；

（三）法律、法规规定的其他情形。

生育津贴按照职工所在用人单位上年度职工月平均工资计发。

第七章 社会保险费征缴

第五十七条 用人单位应当自成立之日起 30 日内凭营业执照、登记证书或者单位印章，向当地社会保险经办机构申请办理社会保险登记。社会保险经办机构应当自收到申请之日起 15 日内予以审核，发给社会保险登记证件。

用人单位的社会保险登记事项发生变更或者用人单位依法终止的，应当自变更或者终止之日起 30 日内，到社会保险经办机构办理变更或者注销社会保险登记。

市场监督管理部门、民政部门和机构编制管理机关应当及时向社会保险经办机构通报用人单位的成立、终止情况，公安机关应当及时向社会保险经办机构通报个人的出生、死亡以及户口登记、迁移、注销等情况。

第五十八条 用人单位应当自用工之日起 30 日内为其职工向社会保险经办机构申请办理社会保险登记。未办理社会保险登记的，由社会保险经办机构核定其应当缴纳的社会保险费。

自愿参加社会保险的无雇工的个体工商户、未在用人单位参加社会保险的非全日制从业人员以及其他灵活就业人员，应当向社会保险经办机构申请办理社会保险登记。

国家建立全国统一的个人社会保障号码。个人社会保障号码为公民身份号码。

第五十九条 县级以上人民政府加强社会保险费的征收工作。

社会保险费实行统一征收，实施步骤和具体办法由国务院规定。

第六十条 用人单位应当自行申报、按时足额缴纳社会保险费，非因不可抗力等法定事由不得缓缴、减免。职工应当缴纳的社会保险费由用人单位代扣代缴，用人单位应当按月将缴纳社会保险费的明细情况告知本人。

无雇工的个体工商户、未在用人单位参加社会保险的非全日制从业人员以及其他灵活就业人员，可以直接向社会保险费征收机构缴纳社会保险费。

第六十一条 社会保险费征收机构应当依法按时足额征收社会保险费，并将缴费情况定期告知用人单位和个人。

第六十二条 用人单位未按规定申报应当缴纳的社会保险费数额的，按照该单位上月缴费额的 110% 确定应当缴纳数额；缴费单位补办申报手续后，由社会保险费征收机构按照规定结算。

第六十三条 用人单位未按时足额缴纳社会保险费的，由社会保险费征收机构责令其限期缴纳或者补足。

用人单位逾期仍未缴纳或者补足社会保险费的，社会保险费征收机构可以向银行和其他金融机构查询其存款账户；并可以申请县级以上有关行政部门作出划拨社会保险费的决定，书面通知其开户银行或者其他金融机构划拨社会保险费。用人单位账户余额少于应当缴纳的社会保险费的，社会保险费征收机构可以要求该用人单位提供担保，签订延期缴费协议。

用人单位未足额缴纳社会保险费且未提供担保的，社会保险费征收机构可以申请人民法院扣押、查封、拍卖其价值相当于应当缴纳社会保险费的财产，以拍卖所得抵缴社会保险费。

第八章　社会保险基金

第六十四条　社会保险基金包括基本养老保险基金、基本医疗保险基金、工伤保险基金、失业保险基金和生育保险基金。除基本医疗保险基金与生育保险基金合并建账及核算外，其他各项社会保险基金按照社会保险险种分别建账，分账核算。社会保险基金执行国家统一的会计制度。

社会保险基金专款专用，任何组织和个人不得侵占或者挪用。

基本养老保险基金逐步实行全国统筹，其他社会保险基金逐步实行省级统筹，具体时间、步骤由国务院规定。

第六十五条　社会保险基金通过预算实现收支平衡。

县级以上人民政府在社会保险基金出现支付不足时，给予补贴。

第六十六条　社会保险基金按照统筹层次设立预算。除基本医疗保险基金与生育保险基金预算合并编制外，其他社会保险基金预算按照社会保险项目分别编制。

第六十七条　社会保险基金预算、决算草案的编制、审核和批准，依照法律和国务院规定执行。

第六十八条　社会保险基金存入财政专户，具体管理办法由国务院规定。

第六十九条　社会保险基金在保证安全的前提下，按照国务院规定投资运营实现保值增值。

社会保险基金不得违规投资运营，不得用于平衡其他政府预算，不得用于兴建、改建办公场所和支付人员经费、运行费用、管理费用，或者违反法律、行政法规规定挪作其他用途。

第七十条　社会保险经办机构应当定期向社会公布参加社会保险情况以及社会保险基金的收入、支出、结余和收益情况。

第七十一条　国家设立全国社会保障基金，由中央财政预算拨款以及国务院批准的其他方式筹集的资金构成，用于社会保障支出的补充、调剂。全国社会保障基金由全国社会保障基金管理运营机构负责管理运营，在保证安全的前提下实现保值增值。

全国社会保障基金应当定期向社会公布收支、管理和投资运营的情况。国务院财政部门、社会保险行政部门、审计机关对全国社会保障基金的收支、管理和投资运营情况实施监督。

第九章　社会保险经办

第七十二条　统筹地区设立社会保险经办机构。社会保险经办机构根据工作需要，经所在地的社会保险行政部门和机构编制管理机关批准，可以在本统筹地区设立分支机构和服务网点。

社会保险经办机构的人员经费和经办社会保险发生的基本运行费用、管理费用，由同级财政按照国家规定予以保障。

第七十三条　社会保险经办机构应当建立健全业务、财务、安全和风险管理制度。

社会保险经办机构应当按时足额支付社会保险待遇。

第七十四条　社会保险经办机构通过业务经办、统计、调查获取社会保险工作所需的数据，有关单位和个人应当及时、如实提供。

社会保险经办机构应当及时为用人单位建立档案，完整、准确地记录参加社会保险的人员、缴费等社会保险数据，妥善保管登记、申报的原始凭证和支付结算的会计凭证。

社会保险经办机构应当及时、完整、准确地记录参加社会保险的个人缴费和用人单位为其缴费，以及享受社会保险待遇等个人权益记录，定期将个人权益记录单免费寄送本人。

用人单位和个人可以免费向社会保险经办机构查询、核对其缴费和享受社会保险待遇记录，要求社会保险经办机构提供社会保险咨询等相关服务。

第七十五条　全国社会保险信息系统按照国家统一规划，由县级以上人民政府按照分级负责的原则共同建设。

第十章　社会保险监督

第七十六条　各级人民代表大会常务委员会听取和审议本级人民政府对社会保险基金的收支、管理、投资运营以及监督检查情况的专项工作报告，组织对本法实施情况的执法检查等，依法行使监督职权。

第七十七条　县级以上人民政府社会保险行政部门应当加强对用人单位和个人遵守社会保险法律、法规情况的监督检查。

社会保险行政部门实施监督检查时，被检查的用人单位和个人应当如实提供与社会保险有关的资料，不得拒绝检查或者谎报、瞒报。

第七十八条　财政部门、审计机关按照各自职责，对社会保险基金的收支、管理和投资运营情况实施监督。

第七十九条　社会保险行政部门对社会保险基金的收支、管理和投资运营情况进行监督检查，发现存在问题的，应当提出整改建议，依法作出处理决定或者向有关行政部门提出处理建议。社会保险基金检查结果应当定期向社会公布。

社会保险行政部门对社会保险基金实施监督检查，有权采取下列措施：

（一）查阅、记录、复制与社会保险基金收支、管理和投资运营相关的资料，对可能被转移、隐匿或者灭失的资料予以封存；

（二）询问与调查事项有关的单位和个人，要求其对与调查事项有关的问题作出说明、提供有关证明材料；

（三）对隐匿、转移、侵占、挪用社会保险基金的行为予以制止并责令改正。

第八十条　统筹地区人民政府成立由用人单位代表、参保人员代表，以及工会代表、专家等组成的社会保险监督委员会，掌握、分析社会保险基金的收支、管理和投资运营情况，对社会保险工作提出咨询意见和建议，实施社会监督。

社会保险经办机构应当定期向社会保险监督委员会汇报社会保险基金的收支、管理和投资运营情况。社会保险监督委员会可以聘请会计师事务所对社会保险基金的收支、管理和投资运营情况进行年度审计和专项审计。审计结果应当向社会公开。

社会保险监督委员会发现社会保险基金收支、管理和投资运营中存在问题的，有权提出改正建议；对社会保险经办机构及其工作人员的违法行为，有权向有关部门提出依法处理建议。

第八十一条　社会保险行政部门和其他有关行政部门、社会保险经办机构、社会保险费征收机构及其工作人员，应当依法为用人单位和个人的信息保密，不得以任何形式泄露。

第八十二条　任何组织或者个人有权对违反社会保险法律、法规的行为进行举报、投诉。

社会保险行政部门、卫生行政部门、社会保险经办机构、社会保险费征收机构和财政部门、审计机关对属于本部门、本机构职责范围的举报、投诉，应当依法处理；对不属于本部门、本机构职责范围的，应当书面通知并移交有权处理的部门、机构处理。有权处理的部门、机构应当及时处理，不得推诿。

第八十三条　用人单位或者个人认为社会保险费征收机构的行为侵害自己合法权益的，可以依法申请行政复议或者提起行政诉讼。

用人单位或者个人对社会保险经办机构不依法办理社会保险登记、核定社会保险费、支付社会保险待遇、办理社会保险转移接续手续或者侵害其他社会保险权益的行为，可以依法申请行政复议或者提起行政诉讼。

个人与所在用人单位发生社会保险争议的，可以依法申请调解、仲裁，提起诉讼。用人单位侵害个人社会保险权益的，个人也可以要求社会保险行政部门或者社会保险费征收机构依法处理。

第十一章　法律责任

第八十四条　用人单位不办理社会保险登记的，由社会保险行政部门责令限期改正；逾期不改正的，对用人单位处应缴社会保险费数额一倍以上三倍以下的罚款，对其直接负责的主管人员和其他直接责任人员处 500 元以上 3000 元以下的罚款。

第八十五条　用人单位拒不出具终止或者解除劳动关系证明的，依照《中华人民共和国劳动合同法》的规定处理。

第八十六条　用人单位未按时足额缴纳社会保险费的，由社会保险费征收机构责令限期缴纳或者补足，并自欠缴之日起，按日加收万分之五的滞纳金；逾期仍不缴纳的，由有关行政部门处欠缴数额一倍以上三倍以下的罚款。

第八十七条　社会保险经办机构以及医疗机构、药品经营单位等社会保险服务机构以欺诈、伪造证明材料或者其他手段骗取社会保险基金支出的，由社会保险行政部门责令退回骗取的社会保险金，处骗取金额二倍以上五倍以下的罚款；属于社会保险服务机构的，解除服务协议；直接负责的主管人员和其他直接责任人员有执业资格的，依法吊销其执业资格。

第八十八条　以欺诈、伪造证明材料或者其他手段骗取社会保险待遇的，由社会保险行政部门责令退回骗取的社会保险金，处骗取金额二倍以上五倍以下的罚款。

第八十九条　社会保险经办机构及其工作人员有下列行为之一的，由社会保险行政部门责令改正；给社会保险基金、用人单位或者个人造成损失的，依法承担赔偿责任；对直接负责的主管人员和其他直接责任人员依法给予处分：

（一）未履行社会保险法定职责的；

（二）未将社会保险基金存入财政专户的；

（三）克扣或者拒不按时支付社会保险待遇的；

（四）丢失或者篡改缴费记录、享受社会保险待遇记录等社会保险数据、个人权益记录的；

（五）有违反社会保险法律、法规的其他行为的。

第九十条　社会保险费征收机构擅自更改社会保险费缴费基数、费率，导致少收或者多收社会保险费的，由有关行政部门责令其追缴应当缴纳的社会保险费或者退还不应当缴纳的社会保险费；对直接负责的主管人员和其他直接责任人员依法给予处分。

第九十一条　违反本法规定，隐匿、转移、侵占、挪用社会保险基金或者违规投资运营的，由社会保险行政部门、财政部门、审计机关责令追回；有违法所得的，没收违法所得；对直接负责的主管人员和其他直接责任人员依法给予处分。

第九十二条　社会保险行政部门和其他有关行政部门、社会保险经办机构、社会保险费征收机构及其工作人员泄露用人单位和个人信息的，对直接负责的主管人员和其他直接责任人员依法给予处分；给用人单位或者个人造成损失的，应当承担赔偿责任。

第九十三条　国家工作人员在社会保险管理、监督工作中滥用职权、玩忽职守、徇私舞弊的，依法给予处分。

第九十四条　违反本法规定，构成犯罪的，依法追究刑事责任。

第十二章　附　则

第九十五条　进城务工的农村居民依照本法规定参加社会保险。

第九十六条　征收农村集体所有的土地，应当足额安排被征地农民的社会保险费，按照国务院规定将被征地农民纳入相应的社会保险制度。

第九十七条　外国人在中国境内就业的，参照本法规定参加社会保险。

第九十八条　本法自 2011 年 7 月 1 日起施行。

失业保险条例

（1998 年 12 月 26 日国务院第 11 次常务会议通过 1999 年 1 月 22 日中华人民共和国国务院令第 258 号发布　自发布之日起施行）

第一章　总　则

第一条　为了保障失业人员失业期间的基本生活，促进其再就业，制定本条例。

第二条　城镇企业事业单位、城镇企业事业单位职工依照本条例的规定，缴纳失业保险费。

城镇企业事业单位失业人员依照本条例的规定，享受失业保险待遇。

本条所称城镇企业，是指国有企业、城镇集体企业、外商投资企业、城镇私营企业以及其他城镇企业。

第三条　国务院劳动保障行政部门主管全国的失业保险工作。县级以上地方各级人民政府劳动保障行政部门主管本行政区域内的失业保险工作。劳动保障行政部门按照国务院规定设立的经办失业保险业务的社会保险经办机构依照本条例的规定，具体承办失业保险工作。

第四条　失业保险费按照国家有关规定征缴。

第二章　失业保险基金

第五条　失业保险基金由下列各项构成：

（一）城镇企业事业单位、城镇企业事业单位职工缴纳的失业保险费；

（二）失业保险基金的利息；

（三）财政补贴；

（四）依法纳入失业保障基金的其他资金。

第六条　城镇企业事业单位按照本单位工资总额的百分之二缴纳失业保险费。城镇企业事业单位职工按照本人工资的百分之一缴纳失业保险费。城镇企业事业单位招用的农民合同制工人本人不缴纳失业保险费。

第七条　失业保险基金在直辖市和设区的市实行全市统筹；其他地区的统筹层次由省、自治区人民政府规定。

第八条　省、自治区可以建立失业保险调剂金。

失业保险调剂金以统筹地区依法应当征收的失业保险费为基数，按照省、自治区人民政府规定的比例筹集。

统筹地区的失业保险基金不敷使用时，由失业保险调剂金调剂、地方财政补贴。

失业保险调剂金的筹集、调剂使用以及地方财政补贴的具体办法，由省、自治区人民政府规定。

第九条　省、自治区、直辖市人民政府根据本行政区域失业人员数量和失业保险基金数额，报经国务院批准，可以适当调整本行政区域失业保险费的费率。

第十条　失业保险基金用于下列支出：

(一)失业保险金；

(二)领取失业保险金期间的医疗补助金；

(三)领取失业保险金期间死亡的失业人员的丧葬补助金和其供养的配偶、直系亲属的抚恤金；

(四)领取失业保险金期间接受职业培训、职业介绍的补贴，补贴的办法和标准由省、自治区、直辖市人民政府规定；

(五)国务院规定或者批准的与失业保险有关的其他费用。

第十一条　失业保险基金必须存入财政部门在国有商业银行开设的社会保障基金财政专户，实行收支两条线管理，由财政部门依法进行监督。

存入银行和按照国家规定购买国债的失业保险基金，分别按照城乡居民同期存款利率和国债利息计息。失业保险基金的利息并入失业保险基金。

失业保险基金专款专用，不得挪作他用，不得用于平衡财政收支。

第十二条　失业保险基金收支的预算、决算，由统筹地区社会保险经办机构编制，经同级劳动保障行政部门复核、同级财政部门审核，报同级人民政府审批。

第十三条　失业保险基金的财务制度和会计制度按照国家有关规定执行。

第三章　失业保险待遇

第十四条　具备下列条件的失业人员，可以领取失业保险金：

(一)按照规定参加失业保险，所在单位和本人已按照规定履行缴费义务满1年的；

(二)非因本人意愿中断就业的；

(三)已办理失业登记，并有求职要求的。

失业人员在领取失业保险金期间，按照规定同时享受其他失业保险待遇。

第十五条　失业人员在领取失业保险金期间有下列情形之一的，停止领取失业保险金，并同时停止享受其他失业保险待遇：

(一)重新就业的；

(二)应征服兵役的；

(三)移居境外的；

(四)享受基本养老保险待遇的；

(五)被判刑收监执行或者被劳动教养的；

(六)无正当理由，拒不接受当地人民政府指定的部门或者机构介绍的工作的；

(七)有法律、行政法规规定的其他情形的。

第十六条　城镇企业事业单位应当及时为失业人员出具终止或者解除劳动关系的证明，告知其按照规定享受失业保险待遇的权利，并将失业人员的名单自终止或者解除劳动关系之日起7日内报社会保险经办机构备案。

城镇企业事业单位职工失业后，应当持本单位为其出具的终止或者解除劳动关系的证明，及时到指定的社会保险经办机构办理失业登记。失业保险金自办理失业登记之日起计算。

失业保险金由社会保险经办机构按月发放。社会保险经办机构为失业人员开具领取失业保险金的单证，失业人员凭单证到指定银行领取失业保险金。

第十七条　失业人员失业前所在单位和本人按照规定累计缴费时间满 1 年不足 5 年的，领取失业保险金的期限最长为 12 个月；累计缴费时间满 5 年不足 10 年的，领取失业保险金的期限最长为 18 个月；累计缴费时间 10 年以上的，领取失业保险金的期限最长为 24 个月。重新就业后，再次失业的，缴费时间重新计算，领取失业保险金的期限可以与前次失业应领取而尚未领取的失业保险金的期限合并计算，但是最长不得超过 24 个月。

第十八条　失业保险金的标准，按照低于当地最低工资标准、高于城市居民最低生活保障标准的水平，由省、自治区、直辖市人民政府确定。

第十九条　失业人员在领取失业保险金期间患病就医的，可以按照规定向社会保险经办机构申请领取医疗补助金。医疗补助金的标准由省、自治区、直辖市人民政府规定。

第二十条　失业人员在领取失业保险金期间死亡的，参照当地对在职职工的规定，对其家属一次性发给丧葬补助金和抚恤金。

第二十一条　单位招用的农民合同制工人连续工作满 1 年，本单位并已缴纳失业保险费，劳动合同期满未续订或者提前解除劳动合同的，由社会保险经办机构根据其工作时间长短，对其支付一次性生活补助。补助的办法和标准由省、自治区、直辖市人民政府规定。

第二十二条　城镇企业事业单位成建制跨统筹地区转移，失业人员跨统筹地区流动的，失业保险关系随之转迁。

第二十三条　失业人员符合城市居民最低生活保障条件的，按照规定享受城市居民最低生活保障待遇。

第四章　管理和监督

第二十四条　劳动保障行政部门管理失业保险工作，履行下列职责：

（一）贯彻实施失业保险法律、法规；

（二）指导社会保险经办机构的工作；

（三）对失业保险费的征收和失业保险待遇的支付进行监督检查。

第二十五条　社会保险经办机构具体承办失业保险工作，履行下列职责：

（一）负责失业人员的登记、调查、统计；

（二）按照规定负责失业保险基金的管理；

（三）按照规定核定失业保险待遇，开具失业人员在指定银行领取失业保险金和其他补助金的单证；

（四）拨付失业人员职业培训、职业介绍补贴费用；

（五）为失业人员提供免费咨询服务；

（六）国家规定由其履行的其他职责。

第二十六条　财政部门和审计部门依法对失业保险基金的收支、管理情况进行监督。

第二十七条　社会保险经办机构所需经费列入预算，由财政拨付。

第五章 罚 则

第二十八条 不符合享受失业保险待遇条件，骗取失业保险金和其他失业保险待遇的，由社会保险经办机构责令退还；情节严重的，由劳动保障行政部门处骗取金额 1 倍以上 3 倍以下的罚款。

第二十九条 社会保险经办机构工作人员违反规定向失业人员开具领取失业保险金或者享受其他失业保险待遇单证，致使失业保险基金损失的，由劳动保障行政部门责令追回；情节严重的，依法给予行政处分。

第三十条 劳动保障行政部门和社会保险经办机构的工作人员滥用职权、徇私舞弊、玩忽职守，造成失业保险基金损失的，由劳动保障行政部门追回损失的失业保险基金；构成犯罪的，依法追究刑事责任；尚不构成犯罪的，依法给予行政处分。

第三十一条 任何单位、个人挪用失业保险基金的，追回挪用的失业保险基金；有违法所得的，没收违法所得，并入失业保险基金；构成犯罪的，依法追究刑事责任；尚不构成犯罪的，对直接负责的主管人员和其他直接责任人员依法给予行政处分。

第六章 附 则

第三十二条 省、自治区、直辖市人民政府根据当地实际情况，可以决定本条例适用于本行政区域内的社会团体及其专职人员、民办非企业单位及其职工、有雇工的城镇个体工商户及其雇工。

第三十三条 本条例自发布之日起施行。1993 年 4 月 12 日国务院发布的《国有企业职工待业保险规定》同时废止。

国务院关于完善企业职工基本养老保险制度的决定

(国发〔2005〕38 号)

各省、自治区、直辖市人民政府，国务院各部委、各直属机构：

近年来，各地区和有关部门按照党中央、国务院关于完善企业职工基本养老保险制度的部署和要求，以确保企业离退休人员基本养老金按时足额发放为中心，努力扩大基本养老保险覆盖范围，切实加强基本养老保险基金征缴，积极推进企业退休人员社会化管理服务，各项工作取得明显成效，为促进改革、发展和维护社会稳定发挥了重要作用。但是，随着人口老龄化、就业方式多样化和城市化的发展，现行企业职工基本养老保险制度还存在个人账户没有做实、计发办法不尽合理、覆盖范围不够广泛等不适应的问题，需要加以改革和完善。为此，在充分调查研究和总结东北三省完善城镇社会保障体系试点经验的基础上，国务院对完善企业职工基本养老保险制度作出如下决定：

一、完善企业职工基本养老保险制度的指导思想和主要任务。以邓小平理论和"三个代表"重要思想为指导，认真贯彻党的十六大和十六届三中、四中、五中全会精神，按照落实科学发展观和构建社会主义和谐社会的要求，统筹考虑当前和长远的关系，坚持覆盖广泛、水平适当、结构合理、基金平衡的原则，完善政策，健全机制，加强管理，建立起适合我国国情、实现可持续发展的基本养老保险制度。主要任务是：确保基本养老金按时足额发放，保障离退休人员基本生活；逐步做实个人账户，完善社会统筹与个人账户相结合的基本制度；统一城镇个体工商户和灵活就业人员参保缴费政策，扩大覆盖范围；改革基本养老金计发办法，建立参保缴费的激励约束机制；根据经济发展水平和各方面承受能力，合理确定基本养老金水平；建立多层次养老保险体系，划清中央与地方、政府与企业及个人的责任；加强基本养老保险基金征缴和监管，完善多渠道筹资机制；进一步做好退休人员社会化管理工作，提高服务水平。

二、确保基本养老金按时足额发放。要继续把确保企业离退休人员基本养老金按时足额发放作为首要任务，进一步完善各项政策和工作机制，确保离退休人员基本养老金按时足额发放，不得发生新的基本养老金拖欠，切实保障离退休人员的合法权益。对过去拖欠的基本养老金，各地要根据《中共中央办公厅国务院办公厅关于进一步做好补发拖欠基本养老金和企业调整工资工作的通知》要求，认真加以解决。

三、扩大基本养老保险覆盖范围。城镇各类企业职工、个体工商户和灵活就业人员都要参加企业职工基本养老保险。当前及今后一个时期，要以非公有制企业、城镇个体工商户和灵活就业人员参保工作为重点，扩大基本养老保险覆盖范围。要进一步落实国家有关社会保险补贴政策，帮助就业困难人员参保缴费。城镇个体工商户和灵活就业人员参加基本养老保险的缴费基数为当地上年度在岗职工平均工资，缴费比例为 20%，其中 8% 记入个人账户，退休后按企业职工基本养老金计发办法计发基本养老金。

四、逐步做实个人账户。做实个人账户，积累基本养老保险基金，是应对人口老龄化的重要举措，也是实现企业职工基本养老保险制度可持续发展的重要保证。要继续抓好东北三省做实个人账户试点工作，抓紧研究制订其他地区扩大做实个人账户试点的具体方案，报国务院批准后实施。国家制订个人账户基金管理和投资运营办法，实现保值增值。

五、加强基本养老保险基金征缴与监管。要全面落实《社会保险费征缴暂行条例》的各项规定，严格执行社会保险登记和缴费申报制度，强化社会保险稽核和劳动保障监察执法工作，努力提高征缴率。凡是参加企业职工基本养老保险的单位和个人，都必须按时足额缴纳基本养老保险费；对拒缴、瞒报少缴基本养老保险费的，要依法处理；对欠缴基本养老保险费的，要采取各种措施，加大追缴力度，确保基本养老保险基金应收尽收。各地要按照建立公共财政的要求，积极调整财政支出结构，加大对社会保障的资金投入。

基本养老保险基金要纳入财政专户，实行收支两条线管理，严禁挤占挪用。要制定和完善社会保险基金监督管理的法律法规，实现依法监督。各省、自治区、直辖市人民政府要完善工作机制，保证基金监管制度的顺利实施。要继续发挥审计监督、社会监督和舆论监督的作用，共同维护基金安全。

六、改革基本养老金计发办法。为与做实个人账户相衔接，从2006年1月1日起，个人账户的规模统一由本人缴费工资的11%调整为8%，全部由个人缴费形成，单位缴费不再划入个人账户。同时，进一步完善鼓励职工参保缴费的激励约束机制，相应调整基本养老金计发办法。

《国务院关于建立统一的企业职工基本养老保险制度的决定》(国发〔1997〕26号)实施后参加工作、缴费年限(含视同缴费年限，下同)累计满15年的人员，退休后按月发给基本养老金。基本养老金由基础养老金和个人账户养老金组成。退休时的基础养老金月标准以当地上年度在岗职工月平均工资和本人指数化月平均缴费工资的平均值为基数，缴费每满1年发给1%。个人账户养老金月标准为个人账户储存额除以计发月数，计发月数根据职工退休时城镇人口平均预期寿命、本人退休年龄、利息等因素确定。(详见附件)

国发〔1997〕26号文件实施前参加工作，本决定实施后退休且缴费年限累计满15年的人员，在发给基础养老金和个人账户养老金的基础上，再发给过渡性养老金。各省、自治区、直辖市人民政府要按照待遇水平合理衔接、新老政策平稳过渡的原则，在认真测算的基础上，制订具体的过渡办法，并报劳动保障部、财政部备案。

本决定实施后到达退休年龄但缴费年限累计不满15年的人员，不发给基础养老金；个人账户储存额一次性支付给本人，终止基本养老保险关系。

本决定实施前已经离退休的人员，仍按国家原来的规定发给基本养老金，同时执行基本养老金调整办法。

七、建立基本养老金正常调整机制。根据职工工资和物价变动等情况，国务院适时调整企业退休人员基本养老金水平，调整幅度为省、自治区、直辖市当地企业在岗职工平均工资年增长率的一定比例。各地根据本地实际情况提出具体调整方案，报劳动保障部、财政部审批后实施。

八、加快提高统筹层次。进一步加强省级基金预算管理，明确省、市、县各级人民政府的责任，建立健全省级基金调剂制度，加大基金调剂力度。在完善市级统筹的基础上，尽快提高统筹层次，实现省级统筹，为构建全国统一的劳动力市场和促进人员合理流动创造条件。

九、发展企业年金。为建立多层次的养老保险体系，增强企业的人才竞争能力，更好地保障企业职工退休后的生活，具备条件的企业可为职工建立企业年金。企业年金基金实行完全积累，采取市场化的方式进行管理和运营。要切实做好企业年金基金监管工作，实现规范运作，切实维护企业和职工的利益。

十、做好退休人员社会化管理服务工作。要按照建立独立于企业事业单位之外社会保障体系的要求，继续做好企业退休人员社会化管理工作。要加强街道、社区劳动保障工作平台建设，加快公共老年服务设施和服务网络建设，条件具备的地方，可开展老年护理服务，兴建退休人员公寓，为退休人员提供更多更好的服务，不断提高退休人员的生活质量。

十一、不断提高社会保险管理服务水平。要高度重视社会保险经办能力建设，加快社会保障信息服务网络建设步伐，建立高效运转的经办管理服务体系，把社会保险的政策落到实处。各级社会保险经办机构要完善管理制度，制定技术标准，规范业务流程，实现规范化、信息化和专业化管理。同时，要加强人员培训，提高政治和业务素质，不断提高工作效率和服务质量。

完善企业职工基本养老保险制度是构建社会主义和谐社会的重要内容，事关改革发展稳定的大局。各地区和有关部门要高度重视，加强领导，精心组织实施，研究制订具体的实施意见和办法，并报劳动保障部备案。劳动保障部要会同有关部门加强指导和监督检查，及时研究解决工作中遇到的问题，确保本决定的贯彻实施。

本决定自发布之日起实施，已有规定与本决定不一致的，按本决定执行。

附件：个人账户养老金计发月数表

国务院

二〇〇五年十二月三日

附件：

附表 1　　　　　　　　　个人账户养老金计发月数表

退休年龄	计发月数	退休年龄	计发月数
40	233	50	195
41	230	51	190
42	226	52	185
43	223	53	180
44	220	54	175
45	216	55	170
46	212	56	164
47	208	57	158
48	204	58	152
49	199	59	145

退休年龄	计发月数	退休年龄	计发月数
60	139	66	93
61	132	67	84
62	125	68	75
63	117	69	65
64	109	70	56
65	101		

国务院关于建立城镇职工基本医疗保险制度的决定

（国发〔1998〕44 号）

各省、自治区、直辖市人民政府，国务院各部委、各直属机构：

加快医疗保险制度改革，保障职工基本医疗，是建立社会主义市场经济体制的客观要求和重要保障。在认真总结近年来各地医疗保险制度改革试点经验的基础上，国务院决定，在全国范围内进行城镇职工医疗保险制度改革。

一、改革的任务和原则

医疗保险制度改革的主要任务是建立城镇职工基本医疗保险制度，即适应社会主义市场经济体制，根据财政、企业和个人的承受能力，建立保障职工基本医疗需求的社会医疗保险制度。

建立城镇职工基本医疗保险制度的原则是：基本医疗保险的水平要与社会主义初级阶段生产力发展水平相适应；城镇所有用人单位及其职工都要参加基本医疗保险，实行属地管理；基本医疗保险费由用人单位和职工双方共同负担；基本医疗保险基金实行社会统筹和个人账户相结合。

二、覆盖范围和缴费办法

城镇所有用人单位，包括企业（国有企业、集体企业、外商投资企业、私营企业等）、机关、事业单位、社会团体、民办非企业单位及其职工，都要参加基本医疗保险。乡镇企业及其职工、城镇个体经济组织业主及其从业人员是否参加基本医疗保险，由各省、自治区、直辖市人民政府决定。

基本医疗保险原则上以地级以上行政区（包括地、市、州、盟）为统筹单位，也可以县（市）为统筹单位，北京、天津、上海 3 个直辖市原则上在全市范围内实行统筹（以下简称统筹地区）。所有用人单位及其职工都要按照属地管理原则参加所在统筹地区的基本医疗保险，执行统一政策，实行基本医疗保险基金的统一筹集、使用和管理。铁路、电力、远洋运输等跨地区、生产流动性较大的企业及其职工，可以相对集中的方式异地参加统筹地区的基本医疗保险。

基本医疗保险费由用人单位和职工共同缴纳。用人单位缴费率应控制在职工工资总额的 6% 左右，职工缴费率一般为本人工资收入的 2%。随着经济发展，用人单位和职工缴费率可作相应调整。

三、建立基本医疗保险统筹基金和个人账户

要建立基本医疗保险统筹基金和个人账户。基本医疗保险基金由统筹基金和个人账户构成。职工个人缴纳的基本医疗保险费，全部计入个人账户。用人单位缴纳的基本医疗保险费分为两部分，一部分用于建立统筹基金，一部分划入个人账户。划入个人账户的比例一般为用人单位缴费的 30% 左右，具体比例由统筹地区根据个人账户的支付范围和职工年龄等因素确定。

统筹基金和个人账户要划定各自的支付范围，分别核算，不得互相挤占。要确定统筹基金的起付标准和最高支付限额，起付标准原则上控制在当地职工年平均工资的 10% 左右，最高支付限额原则上控制在当地职工年平均工资的 4 倍左右。起付标准以下的医疗费用，从个人账户中支付或由个人自付。起付标准以上、最高支付限额以下的医疗费用，主要从统筹基金中支付，个人也要负担一定比例。超过最高支付限额的医疗费用，可以通过商业医疗保险等途径解决。统筹基金的具体起付标准、最高支付限额以及在起付标准以上和最高支付限额以下医疗费用的个人负担比例，由统筹地区根据以收定支、收支平衡的原则确定。

四、健全基本医疗保险基金的管理和监督机制

基本医疗保险基金纳入财政专户管理，专款专用，不得挤占挪用。

社会保险经办机构负责基本医疗保险基金的筹集、管理和支付，并要建立健全预决算制度、财务会计制度和内部审计制度。社会保险经办机构的事业经费不得从基金中提取，由各级财政预算解决。

基本医疗保险基金的银行计息办法：当年筹集的部分，按活期存款利率计息；上年结转的基金本息，按 3 个月期整存整取银行存款利率计息；存入社会保障财政专户的沉淀资金，比照 3 年期零存整取储蓄存款利率计息，并不低于该档次利率水平。个人账户的本金和利息归个人所有，可以结转使用和继承。

各级劳动保障和财政部门，要加强对基本医疗保险基金的监督管理。审计部门要定期对社会保险经办机构的基金收支情况和管理情况进行审计。统筹地区应设立由政府有关部门代表、用人单位代表、医疗机构代表、工会代表和有关专家参加的医疗保险基金监督组织，加强对基本医疗保险基金的社会监督。

五、加强医疗服务管理

要确定基本医疗保险的服务范围和标准。劳动保障部会同卫生部、财政部等有关部门制定基本医疗服务的范围、标准和医药费用结算办法，制定国家基本医疗保险药品目录、诊疗项目、医疗服务设施标准及相应的管理办法。各省、自治区、直辖市劳动保障行政管理部门根据国家规定，会同有关部门制定本地区相应的实施标准和办法。

基本医疗保险实行定点医疗机构（包括中医医院）和定点药店管理。劳动保障会同卫生部、财政部等有关部门制定定点医疗机构和定点药店的资格审定办法。社会保险经办机构要根据中西医并举，基层、专科和综合医疗机构兼顾，方便职工就医的原则，负责确定定点医疗机构和定点药店，并同定点医疗机构和定点药店签订合同，明确各自的责任、权利和义务。在确定定点医疗机构和定点药店时，要引进竞争机制，职工可选择若干定点医疗机构就医、购药，也可持处方在若干定点药店购药。国家药品监督管理局会同有关部门制定定点药店购药药事事故处理办法。

各地要认真贯彻《中共中央、国务院关于卫生改革与发展的决定》（中发〔1997〕3 号）精神，积极推进医药卫生体制改革，以较少的经费投入，使人民群众得到良好的医疗服务，促进医药卫生事业的健康发展。要建立医药分开核算、分别管理的制度，形成医疗服务和药品流通的竞争机制，合理控制医药费用水平；要加强医疗机构和药店的内部管理，规范医药服务行为，减员增效，降低医药成本；要理顺医疗服务价格，在实行医药分开核算、分别管理，降低药品收入占医疗总收入比重的基础上，合理提高医疗技术劳务价格；

要加强业务技术培训和职业道德教育，提高医药服务人员的素质和服务质量；要合理调整医疗机构布局，优化医疗卫生资源配置，积极发展社会卫生服务，将社区卫生服务中的基本医疗服务项目纳入基本医疗保险范围。卫生部会同有关部门制定医疗机构改革方案和发展社区卫生服务的有关政策。国家经贸委等部门要认真配合做好药品流通体制改革工作。

六、妥善解决有关人员的医疗待遇

离休人员、老红军的医疗待遇不变，医疗费用按原资金渠道解决，支付确有困难的，由同级人民政府帮助解决。离休人员、老红军的医疗管理办法由省、自治区、直辖市人民政府制定。

二等乙方以上革命伤残军人的医疗待遇不变，医疗费用按原资金渠道解决，由社会保险经办机构单独列账管理。医疗费支付不足部分，由当地人民政府帮助解决。

退休人员参加基本医疗保险，个人不缴纳基本医疗保险费。对退休人员个人账户的计入金额和个人负担医疗费的比例给予适当照顾。

国家公务员在参加基本医疗保险的基础上，享受医疗补助政策。具体办法另行制定。

为了不降低一些特定行业职工现有的医疗消费水平，在参加基本医疗保险的基础上，作为过渡措施，允许建立企业补充医疗保险。企业补充医疗保险费在工资总额4%以内的部分，从职工福利费中列支，福利费不足列支的部分，经同级财政部门核准后列入成本。

国有企业下岗职工的基本医疗保险费，包括单位缴费和个人缴费，均由再就业服务中心按照当地上年度职工平均工资的60%为基数缴纳。

七、加强组织领导

医疗保险制度改革政策性强，涉及广大职工的切身利益，关系到国民经济发展和社会稳定。各级人民政府要切实加强领导，统一思想，提高认识，做好宣传工作和政治思想工作，使广大职工和社会各方面都积极支持和参与这项改革。各地要按照建立城镇职工基本医疗保险制度的任务、原则和要求，结合本地实际，精心组织实施，保证新旧制度的平稳过渡。

建立城镇职工基本医疗保险的制度工作从1999年初开始启动，1999年底基本完成。各省、自治区、直辖市人民政府要按照本决定的要求，制定医疗保险制度改革的总体规划，报劳动保障部备案。统筹地区要根据规划要求，制定基本医疗保险实施方案，报省、自治区、直辖市人民政府审批后执行。

劳动保障部要加强对建立城镇职工基本医疗保险制度工作的指导和检查，及时研究解决工作中出现的问题。财政、卫生、药品监督管理等有关部门要积极参与，密切配合，共同努力，确保城镇职工基本医疗保险制度改革工作的顺利进行。

国务院

1998年12月14日

工伤保险条例

(2003 年 4 月 27 日中华人民共和国国务院令第 375 号公布 根据 2010 年 12 月 20 日《国务院关于修改〈工伤保险条例〉的决定》修订)

第一章 总 则

第一条 为了保障因工作遭受事故伤害或者患职业病的职工获得医疗救治和经济补偿，促进工伤预防和职业康复，分散用人单位的工伤风险，制定本条例。

第二条 中华人民共和国境内的企业、事业单位、社会团体、民办非企业单位、基金会、律师事务所、会计师事务所等组织和有雇工的个体工商户（以下称用人单位）应当依照本条例规定参加工伤保险，为本单位全部职工或者雇工（以下称职工）缴纳工伤保险费。

中华人民共和国境内的企业、事业单位、社会团体、民办非企业单位、基金会、律师事务所、会计师事务所等组织的职工和个体工商户的雇工，均有依照本条例的规定享受工伤保险待遇的权利。

第三条 工伤保险费的征缴按照《社会保险费征缴暂行条例》关于基本养老保险费、基本医疗保险费、失业保险费的征缴规定执行。

第四条 用人单位应当将参加工伤保险的有关情况在本单位内公示。

用人单位和职工应当遵守有关安全生产和职业病防治的法律法规，执行安全卫生规程和标准，预防工伤事故发生，避免和减少职业病危害。

职工发生工伤时，用人单位应采取措施使工伤职工得到及时救治。

第五条 国务院社会保险行政部门负责全国的工伤保险工作。

县级以上地方各级人民政府社会保险行政部门负责本行政区域内的工伤保险工作。

社会保险行政部门按照国务院有关规定设立的社会保险经办机构（以下称经办机构）具体承办工伤保险事务。

第六条 社会保险行政部门等部门制定工伤保险的政策、标准，应当征求工会组织、用人单位代表的意见。

第二章 工伤保险基金

第七条 工伤保险基金由用人单位缴纳的工伤保险费、工伤保险基金的利息和依法纳入工伤保险基金的其他资金构成。

第八条 工伤保险费根据以支定收、收支平衡的原则，确定费率。

国家根据不同行业的工伤风险程度确定行业的差别费率，并根据工伤保险费使用、工伤发生率等情况在每个行业内确定若干费率档次。行业差别费率及行业内费率档次由国务院社会保险行政部门制定，报国务院批准后公布施行。

统筹地区经办机构根据用人单位工伤保险费使用、工伤发生率等情况，适用所属行业内相应的费率档次确定单位缴费费率。

第九条　国务院社会保险行政部门应当定期了解全国各统筹地区工伤保险基金收支情况，及时提出调整行业差别费率及行业内费率档次的方案，报国务院批准后公布施行。

第十条　用人单位应当按时缴纳工伤保险费。职工个人不缴纳工伤保险费。

用人单位缴纳工伤保险费的数额为本单位职工工资总额乘以单位缴费费率之积。

对难以按照工资总额缴纳工伤保险费的行业，其缴纳工伤保险费的具体方式，由国务院社会保险行政部门规定。

第十一条　工伤保险基金逐步实行省级统筹。

跨地区、生产流动性较大的行业，可以采取相对集中的方式异地参加统筹地区的工伤保险。具体办法由国务院社会保险行政部门会同有关行业的主管部门制定。

第十二条　工伤保险基金存入社会保障基金财政专户，用于本条例规定的工伤保险待遇，劳动能力鉴定，工伤预防的宣传、培训等费用，以及法律、法规规定的用于工伤保险的其他费用的支付。

工伤预防费用的提取比例、使用和管理的具体办法，由国务院社会保险行政部门会同国务院财政、卫生行政、安全生产监督管理等部门规定。

任何单位或者个人不得将工伤保险基金用于投资运营、兴建或者改建办公场所、发放奖金，或者挪作其他用途。

第十三条　工伤保险基金应当留有一定比例的储备金，用于统筹地区重大事故的工伤保险待遇支付；储备金不足支付的，由统筹地区的人民政府垫付。储备金占基金总额的具体比例和储备金的使用办法，由省、自治区、直辖市人民政府规定。

第三章　工伤认定

第十四条　职工有下列情形之一的，应当认定为工伤：

（一）在工作时间和工作场所内，因工作原因受到事故伤害的；

（二）工作时间前后在工作场所内，从事与工作有关的预备性或者收尾性工作受到事故伤害的；

（三）在工作时间和工作场所内，因履行工作职责受到暴力等意外伤害的；

（四）患职业病的；

（五）因工外出期间，由于工作原因受到伤害或者发生事故下落不明的；

（六）在上下班途中，受到非本人主要责任的交通事故或者城市轨道交通、客运轮渡、火车事故伤害的；

（七）法律、行政法规规定应当认定为工伤的其他情形。

第十五条　职工有下列情形之一的，视同工伤：

（一）在工作时间和工作岗位，突发疾病死亡或者在48小时之内经抢救无效死亡的；

（二）在抢险救灾等维护国家利益、公共利益活动中受到伤害的；

（三）职工原在军队服役，因战、因公负伤致残，已取得革命伤残军人证，到用人单位后旧伤复发的。

职工有前款第（一）项、第（二）项情形的，按照本条例的有关规定享受工伤保险待遇；职工有前款第（三）项情形的，按照本条例的有关规定享受除一次性伤残补助金以外的工伤保险待遇。

第十六条　职工符合本条例第十四条、第十五条的规定，但是有下列情形之一的，不得认定为工伤或者视同工伤：

（一）故意犯罪的；

（二）醉酒或者吸毒的；

（三）自残或者自杀的。

第十七条　职工发生事故伤害或者按照职业病防治法规定被诊断、鉴定为职业病，所在单位应当自事故伤害发生之日或者被诊断、鉴定为职业病之日起30日内，向统筹地区社会保险行政部门提出工伤认定申请。遇有特殊情况，经报社会保险行政部门同意，申请时限可以适当延长。

用人单位未按前款规定提出工伤认定申请的，工伤职工或者其近亲属、工会组织在事故伤害发生之日或者被诊断、鉴定为职业病之日起1年内，可以直接向用人单位所在地统筹地区社会保险行政部门提出工伤认定申请。

按照本条第一款规定应当由省级社会保险行政部门进行工伤认定的事项，根据属地原则由用人单位所在地的设区的市级社会保险行政部门办理。

用人单位未在本条第一款规定的时限内提交工伤认定申请，在此期间发生符合本条例规定的工伤待遇等有关费用由该用人单位负担。

第十八条　提出工伤认定申请应当提交下列材料：

（一）工伤认定申请表；

（二）与用人单位存在劳动关系（包括事实劳动关系）的证明材料；

（三）医疗诊断证明或者职业病诊断证明书（或者职业病诊断鉴定书）。

工伤认定申请表应当包括事故发生的时间、地点、原因以及职工伤害程度等基本情况。

工伤认定申请人提供材料不完整的，社会保险行政部门应当一次性书面告知工伤认定申请人需要补正的全部材料。申请人按照书面告知要求补正材料后，社会保险行政部门应当受理。

第十九条　社会保险行政部门受理工伤认定申请后，根据审核需要可以对事故伤害进行调查核实，用人单位、职工、工会组织、医疗机构以及有关部门应当予以协助。职业病诊断和诊断争议的鉴定，依照职业病防治法的有关规定执行。对依法取得职业病诊断证明书或者职业病诊断鉴定书的，社会保险行政部门不再进行调查核实。

职工或者其近亲属认为是工伤，用人单位不认为是工伤的，由用人单位承担举证责任。

第二十条　社会保险行政部门应当自受理工伤认定申请之日起60日内作出工伤认定的决定，并书面通知申请工伤认定的职工或者其近亲属和该职工所在单位。

社会保险行政部门对受理的事实清楚、权利义务明确的工伤认定申请，应当在15日内作出工伤认定的决定。

作出工伤认定决定需要以司法机关或者有关行政主管部门的结论为依据的，在司法机关或者有关行政主管部门尚未作出结论期间，作出工伤认定决定的时限中止。

社会保险行政部门工作人员与工伤认定申请人有利害关系的，应当回避。

第四章　劳动能力鉴定

第二十一条　职工发生工伤，经治疗伤情相对稳定后存在残疾、影响劳动能力的，应当进行劳动能力鉴定。

第二十二条　劳动能力鉴定是指劳动功能障碍程度和生活自理障碍程度的等级鉴定。

劳动功能障碍分为十个伤残等级，最重的为一级，最轻的为十级。

生活自理障碍分为三个等级：生活完全不能自理、生活大部分不能自理和生活部分不能自理。

劳动能力鉴定标准由国务院社会保险行政部门会同国务院卫生行政部门等部门制定。

第二十三条　劳动能力鉴定由用人单位、工伤职工或者其近亲属向设区的市级劳动能力鉴定委员会提出申请，并提供工伤认定决定和职工工伤医疗的有关资料。

第二十四条　省、自治区、直辖市劳动能力鉴定委员会和设区的市级劳动能力鉴定委员会分别由省、自治区、直辖市和设区的市级社会保险行政部门、卫生行政部门、工会组织、经办机构代表以及用人单位代表组成。

劳动能力鉴定委员会建立医疗卫生专家库。列入专家库的医疗卫生专业技术人员应当具备下列条件：

（一）具有医疗卫生高级专业技术职务任职资格；

（二）掌握劳动能力鉴定的相关知识；

（三）具有良好的职业品德。

第二十五条　设区的市级劳动能力鉴定委员会收到劳动能力鉴定申请后，应当从其建立的医疗卫生专家库中随机抽取3名或者5名相关专家组成专家组，由专家组提出鉴定意见。设区的市级劳动能力鉴定委员会根据专家组的鉴定意见作出工伤职工劳动能力鉴定结论；必要时，可以委托具备资格的医疗机构协助进行有关的诊断。

设区的市级劳动能力鉴定委员会应当自收到劳动能力鉴定申请之日起60日内作出劳动能力鉴定结论，必要时，作出劳动能力鉴定结论的期限可以延长30日。劳动能力鉴定结论应当及时送达申请鉴定的单位和个人。

第二十六条　申请鉴定的单位或者个人对设区的市级劳动能力鉴定委员会作出的鉴定结论不服的，可以在收到该鉴定结论之日起15日内向省、自治区、直辖市劳动能力鉴定委员会提出再次鉴定申请。省、自治区、直辖市劳动能力鉴定委员会作出的劳动能力鉴定结论为最终结论。

第二十七条　劳动能力鉴定工作应当客观、公正。劳动能力鉴定委员会组成人员或者参加鉴定的专家与当事人有利害关系的，应当回避。

第二十八条　自劳动能力鉴定结论作出之日起1年后，工伤职工或者其近亲属、所在单位或者经办机构认为伤残情况发生变化的，可以申请劳动能力复查鉴定。

第二十九条　劳动能力鉴定委员会依照本条例第二十六条和第二十八条的规定进行再次鉴定和复查鉴定的期限，依照本条例第二十五条第二款的规定执行。

第五章 工伤保险待遇

第三十条 职工因工作遭受事故伤害或者患职业病进行治疗，享受工伤医疗待遇。

职工治疗工伤应当在签订服务协议的医疗机构就医，情况紧急时可以先到就近的医疗机构急救。

治疗工伤所需费用符合工伤保险诊疗项目目录、工伤保险药品目录、工伤保险住院服务标准的，从工伤保险基金支付。工伤保险诊疗项目目录、工伤保险药品目录、工伤保险住院服务标准，由国务院社会保险行政部门会同国务院卫生行政部门、食品药品监督管理部门等部门规定。

职工住院治疗工伤的伙食补助费，以及经医疗机构出具证明，报经办机构同意，工伤职工到统筹地区以外就医所需的交通、食宿费用从工伤保险基金支付，基金支付的具体标准由统筹地区人民政府规定。

工伤职工治疗非工伤引发的疾病，不享受工伤医疗待遇，按照基本医疗保险办法处理。

工伤职工到签订服务协议的医疗机构进行工伤康复的费用，符合规定的，从工伤保险基金支付。

第三十一条 社会保险行政部门作出认定为工伤的决定后发生行政复议、行政诉讼的，行政复议和行政诉讼期间不停止支付工伤职工治疗工伤的医疗费用。

第三十二条 工伤职工因日常生活或者就业需要，经劳动能力鉴定委员会确认，可以安装假肢、矫形器、假眼、假牙和配置轮椅等辅助器具，所需费用按照国家规定的标准从工伤保险基金支付。

第三十三条 职工因工作遭受事故伤害或者患职业病需要暂停工作接受工伤医疗的，在停工留薪期内，原工资福利待遇不变，由所在单位按月支付。

停工留薪期一般不超过 12 个月。伤情严重或者情况特殊，经设区的市级劳动能力鉴定委员会确认，可以适当延长，但延长不得超过 12 个月。工伤职工评定伤残等级后，停发原待遇，按照本章的有关规定享受伤残待遇。工伤职工在停工留薪期满后仍需治疗的，继续享受工伤医疗待遇。

生活不能自理的工伤职工在停工留薪期需要护理的，由所在单位负责。

第三十四条 工伤职工已经评定伤残等级并经劳动能力鉴定委员会确认需要生活护理的，从工伤保险基金按月支付生活护理费。

生活护理费按照生活完全不能自理、生活大部分不能自理或者生活部分不能自理 3 个不同等级支付，其标准分别为统筹地区上年度职工月平均工资的 50%、40% 或者 30%。

第三十五条 职工因工致残被鉴定为一级至四级伤残的，保留劳动关系，退出工作岗位，享受以下待遇：

(一)从工伤保险基金按伤残等级支付一次性伤残补助金，标准为：一级伤残为 27 个月的本人工资，二级伤残为 25 个月的本人工资，三级伤残为 23 个月的本人工资，四级伤残为 21 个月的本人工资；

(二)从工伤保险基金按月支付伤残津贴，标准为：一级伤残为本人工资的 90%，二级伤残为本人工资的 85%，三级伤残为本人工资的 80%，四级伤残为本人工资的 75%。伤残津贴实际金额低于当地最低工资标准的，由工伤保险基金补足差额；

（三）工伤职工达到退休年龄并办理退休手续后，停发伤残津贴，按照国家有关规定享受基本养老保险待遇。基本养老保险待遇低于伤残津贴的，由工伤保险基金补足差额。

职工因工致残被鉴定为一级至四级伤残的，由用人单位和职工个人以伤残津贴为基数，缴纳基本医疗保险费。

第三十六条　职工因工致残被鉴定为五级、六级伤残的，享受以下待遇：

（一）从工伤保险基金按伤残等级支付一次性伤残补助金，标准为：五级伤残为 18 个月的本人工资，六级伤残为 16 个月的本人工资；

（二）保留与用人单位的劳动关系，由用人单位安排适当工作。难以安排工作的，由用人单位按月发给伤残津贴，标准为：五级伤残为本人工资的 70%，六级伤残为本人工资的 60%，并由用人单位按照规定为其缴纳应缴纳的各项社会保险费。伤残津贴实际金额低于当地最低工资标准的，由用人单位补足差额。

经工伤职工本人提出，该职工可以与用人单位解除或者终止劳动关系，由工伤保险基金支付一次性工伤医疗补助金，由用人单位支付一次性伤残就业补助金。一次性工伤医疗补助金和一次性伤残就业补助金的具体标准由省、自治区、直辖市人民政府规定。

第三十七条　职工因工致残被鉴定为七级至十级伤残的，享受以下待遇：

（一）从工伤保险基金按伤残等级支付一次性伤残补助金，标准为：七级伤残为 13 个月的本人工资，八级伤残为 11 个月的本人工资，九级伤残为 9 个月的本人工资，十级伤残为 7 个月的本人工资；

（二）劳动、聘用合同期满终止，或者职工本人提出解除劳动、聘用合同的，由工伤保险基金支付一次性工伤医疗补助金，由用人单位支付一次性伤残就业补助金。一次性工伤医疗补助金和一次性伤残就业补助金的具体标准由省、自治区、直辖市人民政府规定。

第三十八条　工伤职工工伤复发，确认需要治疗的，享受本条例第三十条、第三十二条和第三十三条规定的工伤待遇。

第三十九条　职工因工死亡，其近亲属按照下列规定从工伤保险基金领取丧葬补助金、供养亲属抚恤金和一次性工亡补助金：

（一）丧葬补助金为 6 个月的统筹地区上年度职工月平均工资；

（二）供养亲属抚恤金按照职工本人工资的一定比例发给由因工死亡职工生前提供主要生活来源、无劳动能力的亲属。标准为：配偶每月 40%，其他亲属每人每月 30%，孤寡老人或者孤儿每人每月在上述标准的基础上增加 10%。核定的各供养亲属的抚恤金之和不应高于因工死亡职工生前的工资。供养亲属的具体范围由国务院社会保险行政部门规定；

（三）一次性工亡补助金标准为上一年度全国城镇居民人均可支配收入的 20 倍。

伤残职工在停工留薪期内因工伤导致死亡的，其近亲属享受本条第一款规定的待遇。

一级至四级伤残职工在停工留薪期满后死亡的，其近亲属可以享受本条第一款第（一）项、第（二）项规定的待遇。

第四十条　伤残津贴、供养亲属抚恤金、生活护理费由统筹地区社会保险行政部门根据职工平均工资和生活费用变化等情况适时调整。调整办法由省、自治区、直辖市人民政府规定。

第四十一条　职工因工外出期间发生事故或者在抢险救灾中下落不明的，从事故发生当月起3个月内照发工资，从第4个月起停发工资，由工伤保险基金向其供养亲属按月支付供养亲属抚恤金。生活有困难的，可以预支一次性工亡补助金的50%。职工被人民法院宣告死亡的，按照本条例第三十九条职工因工死亡的规定处理。

第四十二条　工伤职工有下列情形之一的，停止享受工伤保险待遇：

（一）丧失享受待遇条件的；

（二）拒不接受劳动能力鉴定的；

（三）拒绝治疗的。

第四十三条　用人单位分立、合并、转让的，承继单位应当承担原用人单位的工伤保险责任；原用人单位已经参加工伤保险的，承继单位应当到当地经办机构办理工伤保险变更登记。

用人单位实行承包经营的，工伤保险责任由职工劳动关系所在单位承担。

职工被借调期间受到工伤事故伤害的，由原用人单位承担工伤保险责任，但原用人单位与借调单位可以约定补偿办法。

企业破产的，在破产清算时依法拨付应当由单位支付的工伤保险待遇费用。

第四十四条　职工被派遣出境工作，依据前往国家或者地区的法律应当参加当地工伤保险的，参加当地工伤保险，其国内工伤保险关系中止；不能参加当地工伤保险的，其国内工伤保险关系不中止。

第四十五条　职工再次发生工伤，根据规定应当享受伤残津贴的，按照新认定的伤残等级享受伤残津贴待遇。

第六章　监督管理

第四十六条　经办机构具体承办工伤保险事务，履行下列职责：

（一）根据省、自治区、直辖市人民政府规定，征收工伤保险费；

（二）核查用人单位的工资总额和职工人数，办理工伤保险登记，并负责保存用人单位缴费和职工享受工伤保险待遇情况的记录；

（三）进行工伤保险的调查、统计；

（四）按照规定管理工伤保险基金的支出；

（五）按照规定核定工伤保险待遇；

（六）为工伤职工或者其近亲属免费提供咨询服务。

第四十七条　经办机构与医疗机构、辅助器具配置机构在平等协商的基础上签订服务协议，并公布签订服务协议的医疗机构、辅助器具配置机构的名单。具体办法由国务院社会保险行政部门分别会同国务院卫生行政部门、民政部门等部门制定。

第四十八条　经办机构按照协议和国家有关目录、标准对工伤职工医疗费用、康复费用、辅助器具费用的使用情况进行核查，并按时足额结算费用。

第四十九条　经办机构应当定期公布工伤保险基金的收支情况，及时向社会保险行政部门提出调整费率的建议。

第五十条　社会保险行政部门、经办机构应当定期听取工伤职工、医疗机构、辅助器具配置机构以及社会各界对改进工伤保险工作的意见。

第五十一条　社会保险行政部门依法对工伤保险费的征缴和工伤保险基金的支付情况进行监督检查。

财政部门和审计机关依法对工伤保险基金的收支、管理情况进行监督。

第五十二条　任何组织和个人对有关工伤保险的违法行为，有权举报。社会保险行政部门对举报应当及时调查，按照规定处理，并为举报人保密。

第五十三条　工会组织依法维护工伤职工的合法权益，对用人单位的工伤保险工作实行监督。

第五十四条　职工与用人单位发生工伤待遇方面的争议，按照处理劳动争议的有关规定处理。

第五十五条　有下列情形之一的，有关单位或者个人可以依法申请行政复议，也可以依法向人民法院提起行政诉讼：

（一）申请工伤认定的职工或者其近亲属、该职工所在单位对工伤认定申请不予受理的决定不服的；

（二）申请工伤认定的职工或者其近亲属、该职工所在单位对工伤认定结论不服的；

（三）用人单位对经办机构确定的单位缴费费率不服的；

（四）签订服务协议的医疗机构、辅助器具配置机构认为经办机构未履行有关协议或者规定的；

（五）工伤职工或者其近亲属对经办机构核定的工伤保险待遇有异议的。

第七章　法律责任

第五十六条　单位或者个人违反本条例第十二条规定挪用工伤保险基金，构成犯罪的，依法追究刑事责任；尚不构成犯罪的，依法给予处分或者纪律处分。被挪用的基金由社会保险行政部门追回，并入工伤保险基金；没收的违法所得依法上缴国库。

第五十七条　社会保险行政部门工作人员有下列情形之一的，依法给予处分；情节严重，构成犯罪的，依法追究刑事责任：

（一）无正当理由不受理工伤认定申请，或者弄虚作假将不符合工伤条件的人员认定为工伤职工的；

（二）未妥善保管申请工伤认定的证据材料，致使有关证据灭失的；

（三）收受当事人财物的。

第五十八条　经办机构有下列行为之一的，由社会保险行政部门责令改正，对直接负责的主管人员和其他责任人员依法给予纪律处分；情节严重，构成犯罪的，依法追究刑事责任；造成当事人经济损失的，由经办机构依法承担赔偿责任：

（一）未按规定保存用人单位缴费和职工享受工伤保险待遇情况记录的；

（二）不按规定核定工伤保险待遇的；

（三）收受当事人财物的。

第五十九条　医疗机构、辅助器具配置机构不按服务协议提供服务的，经办机构可以解除服务协议。

经办机构不按时足额结算费用的，由社会保险行政部门责令改正；医疗机构、辅助器具配置机构可以解除服务协议。

第六十条　用人单位、工伤职工或者其近亲属骗取工伤保险待遇，医疗机构、辅助器具配置机构骗取工伤保险基金支出的，由社会保险行政部门责令退还，处骗取金额2倍以上5倍以下的罚款；情节严重，构成犯罪的，依法追究刑事责任。

第六十一条　从事劳动能力鉴定的组织或者个人有下列情形之一的，由社会保险行政部门责令改正，处2000元以上1万元以下的罚款；情节严重，构成犯罪的，依法追究刑事责任：

(一)提供虚假鉴定意见的；

(二)提供虚假诊断证明的；

(三)收受当事人财物的。

第六十二条　用人单位依照本条例规定应当参加工伤保险而未参加的，由社会保险行政部门责令限期参加，补缴应当缴纳的工伤保险费，并自欠缴之日起，按日加收万分之五的滞纳金；逾期仍不缴纳的，处欠缴数额1倍以上3倍以下的罚款。

依照本条例规定应当参加工伤保险而未参加工伤保险的用人单位职工发生工伤的，由该用人单位按照本条例规定的工伤保险待遇项目和标准支付费用。

用人单位参加工伤保险并补缴应当缴纳的工伤保险费、滞纳金后，由工伤保险基金和用人单位依照本条例的规定支付新发生的费用。

第六十三条　用人单位违反本条例第十九条的规定，拒不协助社会保险行政部门对事故进行调查核实的，由社会保险行政部门责令改正，处2000元以上2万元以下的罚款。

第八章　附　则

第六十四条　本条例所称工资总额，是指用人单位直接支付给本单位全部职工的劳动报酬总额。

本条例所称本人工资，是指工伤职工因工作遭受事故伤害或者患职业病前12个月平均月缴费工资。本人工资高于统筹地区职工平均工资300%的，按照统筹地区职工平均工资的300%计算；本人工资低于统筹地区职工平均工资60%的，按照统筹地区职工平均工资的60%计算。

第六十五条　公务员和参照公务员法管理的事业单位、社会团体的工作人员因工作遭受事故伤害或者患职业病的，由所在单位支付费用。具体办法由国务院社会保险行政部门会同国务院财政部门规定。

第六十六条　无营业执照或者未经依法登记、备案的单位以及被依法吊销营业执照或者撤销登记、备案的单位的职工受到事故伤害或者患职业病的，由该单位向伤残职工或者死亡职工的近亲属给予一次性赔偿，赔偿标准不得低于本条例规定的工伤保险待遇；用人单位不得使用童工，用人单位使用童工造成童工伤残、死亡的，由该单位向童工或者童工的近亲属给予一次性赔偿，赔偿标准不得低于本条例规定的工伤保险待遇。具体办法由国务院社会保险行政部门规定。

前款规定的伤残职工或者死亡职工的近亲属就赔偿数额与单位发生争议的，以及前款规定的童工或者童工的近亲属就赔偿数额与单位发生争议的，按照处理劳动争议的有关规定处理。

第六十七条　本条例自 2004 年 1 月 1 日起施行。本条例施行前已受到事故伤害或者患职业病的职工尚未完成工伤认定的，按照本条例的规定执行。

住房公积金管理条例

(1999年4月3日中华人民共和国国务院令第262号发布　根据2002年3月24日《国务院关于修改〈住房公积金管理条例〉的决定》第一次修订　根据2019年3月24日《国务院关于修改部分行政法规的决定》第二次修订)

第一章　总　则

第一条　为了加强对住房公积金的管理，维护住房公积金所有者的合法权益，促进城镇住房建设，提高城镇居民的居住水平，制定本条例。

第二条　本条例适用于中华人民共和国境内住房公积金的缴存、提取、使用、管理和监督。

本条例所称住房公积金，是指国家机关、国有企业、城镇集体企业、外商投资企业、城镇私营企业及其他城镇企业、事业单位、民办非企业单位、社会团体(以下统称单位)及其在职职工缴存的长期住房储金。

第三条　职工个人缴存的住房公积金和职工所在单位为职工缴存的住房公积金，属于职工个人所有。

第四条　住房公积金的管理实行住房公积金管理委员会决策、住房公积金管理中心运作、银行专户存储、财政监督的原则。

第五条　住房公积金应当用于职工购买、建造、翻建、大修自住住房，任何单位和个人不得挪作他用。

第六条　住房公积金的存、贷利率由中国人民银行提出，经征求国务院建设行政主管部门的意见后，报国务院批准。

第七条　国务院建设行政主管部门会同国务院财政部门、中国人民银行拟定住房公积金政策，并监督执行。

省、自治区人民政府建设行政主管部门会同同级财政部门以及中国人民银行分支机构，负责本行政区域内住房公积金管理法规、政策执行情况的监督。

第二章　机构及其职责

第八条　直辖市和省、自治区人民政府所在地的市以及其他设区的市(地、州、盟)，应当设立住房公积金管理委员会，作为住房公积金管理的决策机构。住房公积金管理委员会的成员中，人民政府负责人和建设、财政、人民银行等有关部门负责人以及有关专家占1/3，工会代表和职工代表占1/3，单位代表占1/3。

住房公积金管理委员会主任应当由具有社会公信力的人士担任。

第九条　住房公积金管理委员会在住房公积金管理方面履行下列职责：

(一)依据有关法律、法规和政策，制定和调整住房公积金的具体管理措施，并监督实施；

（二）根据本条例第十八条的规定，拟订住房公积金的具体缴存比例；

（三）确定住房公积金的最高贷款额度；

（四）审批住房公积金归集、使用计划；

（五）审议住房公积金增值收益分配方案；

（六）审批住房公积金归集、使用计划执行情况的报告。

第十条　直辖市和省、自治区人民政府所在地的市以及其他设区的市（地、州、盟）应当按照精简、效能的原则，设立一个住房公积金管理中心，负责住房公积金的管理运作。县（市）不设立住房公积金管理中心。

前款规定的住房公积金管理中心可以在有条件的县（市）设立分支机构。住房公积金管理中心与其分支机构应当实行统一的规章制度，进行统一核算。

住房公积金管理中心是直属城市人民政府的不以营利为目的的独立的事业单位。

第十一条　住房公积金管理中心履行下列职责：

（一）编制、执行住房公积金的归集、使用计划；

（二）负责记载职工住房公积金的缴存、提取、使用等情况；

（三）负责住房公积金的核算；

（四）审批住房公积金的提取、使用；

（五）负责住房公积金的保值和归还；

（六）编制住房公积金归集、使用计划执行情况的报告；

（七）承办住房公积金管理委员会决定的其他事项。

第十二条　住房公积金管理委员会应当按照中国人民银行的有关规定，指定受委托办理住房公积金金融业务的商业银行（以下简称受委托银行）；住房公积金管理中心应当委托受委托银行办理住房公积金贷款、结算等金融业务和住房公积金账户的设立、缴存、归还等手续。

住房公积金管理中心应当与受委托银行签订委托合同。

第三章　缴　存

第十三条　住房公积金管理中心应当在受委托银行设立住房公积金专户。

单位应当向住房公积金管理中心办理住房公积金缴存登记，并为本单位职工办理住房公积金账户设立手续。每个职工只能有一个住房公积金账户。

住房公积金管理中心应当建立职工住房公积金明细账，记载职工个人住房公积金的缴存、提取等情况。

第十四条　新设立的单位应当自设立之日起 30 日内向住房公积金管理中心办理住房公积金缴存登记，并自登记之日起 20 日内，为本单位职工办理住房公积金账户设立手续。

单位合并、分立、撤销、解散或者破产的，应当自发生上述情况之日起 30 日内由原单位或者清算组织向住房公积金管理中心办理变更登记或者注销登记，并自办妥变更登记或者注销登记之日起 20 日内，为本单位职工办理住房公积金账户转移或者封存手续。

第十五条　单位录用职工的，应当自录用之日起 30 日内向住房公积金管理中心办理缴存登记，并办理职工住房公积金账户的设立或者转移手续。

单位与职工终止劳动关系的，单位应当自劳动关系终止之日起 30 日内向住房公积金管理中心办理变更登记，并办理职工住房公积金账户转移或者封存手续。

第十六条　职工住房公积金的月缴存额为职工本人上一年度月平均工资乘以职工住房公积金缴存比例。

单位为职工缴存的住房公积金的月缴存额为职工本人上一年度月平均工资乘以单位住房公积金缴存比例。

第十七条　新参加工作的职工从参加工作的第二个月开始缴存住房公积金，月缴存额为职工本人当月工资乘以职工住房公积金缴存比例。

单位新调入的职工从调入单位发放工资之日起缴存住房公积金，月缴存额为职工本人当月工资乘以职工住房公积金缴存比例。

第十八条　职工和单位住房公积金的缴存比例均不得低于职工上一年度月平均工资的 5%；有条件的城市，可以适当提高缴存比例。具体缴存比例由住房公积金管理委员会拟订，经本级人民政府审核后，报省、自治区、直辖市人民政府批准。

第十九条　职工个人缴存的住房公积金，由所在单位每月从其工资中代扣代缴。

单位应当于每月发放职工工资之日起 5 日内将单位缴存的和为职工代缴的住房公积金汇缴到住房公积金专户内，由受委托银行计入职工住房公积金账户。

第二十条　单位应当按时、足额缴存住房公积金，不得逾期缴存或者少缴。

对缴存住房公积金确有困难的单位，经本单位职工代表大会或者工会讨论通过，并经住房公积金管理中心审核，报住房公积金管理委员会批准后，可以降低缴存比例或者缓缴；待单位经济效益好转后，再提高缴存比例或者补缴缓缴。

第二十一条　住房公积金自存入职工住房公积金账户之日起按照国家规定的利率计息。

第二十二条　住房公积金管理中心应当为缴存住房公积金的职工发放缴存住房公积金的有效凭证。

第二十三条　单位为职工缴存的住房公积金，按照下列规定列支：

(一)机关在预算中列支；

(二)事业单位由财政部门核定收支后，在预算或者费用中列支；

(三)企业在成本中列支。

第四章　提取和使用

第二十四条　职工有下列情形之一的，可以提取职工住房公积金账户内的存储余额：

(一)购买、建造、翻建、大修自住住房的；

(二)离休、退休的；

(三)完全丧失劳动能力，并与单位终止劳动关系的；

(四)出境定居的；

(五)偿还购房贷款本息的；

(六)房租超出家庭工资收入的规定比例的。

依照前款第(二)、(三)、(四)项规定，提取职工住房公积金的，应当同时注销职工住房公积金账户。

职工死亡或者被宣告死亡的，职工的继承人、受遗赠人可以提取职工住房公积金账户内的存储余额；无继承人也无受遗赠人的，职工住房公积金账户内的存储余额纳入住房公积金的增值收益。

第二十五条 职工提取住房公积金账户内的存储余额的，所在单位应当予以核实，并出具提取证明。

职工应当持提取证明向住房公积金管理中心申请提取住房公积金。住房公积金管理中心应当自受理申请之日起3日内作出准予提取或者不准提取的决定，并通知申请人；准予提取的，由受委托银行办理支付手续。

第二十六条 缴存住房公积金的职工，在购买、建造、翻建、大修自住住房时，可以向住房公积金管理中心申请住房公积金贷款。

住房公积金管理中心应当自受理申请之日起15日内作出准予贷款或者不准贷款的决定，并通知申请人；准予贷款的，由受委托银行办理贷款手续。

住房公积金贷款的风险，由住房公积金管理中心承担。

第二十七条 申请人申请住房公积金贷款的，应当提供担保。

第二十八条 住房公积金管理中心在保证住房公积金提取和贷款的前提下，经住房公积金管理委员会批准，可以将住房公积金用于购买国债。

住房公积金管理中心不得向他人提供担保。

第二十九条 住房公积金的增值收益应当存入住房公积金管理中心在受委托银行开立的住房公积金增值收益专户，用于建立住房公积金贷款风险准备金、住房公积金管理中心的管理费用和建设城市廉租住房的补充资金。

第三十条 住房公积金管理中心的管理费用，由住房公积金管理中心按照规定的标准编制全年预算支出总额，报本级人民政府财政部门批准后，从住房公积金增值收益中上交本级财政，由本级财政拨付。

住房公积金管理中心的管理费用标准，由省、自治区、直辖市人民政府建设行政主管部门会同同级财政部门按照略高于国家规定的事业单位费用标准制定。

第五章 监 督

第三十一条 地方有关人民政府财政部门应当加强对本行政区域内住房公积金归集、提取和使用情况的监督，并向本级人民政府的住房公积金管理委员会通报。

住房公积金管理中心在编制住房公积金归集、使用计划时，应当征求财政部门的意见。

住房公积金管理委员会在审批住房公积金归集、使用计划和计划执行情况的报告时，必须有财政部门参加。

第三十二条 住房公积金管理中心编制的住房公积金年度预算、决算，应当经财政部门审核后，提交住房公积金管理委员会审议。

住房公积金管理中心应当每年定期向财政部门和住房公积金管理委员会报送财务报告，并将财务报告向社会公布。

第三十三条　住房公积金管理中心应当依法接受审计部门的审计监督。

第三十四条　住房公积金管理中心和职工有权督促单位按时履行下列义务：

（一）住房公积金的缴存登记或者变更、注销登记；

（二）住房公积金账户的设立、转移或者封存；

（三）足额缴存住房公积金。

第三十五条　住房公积金管理中心应当督促受委托银行及时办理委托合同约定的业务。

受委托银行应当按照委托合同的约定，定期向住房公积金管理中心提供有关的业务资料。

第三十六条　职工、单位有权查询本人、本单位住房公积金的缴存、提取情况，住房公积金管理中心、受委托银行不得拒绝。

职工、单位对住房公积金账户内的存储余额有异议的，可以申请受委托银行复核；对复核结果有异议的，可以申请住房公积金管理中心重新复核。受委托银行、住房公积金管理中心应当自收到申请之日起 5 日内给予书面答复。

职工有权揭发、检举、控告挪用住房公积金的行为。

第六章　罚　则

第三十七条　违反本条例的规定，单位不办理住房公积金缴存登记或者不为本单位职工办理住房公积金账户设立手续的，由住房公积金管理中心责令限期办理；逾期不办理的，处 1 万元以上 5 万元以下的罚款。

第三十八条　违反本条例的规定，单位逾期不缴或者少缴住房公积金的，由住房公积金管理中心责令限期缴存；逾期仍不缴存的，可以申请人民法院强制执行。

第三十九条　住房公积金管理委员会违反本条例规定审批住房公积金使用计划的，由国务院建设行政主管部门会同国务院财政部门或者由省、自治区人民政府建设行政主管部门会同同级财政部门，依据管理职权责令限期改正。

第四十条　住房公积金管理中心违反本条例规定，有下列行为之一的，由国务院建设行政主管部门或者省、自治区人民政府建设行政主管部门依据管理职权，责令限期改正；对负有责任的主管人员和其他直接责任人员，依法给予行政处分：

（一）未按照规定设立住房公积金专户的；

（二）未按照规定审批职工提取、使用住房公积金的；

（三）未按照规定使用住房公积金增值收益的；

（四）委托住房公积金管理委员会指定的银行以外的机构办理住房公积金金融业务的；

（五）未建立职工住房公积金明细账的；

（六）未为缴存住房公积金的职工发放缴存住房公积金的有效凭证的；

（七）未按照规定用住房公积金购买国债的。

第四十一条　违反本条例规定，挪用住房公积金的，由国务院建设行政主管部门或者省、自治区人民政府建设行政主管部门依据管理职权，追回挪用的住房公积金，没收违法所得；对挪用或者批准挪用住房公积金的人民政府负责人和政府有关部门负责人以及住房公积金管理中心负有责任的主管人员和其他直接责任人员，依照刑法关于挪用公款罪或者其他罪的规定，依法追究刑事责任；尚不够刑事处罚的，给予降级或者撤职的行政处分。

第四十二条　住房公积金管理中心违反财政法规的，由财政部门依法给予行政处罚。

第四十三条　违反本条例规定，住房公积金管理中心向他人提供担保的，对直接负责的主管人员和其他直接责任人员依法给予行政处分。

第四十四条　国家机关工作人员在住房公积金监督管理工作中滥用职权、玩忽职守、徇私舞弊，构成犯罪的，依法追究刑事责任；尚不构成犯罪的，依法给予行政处分。

第七章　附　则

第四十五条　住房公积金财务管理和会计核算的办法，由国务院财政部门商国务院建设行政主管部门制定。

第四十六条　本条例施行前尚未办理住房公积金缴存登记和职工住房公积金账户设立手续的单位，应当自本条例施行之日起 60 日内到住房公积金管理中心办理缴存登记，并到受委托银行办理职工住房公积金账户设立手续。

第四十七条　本条例自发布之日起施行。